高职高专规划教材

基础会计实务

于 彦 崔燕鸣 主 编
郑志慧 李 栋 副主编

中国建筑工业出版社

图书在版编目（CIP）数据

基础会计实务/于彦，崔燕鸣主编．—北京：中国建筑工业出版社，2018.7
高职高专规划教材
ISBN 978-7-112-22276-6

Ⅰ.①基… Ⅱ.①于…②崔… Ⅲ.①会计实务-高等职业教育-教材 Ⅳ.①F233

中国版本图书馆CIP数据核字（2018）第112017号

《基础会计实务》是高等职业教育建筑经济管理专业基础课程。本教材在编写过程中，注重学生实践能力的培养，在介绍理论知识的同时，配套了大量习题和章节习题，让学生能够巩固所学知识。

本教材共分10章，分别介绍了：企业会计基本理论认知、填制和审核会计凭证、登记会计账簿、出纳岗位的业务处理、非流动资产岗位的业务处理、往来核算岗位的业务处理、企业成本岗位的业务处理核算、投资筹资岗位的业务处理、财务成果岗位的业务处理、财务会计报表岗位的编报处理。本教材可作为高等职业院校建设工程管理及相关专业师生的课程教材，也可为施工测量从业人员的学习、参考用书。

为方便课程教学，本教材编者制作了配套教学课件，有需要的师生可发送邮件至：cabpkejian@126.com 免费索取。

责任编辑：吴越恺
责任校对：党　蕾

高职高专规划教材
基础会计实务
于　彦　崔燕鸣　主　编
郑志慧　李　栋　副主编

*

中国建筑工业出版社出版、发行（北京海淀三里河路9号）
各地新华书店、建筑书店经销
北京红光制版公司制版
北京建筑工业印刷厂印刷

*

开本：787×1092毫米　1/16　印张：15¼　字数：379千字
2018年8月第一版　　2018年8月第一次印刷
定价：**35.00元**（赠课件）
ISBN 978-7-112-22276-6
（32167）

版权所有　翻印必究
如有印装质量问题，可寄本社退换
（邮政编码100037）

前　言

为全面部署加快发展现代职业教育，国务院发布了《关于加快发展现代职业教育的决定》（国发［2014］19号），提出要推进人才培养模式创新，坚持校企合作、工学结合，强化教学、学习、实训相融合的教育教学活动。同时推行项目教学、案例教学、工作过程导向教学等教学模式，创新顶岗实习形式，强化以育人为目标的实习实训考核评价。

为了适应高职院校人才培养模式创新的新形势，教材编写团队邀请了具有丰富实践从业经验的人员共同参与本教材的编写，力求将最新最前沿的实务操作融入其中，更好地将理论联系实际，增强本教材的实用性。本教材具有以下特色：

1. 结构创新。基于工作过程，分设出纳岗位核算、非流动资产岗位核算、往来结算岗位核算、筹资投资岗位核算、财务成果岗位核算和财务报表岗位核算，通过十章内容，把会计的基本理论和会计岗位工作任务紧密结合，通过典型例题驱动将知识点层层展开，由浅入深、深入浅出，为学生毕业后迅速胜任会计岗位工作保驾护航。

2. 内容创新。根据《会计准则》和会计政策的变化及时进行更新，融入了营改增后的所有税金方面问题与核算，力求将最新最前沿的实务操作融入其中；教材内容全面系统，着重以实际工作经验案例为切入点，用关键知识点描述衔接每章内容，使读者容易理解。

3. 体例新颖。每章设置知识目标、技能目标、导入案例，岗后设置思考题和实训练习题，达到全方位提升学习效果。

4. 工学结合特色鲜明，本教材编写教师和校外实训基地的实训指导教师以及企业会计工作人员共同研讨，进行编写。

本教材由黑龙江建筑职业技术学院于彦、崔艳鸣担任主编。具体编写分工如下：于彦负责编写第1、2、3、4、6章的内容；崔艳鸣负责第7、8章的内容；郑智慧负责编写第5章的内容；重庆市建设岗位培训中心陈渝链编写第9章内容；李栋负责编写第10章的内容；于彦负责全书的统稿和审查工作。

由于作者水平有限，对会计理论研究和发展的理解与归纳难免存在疏漏和不足，敬请各位专家学者、读者不吝赐教，以便我们对教材进一步修订和完善。

编者

目 录

1 企业会计基本理论认知 ………………………………………………… 1
　1.1 走进会计世界 …………………………………………………… 1
　1.2 认知会计要素　领悟会计等式 ………………………………… 9
　1.3 理解会计科目　设置会计账户 ………………………………… 17
　1.4 运用复式记账法核算 …………………………………………… 23
2 填制和审核会计凭证 …………………………………………………… 42
　2.1 识别会计凭证的种类 …………………………………………… 42
　2.2 填制和审核原始凭证 …………………………………………… 44
　2.3 填制和审核记账凭证 …………………………………………… 48
　2.4 会计凭证的传递与保管 ………………………………………… 52
3 登记会计账簿 …………………………………………………………… 58
　3.1 启用和设置会计账簿 …………………………………………… 58
　3.2 登记会计账簿 …………………………………………………… 61
　3.3 对账与结账 ……………………………………………………… 67
　3.4 会计核算流程设计 ……………………………………………… 69
　3.5 会计账簿的更换与保管 ………………………………………… 72
4 出纳岗位的业务处理 …………………………………………………… 79
　4.1 库存现金的管理与核算 ………………………………………… 79
　4.2 银行存款的管理与核算 ………………………………………… 84
　4.3 其他货币资金的管理与核算 …………………………………… 89
5 非流动资产岗位的业务处理 …………………………………………… 96
　5.1 固定资产的管理与核算 ………………………………………… 96
　5.2 无形资产的管理与核算 ………………………………………… 109
　5.3 长期待摊费用的管理与核算 …………………………………… 115
6 往来核算岗位的业务处理 ……………………………………………… 121
　6.1 购货方的业务核算 ……………………………………………… 121
　6.2 销货方的业务核算 ……………………………………………… 125
7 企业成本岗位的业务处理核算 ………………………………………… 140
　7.1 企业成本核算认知 ……………………………………………… 140
　7.2 生产费用归集与分配 …………………………………………… 141
　7.3 完工产品的结转 ………………………………………………… 154
8 投资筹资岗位的业务处理 ……………………………………………… 159
　8.1 投资的核算 ……………………………………………………… 159

8.2　负债的核算 …………………………………………………………… 178
　　8.3　筹资的核算 …………………………………………………………… 202
9　财务成果岗位的业务处理 …………………………………………………… 209
　　9.1　收入的核算 …………………………………………………………… 209
　　9.2　期间费用和税金的核算 ……………………………………………… 210
　　9.3　利润的核算 …………………………………………………………… 210
　　9.4　利润分配的核算 ……………………………………………………… 219
10　财务会计报表岗位的编报处理 …………………………………………… 223
　　10.1　财务报表编制的说明 ………………………………………………… 223
　　10.2　资产负债表的编制 …………………………………………………… 224
　　10.3　利润表的编制 ………………………………………………………… 231
参考文献 ………………………………………………………………………… 238

1　企业会计基本理论认知

【知识目标】
1. 理解会计的含义、职能和目标。
2. 熟知会计机构设置和会计人员管理规定。
3. 掌握会计要素的含义及包括的内容。
4. 掌握会计科目和账户的分类及结构。
5. 理解借贷记账法的含义及内容。
6. 掌握会计核算的业务分录。

【技能目标】
1. 能按照《会计法》的要求依法建账。
2. 能运用借贷记账法编制会计分录。
3. 能根据会计分录登记有关账户。
4. 能根据记账规则和试算平衡公式编制总分类账试算平衡表。
5. 能树立会计专业职业生涯路径。

【案例导入】
某公司会计小王因事休息1个月，他将其所登记的应收账款明细账交给出纳登记。以上做法是否符合规定？为什么？

1.1　走进会计世界

1.1.1　会计的含义

会计的概念表述为：会计是经济管理的重要组成部分。它是以货币为主要计量单位，采用一系列专门方法，对各单位的经济活动进行全面、综合、连续、系统地核算和监督，提供完整会计信息，以提高经济效益为目标的一种经济管理活动。

经济越发展，会计越重要。随着我国社会主义市场经济的不断发展，会计工作内容也得到扩展，对投资的预测管理、资产价值认定、成本项目内容核定等，会计的工作也越发重要，许多管理人员既要了解财务状况、现金流量、财务成果的信息，同时也要指导资源合理流动、优势互补，保障经济活动顺利进行。

1.1.2　会计的基本职能

其基本职能概括为两个，即核算职能和监督职能。

(1) 会计核算职能

会计核算是会计的首要职能，也是全部会计管理工作的基础。会计要提供全面、正确、完整、系统的会计信息，就需要对经济业务进行记录、计算、分类、汇总，能在会计报告中反映会计数据情况。

(2) 会计监督职能

会计监督职能是根据会计人员进行核算的经济业务，遵守国家法律法规和财经纪律，随社会生产经济不断发展，控制经济活动体系要不断增强，运用核对、检查、考评、分析等方法，来实现预期目标，求得最大效益。

会计核算职能和会计监督职能是相辅相成的。只有对经济业务活动进行正确核算，才能提供可靠资料作为监督依据。同时会计监督又是会计核算质量的保障，搞好会计监督，保证经济业务的顺利进行，达到预期目的，充分发挥会计的职能。为投资人、管理者提供真实、可靠、完整的会计信息，在经济管理中发挥应有的作用。

1.1.3 会计机构设置

每个企业可以根据实际需要设置会计岗位。大中型企业通常应该设置会计主管、出纳、流动资产核算、固定资产核算、投资核算、存货核算、工资核算、成本核算、利润核算、往来核算、总账报表、稽核、综合分析等会计岗位。这些岗位可以是一人一岗，一岗多人，也可以是一人多岗。一人多岗必须符合内部牵制制度的要求，如出纳不得兼任稽核、会计档案保管和收入、费用、债权债务账目的登记工作；总账和明细账应由不同的会计人员登记；会计凭证的编制和稽核不能由一人负责等。

开展会计电算化的单位，可以根据需要设置相应工作岗位，也可以与其他工作岗位相结合。小型企业如果业务量较少，应适当合并减少岗位设置，可设置出纳、总账报表和明细分类核算等会计岗位。甚至，有的小企业只设置两个岗位，即会计岗位和出纳岗位。

我们可以通过一些数字理解设立会计机构的模式：

年营业额在 100 万元以上，经营人员在 20 人以上的经济机构，设立会计机构；

年营业额在 50 万～100 万元，经营人员在 10～20 人的经济机构，可以根据自身的业务量考虑设置会计机构或指定会计主管人员；

年营业额在 50 万元以下，经营人员在 10 人以下的经济主体，可以设置会计机构或指定会计主管人员，也可以在只设置一名出纳人员的同时，委托经批准设立的从事会计代理记账业务的机构进行代理记账业务。

(1) 常见会计岗位及职责

通常，大多数企业根据自己的业务需要可以设置以下岗位：

1）出纳岗位

出纳岗位负责库存现金和银行存款的收付业务、日记账的登记、支票管理；负责编制库存现金日报表及库存现金流量表。

2）固定资产核算岗位

固定资产核算岗位主要负责拟定固定资产的核算与管理办法；参与编制固定资产更新改造和大修理计划；负责固定资产的明细核算和有关报表的编制；计算提取固定资产折旧；负责固定资产大修理计划与实施；参与固定资产的清查盘点。

3）往来结算岗位

往来结算岗位的职责一般包括建立往来款项结算手续制度；办理往来款项的结算业务；负责往来款项结算的明细核算。

4）材料物资会计岗位

存货会计岗位负责采购材料物资的明细核算；配合有关部门制订材料物资消耗定额；

参与材料物资的清查盘点；负责库存商品的明细分类核算；配合有关部门制订库存商品的最低、最高限额；参与库存商品的清查盘点。

5）成本费用会计岗位

成本费用会计岗位负责成本费用核算，包括费用报销、工资核算、成本费用的归集与分配；编制成本报表、成本分析表。

6）投资筹资会计岗位

全面负责财务部门工作；负责处理筹资问题、支出审批、参与有关决策、编制可行性报告工作等。

7）财务成果会计岗位

财务成果会计岗位负责销售业务处理，包括开票、盘点产成品、编制销售周报、与客户核对往来账、与销售部门核对出货等。

负责办理有关税费的计算、缴纳、复核、记账等事项；办理有关免税申请及退税冲账等事项；办理税务登记及变更等有关事项；编制有关的税务报表及相关分析报告；办理其他与税务有关的事项。本岗位工作很多，可以指定专人负责，也可以交给其他岗位会计负责。

8）财务报表岗位

总账报表岗位主要负责登记总账；负责编制资产负债表、利润表、库存现金流量表等有关财务会计报表；负责管理会计凭证和财务会计报表。

（2）会计人员的管理

我国《会计法》规定，从事会计工作的人员，必须取得会计从业资格证书。会计从业资格证书，是证明个人能够从事会计工作的合法凭证。会计从业资格证书一经取得，则全国范围内有效。

1）会计机构负责人（会计主管人员）的任职资格

担任会计机构负责人，除取得会计从业资格证书外，还必须具备会计师以上专业技术职务资格或者从事会计工作三年以上。除此之外，还必须具有扎实的专业水平，熟悉国家财经法律、法规、规章和方针政策，掌握财务会计理论及本行业业务的管理知识；具有一定的领导才能和组织技能；同时拥有能胜任本职工作的健康的体魄。

2）会计人员的主要职责

① 进行会计核算；

② 实行会计监督；

③ 拟定本单位办理会计事务的具体办法；

④ 参与制订经济计划、业务计划；

⑤ 办理其他会计事项。

（3）会计人员的职业道德

1）爱岗敬业是做好一切工作的出发点，也是会计人员职业道德的首要前提。

2）诚实守信是会计人员职业道德中最重要的一项内容，是一切道德的基础和根本。

3）廉洁自律是会计人员职业道德的前提和内在要求，同时也是会计人员的行为准则，一要树立正确的人生观和价值观；二要公私分明，不占不贪；三要遵纪守法，尽职尽责。

4）客观公正是会计人员职业道德的灵魂，也是会计工作最主要的职业行为，一要树立客观公正的态度和具备较强的专业知识和专业技能；二要依法办事；三要实事求是，不偏不倚；四要保持独立性。

　　5）坚持准则是会计人员职业道德规范中的重中之重，一要熟悉准则；二要遵守准则；三要坚持准则。

　　6）提高技能是胜任本职工作的需要，一要学习科学文化知识，会计知识，培养高超的专业技术；二要重视在会计实践中提高会计职业技能；三要精益求精，不断提高业务素质。

　　7）参与管理是会计监督职能的要求，一要努力钻研业务，提高业务技能，为参与管理打下坚实的基础；二要熟悉财经法规和相关制度，为单位管理决策提供专业支持；三要熟悉服务对象的经营活动和业务流程，使企业的管理决策更具针对性和有效性。

　　8）强化服务是提高会计职业声誉的重要途径，是会计人员职业道德的最终归宿，一要树立强烈的服务意识；二服务要文明；三质量要上乘。

　　（4）会计人员继续教育

　　会计人员继续教育是指会计从业人员在完成某一阶段的专业学习后，重新接受一定形式的、有组织的、知识更新的教育和培训活动。会计人员继续教育的内容主要包括会计理论、政策法规、业务知识、技能训练和职业道德等。

　　（5）会计人员工作交接

　　1）需要办理会计工作交接的情形

　　依据《会计法》的规定，会计人员在调动工作或离职时必须办理会计工作交接。依据《会计基础工作规范》的规定，除需要办理会计工作交接外，会计人员在临时离职或因其他原因暂时不能工作时，也应办理会计工作交接。

　　2）会计工作交接的基本程序

　　会计人员办理移交手续前，必须及时做好以下工作：

　　A. 已经受理的经济业务尚未填制会计凭证的，应当填制完毕。

　　B. 尚未登记的账目，应当登记完毕，并在最后一笔余额后加盖经办人员印章。

　　C. 整理应该移交的各项资料，对未了事项写出书面材料。

　　D. 编制移交清册，列明应当移交的会计凭证、会计账簿、会计报表、印章、库存现金、有价证券、支票簿、发票、文件、其他会计资料和物品等内容；实行会计电算化的单位，从事该项工作的移交人员还应当在移交清册中列明会计软件及密码、会计软件数据磁盘（磁带等）及有关资料、实物等内容。

　　3）移交点收与监交

　　通常包括移交点收和专人监交。

　　4）移交点收后事项处理

　　移交点收有关财物、会计资料后，交接双方和监交人员要在移交清册上签名或者盖章，并应在移交清册上注明单位名称、交接日期、交接双方和监交人员的职务、姓名、移交清册页数以及需要说明的问题和意见等。移交清册一般应当填制一式三份，交接双方各执一份，存档一份。

　　接替人员应当继续使用移交的会计账簿，不得自行另立新账，以保持会计记录的连续性。移交人员对所移交的会计凭证、会计账簿、会计报表和其他有关资料的合法性、真实性承担法律责任。

1.1.4 会计基本准则——会计核算的基本前提

根据我国颁布的《企业会计准则》，会计核算的基本前提又称会计假设，是企业会计确认、计量和报告的前提，是对会计核算所处时间、空间环境等所做的合理设定。在特定的经济环境，会计对经济业务处理要从正面做出肯定的判断或估计，然后依据会计运行的基本前提，依照现实的状况进行正常业务处理。会计基本假设包括会计主体、持续经营、会计分期和货币计量。

（1）会计主体

会计主体，是指企业会计确认、计量和报告的空间范围。企业应当对其本身发生的交易或者事项进行会计确认、计量和报告，即会计服务的特定单位经济业务内容，明确会计主体是开展会计确认、计量和报告工作的重要前提。

第一，要明确会计主体，界定会计所要处理的各项经济业务，对会计核算和监督的工作内容要与会计主体有联系。如果不划分会计核算和监督各项经济业务范围，会计工作就无法进行。例如会计要素中资产、负债的确认；销售实现的确定等，都是针对特定会计主体而言的。

第二，明确会计主体，对会计主体、会计主体所有者、其他会计主体进行的交易或事项要严格区分。例如企业所有者发生的交易或事项属于企业所有者主体的，不应纳入企业会计核算的范围，如果企业所有者投入企业的资本或向投资者分配利润，则属于会计主体所发生交易或事项，要纳入企业会计核算范围。

第三，会计主体与法律主体不同，一般来说，法律主体往往是会计主体，而会计主体不一定是法律主体。如一个企业作为一个法律主体，应当建立财务会计体系，独立地反映其财务状况、经营成果和现金流量，但会计主体不一定是法律主体。例如在企业集团里，有母公司和几个子公司，母公司和子公司是不同的法律主体，母公司对子公司具有控制权，母公司和子公司对集团公司要进行合并报表，反映财务状况、经营成果和现金流量，虽然集团公司不是法律主体，但确是会计主体。

（2）持续经营

持续经营，是指可以预见的将来，企业将会按当前的规模和状态继续经营下去，不会停业，也不会大规模削减业务。在持续经营前提下，企业会计确认、计量和报告应当以企业持续经营、正常的生产经营活动为前提。

企业持续经营，是制订企业会计准则的条件之一，会计人员对会计主体持续、正常的经营，选择会计处理方法，对企业从开业到清算整个过程的会计核算。持续经营是会计的客观认识。根据企业正常经营目标，要采取相应经营方式、经营范围对各会计要素进行核算。企业是否持续经营，对会计选择核算方法不同。例如，企业的固定资产在企业各个生产经营过程中起到一定作用，如果企业是持续经营，对固定资产的核算按历史成本计算，并采用折旧的方法，将历史成本分摊到每个会计期间。如果判断企业不会持续经营，固定资产就不采用历史成本进行核算并计提折旧。

但是持续经营必定是所作的假设，按经济规律发展看，企业破产或停业是有可能发生的。为此，往往要求定期对企业持续经营这一前提作出分析和判断。当然，企业一旦进入破产清算，持续经营的前提就不复存在，就应改变会计的核算方法。要在会计报告中进行披露。

（3）会计分期

会计分期，是指将一个企业持续经营的生产经营活动划分为一个个连续的、长短相同的期间。在企业进行经济业务核算时，投资人和管理者往往要知道企业经营结果，那么对会计核算内容要有结算日期，确定期间范围。通过编制财务报告向报告使用者提供企业财务状况，经营成果和现金流量等信息。

会计核算应当划分会计期间，会计期间分为年度（例如，公历2008年1月1日起至2008年12月31日止）、半年度、季度、月度。其中，半年度、季度、月度均称为会计中期。我国均按公历确定日期。

明确会计分期，以便分期结算账目和编制财务会计报告。其意义在于：分期明确、确定成果、界定会计信息时段、对会计主体有记账依据。

（4）货币计量

货币计量，是指会计主体在财务会计确认、计量和报告时以货币计量，反映会计主体的生产经营活动。

在会计的确认、计量和报告过程中之所以选择货币为基础进行计量，是由货币的本身属性决定的。货币是商品的一般等价物，是衡量一般商品价值的共同尺度，具有价值尺度、流通手段、支付手段等属性。一般计量单位如重量、台、长度等，只能反映企业经济业务一方面内容，但无法汇总和比较，不便于管理。

我国《企业会计准则》规定："企业的会计核算以人民币为记账本位币。业务收支以人民币以外的货币为主的企业，可以选定其中一种货币作为记账本位币，但是编报的财务会计报告应当折算为人民币。在境外设立的中国企业向国内报送的财务会计报告，应当折算为人民币。"

货币计量有一定局限性，对人力资源、研发技能、市场竞争技能等对企业管理者有很大帮助，但难于用货币计量，最终应在财务报告中披露。

1.1.5 会计基础

企业在经营的过程中，经常会发生销售已确认，但货款没有收到的现象；或费用已发生，款没有支付这种情况。为了进行核算这些业务，需确定一种核算制度。

（1）权责发生制

企业会计的确认、计量和报告应当以权责发生制为基础。权责发生制基础要求，凡是当期已经实现的收入和已经发生或应当负担的费用，无论款项是否收付，都应当作为当期的收入和费用，计入利润表；凡是不属于当期的收入和费用，即使款项已在当期收付，也不应当作为当期的收入和费用。权责发生制处理基础比较科学、合理、能真实地反映本期收入和费用，正确计算本期损益。

在会计实务中，企业交易或者事项的发生时间与相关货币收支时间有时候并不完全一致。例如，款项已经收到，但销售并未实现；或者款项已经支付，但并不是为本期生产经营活动而发生的；11月份的收入，即使12月份或10月份收到款项，销售收入也要确认在11月份。为了更加真实、公允地反映特定会计期间的财务状况和经营成果，《企业会计准则》明确规定，企业在会计确认、计量和报告中应当以权责发生制为基础。因此，权责发生制，也称为应收应付制。

(2) 收付实现制

收付实现制是与权责发生制相对应的一种会计基础，它是以收到或支付的现金作为确认收入和费用等的依据。由于会计分期前提，产生了本期与非本期的区别，因此在确认收入或费用时，有了这两种不同的记账基础，采用不同记账基础会影响各期的损益。例如，甲企业 2018 年 6 月销售一批产品，金额 100 000 元，产品已付款未收到，按收付实现制处理，这笔业务不能算 6 月份收入。目前，我国的行政单位会计采用收付实现制，事业单位会计除经营业务可以采用权责发生制外，其他大部分业务采用收付实现制。

1.1.6 会计信息质量要求

保证会计信息质量，是对会计报告使用者提供所有会计工作内容真实性的基本要求。以使投资人对预测、决策、投资有真实判断，以达到投资人和管理者对企业经营管理提供可靠数据目的。我国的会计信息质量要求包括以下八项：

(1) 可靠性

可靠性要求企业应当以实际发生的交易或者事项为依据进行会计确认、计量和报告，如实反映符合确认和计量要求的各项会计要素及其他相关信息，保证会计信息真实可靠、内容完整。

第一，依据实际发生的交易或事项进行确认、计量，如实反映企业的财务状况、经营成果和现金流量、准确核算经济业务内容，做到内容真实、数字准确、资料可靠。坚持客观性原则。例如，企业采购原材料，要进行多家询价，经计划部、采购部、财务部等相关部门协商，并按企业制定的监督机制，保证采购到质量好、价格合理的原材料，做到每一笔业务真实可靠。杜绝对没发生的或者尚未发生的交易或者事项进行确认、计量和报告。如果会计资料不真实，对会计工作就失去了意义，甚至会导致企业管理决策失误。

第二，保证会计信息的完整性，对企业发生的一些重大事项和特殊事件，要在会计附注中进行披露。对企业管理负责，对投资人和使用者充分了解。

(2) 相关性

相关性要求企业提供的会计信息应当与投资人等财务报告使用者的经济决策相关，有助于投资人等财务报告使用者对企业过去、现在或者未来的情况做出评价或者预测。

第一，在会计核算工作中坚持相关性原则，收集具有价值的会计信息，有助于提高决策水平。相关性会计信息有助于使用者评价企业过去，并进行比较，修正预测过程中出现的问题，具有反馈价值。相关会计信息还应具有预测价值，有助于使用者预测企业未来。

第二，相关性以可靠性为基础，在可靠会计信息前提下，充分考虑会计信息使用者的信息需求。保证会计处理业务具有相关性帮助。如果会计信息的提供，对会计信息使用者没有预测、决策的作用，就不具有相关性。

(3) 可理解性

可理解性要求企业提供的会计信息应当清晰明了，便于投资人等财务报告使用者理解和使用。

第一，要想使投资者和使用者对财务报告、会计信息看清弄懂、了解内涵，提高会计信息的有用性，就要使财务报告、会计信息的内容清晰明了，易于理解，容易看懂。并做出会计内容的相关说明和解释的文字，便于投资人和使用者做出决策。

第二，投资者和使用者须了解一些会计基本知识，如出现非常专业方面的知识，要花费一些时间和精力去分析和研究，能准确、及时、完整使用会计信息的内容，坚持可理解性原则，指导企业会计核算和财务报告，能够充分了解企业的财务状况、经营成果和现金流量等情况。

(4) 可比性

可比性要求企业提供的会计信息应当具有可比性。可比性主要包括两层含义：

第一，同一企业不同时期比较，使投资者等财务报告使用者了解企业财务状况、经营成果和现金流量的变化趋势，比较不同时期的财务报告信息，进行分析、考核、评价。做出企业财务计划。会计信息的可比性要求同一企业不同时期发生的相同或相似的交易或事项，应采用一致的会计政策，不得随意变更。满足会计信息可比性要求。如需调整会计政策，需在附注中予以说明。

第二，不同企业相同会计期间比较，使投资者等财务报告使用者评价不同企业财务状况、经营成果和现金流量的变动情况，根据会计信息质量的可比性要求，不同企业同一会计期间发生的相同或者相似的交易或者事项，应采用规定的会计政策，确保会计指标口径一致、相互可比，使不同企业按照一致的确认、计量和报告要求提供有关信息。

(5) 实质重于形式

实质重于形式要求企业应当按照交易或者事项的经济实质进行会计确认、计量和报告，不应仅以交易或者事项的法律形式为依据。

企业发生的交易或事项在多数情况下，其经济实质和法律形式是一致的。但也会出现不一致情况。例如，融资租赁方式租入的固定资产，尽管从法律形式上该项固定资产的所有权在租赁期间仍然属于出租方，承租方不具有该项固定资产的所有权。双方签订的租赁合同中表明：租赁期比较长，几乎等于该固定资产使用寿命，并且租赁期满后承租企业有优先购买该固定资产的选择权。在租赁期内承租企业有权支配和控制该固定资产，并能从中受益，能使企业取得经济利益。同时承担与该项固定资产有关的风险。因此企业将融资租赁方式租入的固定资产确认入账，同时确认相应负债，并计提固定资产的折旧。

(6) 重要性

重要性要求企业提供的会计信息应当反映与企业财务状况、经营成果和现金流量等有关的所有重要交易或者事项。

把握会计信息的重要性，如果对会计信息省略或错报会给投资者等财务报告使用者据此带来的影响，或做出决策的，该信息就具有重要性。它强调会计人员的职业判断。一般来说，应从项目的性质和金额大小两个方面综合进行分析。

首先，项目的性质足以对企业产生重大影响来看，要对项目的发展情况进行分析、预测和规划，设计发展战略，确保项目顺利实施。

其次，当某一项目的数量达到一定规模时，企业应重点研究项目内容。认真遵守重要性原则，以便决策。

(7) 谨慎性

谨慎性要求企业对交易或者事项进行会计确认、计量和报告应当保持应有的谨慎，不应高估资产或者收益、低估负债或者费用。

从企业的生产经营来看，根据市场经济的环境，企业经营存在不可预测的各项风险，时刻要保持谨慎性。对面临不确定性因素的情况下做出职业判断，确保使风险降到最低点。企业做到经营决策有依据，保护投资人和债权人利益，增强企业竞争技能。例如，企业应收款项的催收、存货积压、固定资产使用寿命、拖欠税款形成的罚金等。对各项资产损失计提资产减值准备，也充分体现了谨慎性意义。

不能滥用谨慎性，也不许企业设置秘密准备。如果企业没有任何根据低估资产或收入，高估负债或费用，会计信息失去客观性，导致预测、计划、决策失误。这违反《企业会计准则》要求。

(8) 及时性

及时性要求企业对于已经发生的交易或者事项，应当及时进行会计确认、计量和报告，不得提前或者延后。

保证会计信息的时效性具有很大意义。在会计确认、计量和报告中确保及时性、准确性，一是要求及时收集会计信息，即在经济交易或者事项发生后，及时收集、分类、整理、记录各原始单据或凭证。二是及时处理会计信息，即按《企业会计准则》的规定，及时对经济交易或者事项进行确认或者计量，并编制出财务会计报告；三是要求及时传递会计信息，即按照国家规定的有关时限，及时地将编制的财务会计报告传递给财务会计报告使用者，便于其及时使用和决策。

1.2 认知会计要素　领悟会计等式

1.2.1 会计要素

会计要素是根据交易或者事项的经济特征所确定的财务会计对象的基本分类。对会计核算提供依据。根据《企业会计准则》规定，会计要素按照其性质分为资产、负债、所有者权益、收入、费用和利润，其中，资产、负债和所有者权益要素侧重于反映企业的财务状况，收入、费用和利润要素侧重于反映企业的经营成果。会计要素的界定和分类可以使财务会计系统更加科学严密，为投资者等财务报告使用者提供更加有用的信息。

(1) 资产

1) 资产的定义

资产是指企业过去的交易或事项形成的，由企业拥有或者控制的，预期会给企业带来经济利益的资源。根据资产的定义，资产具有以下特征：

① 资产是由企业拥有或者控制的资源。资产作为一项资源，应由企业拥有或者控制，是指企业享有某项资源的所有权，或者虽然不享有某项资源的所有权，但该资源能被企业所控制，也能获取经济利益，符合资产定义。如企业以融资租赁方式租入固定资产，企业虽然对其不拥有所有权，但一般租赁期与固定资产使用寿命接近，并能够对其控制，应当将其确认为资产，予以计量和报告。

② 资产预期会给企业带来经济利益。预期会给企业带来经济利益，是指直接或者间接导致现金或现金等价物流入企业的潜力。资产预期能否为企业带来经济利益是资产的重要特征。例如，企业采购的原材料、购置的固定资产等用于生产经营，制造商品或者提供劳务，对外出售后收回货款，货款即为企业所获得的经济利益。如果某一项目预期不能给企业带来经济利益，就不能将其确认为企业的资产。例如，企业进行盘点库存商品时，有大部分库存商品已有损坏，企业对此有管理责任，这部分损失要进行计量、计算，不能在

资产负债表中确认资产，因为不符合资产定义。

③ 资产是企业过去交易、事项形成的。资产是过去已经发生的交易或事项所形成，没有发生任何事项行为不能产生资产，或预期在未来发生的交易或者事项也不形成资产。例如，企业计划购买原材料，但购买行为没发生，就不符合资产定义，就不能将原材料确认为资产。

2）资产的分类

企业的资产按其流动性不同，分为流动资产和非流动资产。

① 流动资产是指可以在一年或超过一年的经营周期内变现或者耗用的资产。流动资产主要包括库存现金、银行存款、交易性金融资产、应收票据、应收账款、预付账款、应收利息、应收股利、其他应收款、存货等。

② 非流动资产是指流动资产以外的资产，主要包括长期股权投资、持有至到期投资、固定资产、在建工程、工程物资、无形资产、研发支出、其他资产等。

3）资产的确认条件

任何一项资源确认为资产，要符合资产定义，同时要满足以下两个条件：

① 与该资源有关的经济利益很可能流入企业。资产的本质是能带来经济利益，但在实际工作中，与资源有关的经济利益确认有难度，那么如果要确认就要以财务报告的数据为依据，能够将经济利益流入企业就确认收入，反之就不能。

② 该资源的成本或者价值能够可靠地计量。财务会计系统是确认、计量和报告的系统，计量是会计核算基础，也是会计要素确认的重要前提，计量对资产项目的确认也是必不可少。所以只有当资源的成本或者价值能够可靠地计量时，资产才能予以确认。

（2）负债

1）负债的定义

负债是指企业过去的交易或者事项形成的，预期会导致经济利益流出企业的现时义务。根据负债的定义，负债具有以下基本特征：

① 负债是企业承担的现时义务。负债必须是企业承担的现时义务，其中，现时义务是指企业在现行条件下已承担的义务。这种义务可以是法定义务，也可以是推定义务。其中法定义务是指具有约束力的合同或者法律法规规定的义务，通常必须依法执行。例如，企业向银行贷款所形成借款，企业按《税法》规定缴纳的税金等。推定义务是指根据企业多年来的习惯做法、公开的承诺或者公开宣布的政策而导致企业将承担的责任，这些责任也使有关各方形成了企业将履行义务解脱责任的合理预期。例如，企业制定的售后保修服务业务，就是推定义务，将其确认为一项负债。

② 负债预期会导致经济利益流出企业。预期会导致经济利益流出企业是负债的本质特征，企业在履行义务时会导致经济利益流出企业的，符合负债定义。例如，用银行存款偿还借款等。如果不会导致企业经济利益流出，就不符合负债定义。

③ 负债是由企业过去的交易或者事项形成的。企业过去发生的交易或者事项才能形成负债，它强调的是过去已经发生。如果是将来预计要发生的交易或者事项，不在负债核算范围内。

2）负债的分类

企业的负债按其流动性不同，分为流动负债和非流动负债。

① 流动负债是指预计在一个正常营业周期中偿还，或者主要为交易目的而持有的，或者自资产负债表日起一年内（含一年）到期应予以偿还，或者企业无权自主地将偿还推迟至资产负债表日后一年以上的负债。流动负债主要包括短期借款、应付票据、应付账款、预收账款、应付职工薪酬、应交税费、应付股利、应付利息、其他应付款等。

② 非流动负债是指流动负债以外的负债，主要包括长期借款、应付债券、长期应付款等。

3）负债的确认条件

将过去的交易或事项形成的现实义务，需要符合负债的定义，还应当同时满足以下两个条件：

① 与该义务有关的经济利益很可能流出企业。负债的本质特征是预期会导致经济利益流出企业。在实务中履行义务所需流出的经济利益带有不确定性，特别是推定义务通常对经济利益需要估计，如有确凿证据证明，经济利益很有可能流出企业，就应确认为负债，反之则不予确认。

② 未来流出的经济利益的金额能够可靠地计量。负债在确认经济利益流出企业时，必须确认金额进行可靠计量。对法定义务有关的经济利益流出金额，一般根据合同或者法律规定确认。如期间较长的，需考虑货币时间价值的影响。对推定义务有关的经济利益流出金额，企业应根据履行相关义务所需支出的最佳估计数进行估计，也要考虑货币时间价值、风险等因素的影响。

(3) 所有者权益

1）所有者权益的定义

所有者权益是指企业资产扣除负债后，由所有者享有的剩余权益。公司的所有者权益又称股东权益。企业剩余资产归所有者，最终体现的是资产中扣除债权人权益后，所有者享有的部分，同时也能反映所有者投入资本的保值增值情况，又体现了保护债权人权益的理念。

企业所拥有的资产，其财产归属权一部分属于投资人，即所有者权益；另一部分属于债权人，即负债。从所有者权益和负债的区别来理解所有者权益特征：

① 所有者权益是投资人对企业净资产有归属权，负债是债权人对企业资产有要求权。净资产是企业的全部资产减去全部负债后的余额，有本质不同。

② 所有者权益中投资人对企业投入资产一般不能收回，除非企业破产进行清算时，在清算财产时偿付了清算费用、债权人的债务等，如有剩余财产，才能还给投资人。对债权人形成负债一般有规定偿还时间，并且有法律法规约束。两者收回资产的时间不同。

③ 所有者权益对企业进行投资，具有所有权和参与企业经营权利，所以对企业可以经营管理，可以进行利润分配。债权人不能参与企业经营、管理和收益利润，只能有权收回债务本金和利息权利。两者享有权利不同。

④ 所有者权益参与企业生产经营，企业如果有盈利，就能获得股利或利润。如亏损投资人要承担损失，具有投资风险。债权人不能参与企业经营，不论企业是盈利还是亏损，对债权人无关，企业按规定条件偿付债权人本金和利息，它的风险小于所有者权益。两者风险程度不同。

2）所有者权益的内容

所有者权益的来源有所有者投入的资本、直接计入所有者权益的利得和损失、留存收益等。通常主要由实收资本、资本公积、盈余公积和未分配利润构成。

所有者投入的资本是指所有者投入企业的资本部分，即构成企业注册资本或股本，如投入资本超过注册资本或股本部分金额，即资本溢价或者股本溢价，根据我国《企业会计准则》体系规定计入资本公积项目。

直接计入所有者权益的利得和损失、其中，利得包括直接计入所有者权益的利得和直接计入当期利润的利得。损失包括直接计入所有者权益的损失和直接计入当期的损失。利得和损失是企业非日常活动形成，与投资者投入资本无关。主要有可供出售金额资产的公允价值变动额等。

留存收益是企业历年净利润累计额，主要包括累计计提盈余公积和未分配利润项目。

3）所有者权益的确认条件

① 所有者享有企业净资产权益，所有者权益确认主要依赖于其他会计要素，尤其是资产和负债的确认，同时计量也依据资产和负债的金额。例如，企业接受投入的资产，这项资产符合企业资产确认条件，就相应地符合了所有者权益的确认条件，同时其价值能够可靠计量，所有者权益金额就可以确定。

② 所有者权益反映的是企业所有者对企业资产的索取权，负债反映的是企业债权人对企业资产的索取权，两者有本质区别。因此企业在会计确认、计量和报告中要严格区分。

（4）收入

1）收入的定义

收入是指企业在日常活动中形成的、会导致所有者权益增加的、与所有者投入资本无关的经济利益的总流入。根据收入定义，收入具有以下特征：

① 收入是企业在日常活动中形成的。日常活动是企业根据经营目标所从事的经常性经营活动以及与之相关的活动。要明确收入和利得的含义。例如，企业非日常活动所形成的经济利益的流入不能确认为收入，而应当计入利得。

② 收入会导致所有者权益的增加。不增加所有者权益经济利益的流入，就不应确认为收入，也不符合收入定义。例如，企业向银行借款，导致企业经济利益流入，但不导致所有者权益增加，也不导致企业收入的增加，只增加了企业的一项负债。

③ 收入是与所有者投入资本无关的经济利益的总流入。企业取得收入会导致经济利益流入，从而导致资产的增加。虽投资者投入资本也会导致经济利益流入，但只能直接确认为所有者权益，不能确认为收入。

2）收入的内容

收入通常是企业在销售商品、提供劳务及让渡资产使用权等，日常活动中所形成的经济利益的总流入，按照日常活动在企业所处的地位不同，收入可分为主营业务收入和其他业务收入。一般工业企业和商业企业销售商品，一般主要设立主营业务收入和其他业务收入。

①主营业务收入核算企业根据收入准则确认的销售商品、提供劳务等收入。

②其他业务收入核算企业根据收入准则确认的除主营业务以外的其他经营活动实现的

收入，包括出租固定资产、出租无形资产、出租包装物和商品、销售材料等实现的收入。

3）收入的确认条件

① 与收入相关的经济利益很可能流入企业。

② 经济利益流入企业的结果会导致资产的增加或负债的减少。

③ 经济利益的流入额能够可靠计量。

（5）费用

1）费用的定义

费用是指企业在日常活动中发生的、会导致所有者权益减少的、与向所有者分配利润无关的经济利益的总流出。根据费用的定义，费用具有以下基本特征：

① 费用是企业在日常活动中形成的。费用必须是企业在其日常活动中所形成的，这些日常活动的界定与收入定义中涉及的日常活动的界定相一致。为什么要强调日常活动形成呢？因为区别于企业损失的处理。对于企业非日常活动形成的经济利益的流出不能确认为费用，而应当计入损失。

② 费用会导致所有者权益的减少。如果不导致所有者权益减少的经济利益流出，就不符合费用定义，不应确认为费用。

③ 费用是与向所有者分配利润无关的经济利益的总流出。费用的发生会导致经济利益流出，从而导致资产的减少或负债的增加。企业向所有者分配利润会导致经济利益流出，属所有者权益抵减项目，不应确认为费用，也不符合费用定义。

2）费用的内容

费用通常是企业在销售商品、提供劳务及让渡资产使用权等日常活动中所发生经济利益总流出。费用是与收入相对应的，即为了获得收入而发生的经济利益流出。工业企业和商业企业一定时期的费用通常包括：主营业务成本、其他业务成本、营业税金及附加和期间费用。其中，期间费用包括管理费用、财务费用和销售费用。

3）费用的确认条件

费用的确认除了满足费用定义外，还应当同时符合以下条件：

① 与费用相关的经济利益很可能流出企业。

② 经济利益流出企业的结果会导致资产的减少或负债的增加。

③ 经济利益的流出额能够可靠地计量。

（6）利润

1）利润的定义

利润是指企业在一定会计期间的经营成果。一般情况下企业实现利润，意味着企业所有者权益将增加，体现企业业绩好。企业发生亏损，意味着企业所有者权益将减少，企业业绩差。所以利润不仅能增加企业经济效益，同时也是评价企业管理层业绩的依据。反映企业经营活动取得的财务成果。

2）利润的内容

利润包括收入减去费用后的净额、直接计入当期利润的利得和损失等。利润包括营业利润、利润总额和净利润。其中，营业利润是企业利润的主要组成部分；利润总额是营业利润加减营业外收支净额；净利润是利润总额减去所得税费用金额。

3）利润的确认条件

利润的确认和计量主要依赖于收入、费用以及利得和损失的确认和计量。要严格区分收入和利得、费用和损失之间的区别。明确计算项目,例如,处置固定资产净损失;债务重组损失、罚款支出等。

1.2.2 会计等式

(1) 会计基本等式

会计等式也称平衡等式或静态会计等式,是运用数学等式的原理来对会计要素项目之间的相互关系的一种表达式,构成资产负债表会计等式和利润表会计等式。

1) 资产、负债与所有者权益之间的联系和基本数量关系

从事生产经营活动必须拥有一定数量和结构的资产,作为从事经营的基础。这些资产都能用货币计量。这些资产分布在各个方面,表现为不同的占用形态,如房屋、建筑物、机器设备、存货、货币资金等。资产不论以什么形态存在都必须由资产的所有者提供。企业的资产有特定的来源或形成的渠道。资产的所有者对资产有追索权,也就是所有者的权益。那么,资产是表明企业的经济资源;权益是表明对资源的经济关系体现,资产和权益是同一经济活动体现的两个方面,资产不能脱离权益而存在,没有资产也没有有效权益。二者相互依存,互为基础条件,有多少资产就有相应数额的权益。资产和权益存在平衡关系,用数学表达式表示:

$$资产=权益$$

这个等式称为会计的基本等式,也称会计等式。

由于会计基本等式成立,那么资产总额与权益总额也应是相等的。企业资金的来源有两个途径:一是来源投资人,即所有者权益;另一种是来源债权人,即负债。债权人权益和投资人权益,都对企业有要求权,但两者性质不同,企业要首先满足债权人要求。因此会计等式进一步表示为:

$$资产=债权人权益+投资人权益$$

对权益可以分为债权人权益和所有者权益,其中,债权人权益在核算时归为负债项目,投资人权益在核算时归所有者权益项目。即等式进一步表示为:

$$资产=负债+所有者权益$$

这是基本会计等式,这一等式反映了资产、负债、所有者权益之间的内在联系和基本数量关系,同时表明某一时点上的财务状况,也称静态会计等式,是编制资产负债表的理论依据。

例如:某企业 2016 年 12 月 31 日业务资料如下:

资产总额为 2 000 000 元。资产明细如下:

货币资金 1 400 000 元,其中,投资者投入 400 000 元;银行贷款 1 000 000 元。

原材料 300 000 元,是企业赊购的。

固定资产 300 000 元,投资者投入的。

等式表示:2 000 000 元(资产)=1 300 000 元(负债)+700 000 元(所有者权益)

投资者投入的货币资金和固定资产在会计核算上归所有者权益项目内;从银行贷款和赊购原材料属于企业债务归负债项目内。等式能表明债权人和投资人对企业资产要求权相应数额。

2) 收入、费用和利润之间的联系和数量关系

投资人对企业进行投资以后，企业开始进行生产运转。除了引起资产、负债和所有者权益要素增减变化的经济活动外，还要取得营业收入和发生消耗。如营业收入大于消耗期末能取得利润，营业收入小于消耗时为亏损。通过企业生产经营取得经营成果，表明企业一段时间经营动态，反映出经营指标，以及反映收入、费用、利润之间的联系和产生数量关系：

$$收入－费用＝利润$$

这是单位进行计算经营成果的会计等式，也称动态会计等式，是编制利润表的理论基础。一般非营利性组织中，也有相应的会计等式：

$$收入－支出（费用）＝结余$$

例如：某企业 2016 年 12 月 31 日资料如下：

企业销售取得收入为 500 000 元；

销售本批产品成本为 300 000 元；

产生管理费用为 50 000 元；

那么得利润为：500 000－300 000－50 000＝150 000 元

（2）会计基本等式扩展（扩展的会计等式）

经过企业的经营，形成企业收入款项给企业带来现金流入，增加了企业资产；但同时也相应发生了费用和消耗了成本给企业带来现金流出，减少了企业资产。在会计核算收入与费用的差额时，如果有结余是企业的利润，在利润未分配之前，属于所有者权益增加。则一定时期的经营成果必然影响一定时点的财务状况。通过会计要素之间的有机联系和存在的数量关系，在以上的两个等式基础上可转化为：

$$资产＝负债＋所有者权益＋利润$$
$$资产＝负债＋所有者权益＋（收入－费用）$$

或移项得：

$$资产＋费用＝负债＋所有者权益＋收入$$

这个关系式表明动态变化会计等式，企业的收入能够导致企业资产和所有者权益的增加，而费用的发生会导致资产和所有者权益的减少。

总之，会计等式对反映企业财务状况、经营成果及其形成过程，以及设置账户、复式记账、编制会计报表等至关重要。

（3）经济业务及事项及其对会计等式的影响

企业在生产经营过程中发生的经济活动在会计上称为经济业务，又称会计事项。会计核算是能用货币计量和表现的，经济业务又能体现一系列资金运动，如支付现金、购买原材料、销售产品、收取各种款项等。发生的每一经济业务或会计事项，都可以改变会计要素具体项目的数量和内在联系，如计提折旧等。但是无论发生什么样的经济业务或会计事项，都不会破坏上述会计等式的数量平衡关系。尽管企业发生的经济业务多种多样，但对会计等式的影响归纳如下：

1）第一种情况是一项资产增加，另一项资产减少，增减金额相等。

【例 1-1】企业用银行存款购入原材料 10 000 元。

这笔经济业务的发生，使企业银行存款减少 10 000 元，原材料增加了 10 000 元。那么，银行存款是企业一项资产，原材料是企业的另一项资产，两项资产增减金额相等，所以不破坏会计等式平衡关系。

2）第二种情况是一项权益增加，另一项权益减少，增减金额相等。由于权益分为负债和所有者权益两部分，那么这种情况又归纳以下四种：

① 一项负债增加，另一项负债减少。

【例1-2】企业向银行短期借款100 000元，并用此款偿还前期欠购货款。

这笔经济业务的发生，使企业增加了短期借款100 000元，同时也使企业所欠货款（应付账款）减少100 000元。使权益（负债类的短期借款）增加，另一类权益（负债类的应付账款）减少。一增一减金额相等，这项经济业务不破坏会计等式平衡关系。

② 一项所有者权益增加，另一项所有者权益减少。

【例1-3】企业将盈余公积20 000元转增资本。

这笔经济业务的发生，企业盈余公积减少20 000元，同时企业实收资本增加20 000元。所有者权益类相同金额有增有减，这项经济业务不破坏会计等式平衡关系。

③ 一项负债增加，另一项所有者权益减少。

【例1-4】企业向投资者分配利润20 000元。

这笔经济业务的发生，使企业负债类的应付股利增加20 000元，使所有者权益类的利润分配减少20 000元。有增有减金额相等。这项经济业务不破坏会计等式平衡关系。

④ 一项所有者权益增加，另一项负债减少。

【例1-5】企业欠某公司款30 000元转作对本企业投资。

这笔经济业务的发生，使企业负债类的应付账款减少30 000元，使所有者权益类的实收资本增加30 000元。有增有减金额相等，这项经济业务不破坏会计等式平衡关系。

3）第三种情况是资产与权益同时增加，金额相等。那么这种情况又归纳以下两种：

① 一项资产增加，一向负债增加。

【例1-6】企业向银行短期借款100 000元，借款已存入银行。

这笔经济业务的发生，使企业负债类的短期借款增加100 000元，使资产类的银行存款增加100 000元。等式两边同增金额相等。这项经济业务不破坏会计等式平衡关系。

② 一项资产增加，一项所有者权益增加。

【例1-7】投资者向企业投入资本500 000元，存入银行。

这笔经济业务的发生，使企业资产类的银行存款增加500 000元，使所有者权益类的实收资本增加500 000元。等式两边同增金额相等，这项经济业务不破坏会计等式平衡关系。

4）第四种情况是资产与权益同时减少，金额相等。那么这种情况又归纳以下两种：

① 一项资产减少，一项负债减少。

【例1-8】企业用银行存款200 000元偿还以前所欠货款。

这笔经济业务的发生，使资产类的银行存款减少200 000元，使企业负债类的应付账款减少200 000元。等式两边同减金额相等，这项经济业务不破坏会计等式平衡关系。

② 一项资产减少，一项所有者权益减少。

【例1-9】企业将减资100 000元，以银行存款退还投资者。

这笔经济业务的发生，使企业所有者权益类的实收资本减少100 000元，使企业资产类银行存款减少 100 000 元。等式两边同减金额相等。这项经济业务不破坏会计等式平衡关系。

通过以上内容表明,企业每发生一项经济业务,都会引起某一具体会计要素项目增减变动,但不影响会计等式的平衡。将以上归为四大类型九种情况见表1-1、表1-2。

资产、权益变动的经济业务对会计等式的影响(四大类型)　　表1-1

第一种类型	资产类内部有增有减
第二种类型	权益类内部有增有减
第三种类型	资产类与权益类同时增加
第四种类型	资产类与权益类同时减少

资产、权益变动的经济业务对会计等式的影响(九种情况)　　表1-2

经济业务	资产	负债	所有者权益
【例1-1】	增加、减少		
【例1-2】		增加、减少	
【例1-3】			增加、减少
【例1-4】		增加	减少
【例1-5】		减少	增加
【例1-6】	增加	增加	
【例1-7】	增加		增加
【例1-8】	减少	减少	
【例1-9】	减少		减少

以上是企业进行生产经营中发生各种各样的经济业务,任何业务要么会引起会计等式左右两边同时发生等额的增减变化,要么会引起等式两边某一会计要素增加和另一会计要素等额减少,但无论会计要素怎样变化,都不能破坏会计等式的平衡关系。

1.3　理解会计科目　设置会计账户

1.3.1　会计科目

(1)所谓会计科目,是对会计对象的具体内容进行分类核算的表述所规定的项目名称。

单位发生任何经济业务,都要用会计语言来表述、核算、监督。那么,每一笔经济业务就是会计核算的对象。会计对象的具体内容表现为会计要素。每一个会计要素又包括若干个具体项目。例如资产要素中包括库存现金、应收账款、固定资产等项目;所有者权益要素中包括实收资本、资本公积等项目;还有企业收到营业款、企业发生的捐赠款、借职工差旅费款等业务。为了连续、完整、准确、系统地核算和监督经济活动所引起的各会计要素的增减变化,就要对会计对象的具体内容按其不同特点和经济管理要求进行科学分类,确定项目名称,规定其核算内容,使会计人员进行准确记录。

(2) 设置会计科目的意义

在会计核算的系统中是取得、审核、加工、输入、取得会计信息的过程。从管理学角度看,分类就是管理的基础,也是一种管理形式。会计科目的设置,对正确地核算和监督企业单位的经济业务有重要意义:

1) 会计科目对会计对象具体内容高度概括和科学分类,是准确核算和监督的重要工具。

单位的财务收支,要进行连续、系统、全面核算,必须采用科学方法进行归类、记录、整理,反映经济信息。设置会计科目就是利用经济管理手段处理业务。例如,单位账户存放的货币资金,使用科目是"银行存款";职工借差旅费,使用科目是"其他应收款";收到销货款,使用科目是"主营业务收入"。每一个会计科目都有含义、核算范围。会计科目根据业务内容分别进行核算和监督。

2) 会计科目是设置账户的依据。会计核算必须要通过会计科目的使用来完成,所以单位根据实际需要,按规定设置会计科目,在账簿中开设账户。会计科目是账户名称,账户按会计科目记录,构成复式记账的基础和条件。

3) 会计科目是规范会计核算和加强会计监督的基础。根据《企业会计准则》统一规定使用的会计科目,根据单位使用会计科目的程度和含义,规范使用,加强监督。不能随意使用不规范、不合理的会计科目。对处理经济业务、提供准确会计报告有可靠依据,也能进一步加强会计工作的宏观调控。

(3) 设置会计科目的原则

每一个会计科目都明确反映一定的经济内容。如资产、负债、所有者权益、收入、费用和利润六大会计要素是会计核算和监督的情况。对于这些科目要根据一定的原则来设定。分类是管理的一种形式,本着科学性、系统性、完整性来设置会计科目,那么应遵循以下几个原则。

1) 规范性原则

设置会计科目要符合《会计法》和《企业会计准则》的规定。结合会计对象的特点,符合企业自身经济管理要求。如工业企业会计设置"生产成本"、"制造费用";商品流通企业会计设置"库存商品"、"商品进销差价"。还要满足信息需求者的要求。

2) 实用性原则

按国家规定统一会计科目进行设置,可根据单位具体经济业务的特殊性,在设置会计科目时,考虑使用单位的适用性,自行进行增加、减少或合并某些会计科目,满足实际需要。要保持统一性和灵活性相结合,防止过于简化或过于繁琐,造成信息资料不准确,工作量加大的倾向。

3) 稳定性原则

为了便于单位在不同时期分析会计指标,汇总核算口径一致的要求,要保持会计科目的稳定性。如《企业会计准则》要求变更的会计科目,或新增内容和取消使用等情况,企业要进行调整。但不能没根据经常变动科目名称、内容,保持核算的可比性。

遵守会计科目设立的原则,分析会计科目使用内容、范围和要求,系统、准确设置会计科目。

(4) 会计科目表

根据我国《企业会计准则——会计科目》见表1-3。

会计科目表　　　　　　　　　表1-3

顺序号	编号	一、资产类	顺序号	编号	二、负债类
1	1001	库存现金	44	2201	短期借款
2	1002	银行存款	45	2201	应付票据
3	1012	其他货币资金	46	2202	应付账款
4	1101	交易性金融资产	47	2203	预收账款
5	1121	应收票据	48	2211	应付职工薪酬
6	1122	应收账款	49	2221	应交税费
7	1123	预付账款	50	2231	应付利息
8	1131	应收股利	51	2232	应付股利
9	1132	应收利息	52	2241	其他应付款
10	1221	其他应收款	53	2501	长期借款
11	1231	坏账准备	54	2502	应付债券
12	1401	材料采购	55	2701	长期应付款
13	1402	在途物资	56	2711	未确认融资费用
14	1403	原材料	57	2801	专项应付款
15	1404	材料成本差异	58	2901	预计负债
16	1405	库存商品	59	2901	递延所得税负债
17	1406	发出商品			三、共同类
18	1407	商品进销差价	60	3001	清算资金往来
19	1408	委托加工物资	61	3002	货币兑换
20	1411	周转材料	62	3101	衍生工具
21	1471	存货跌价准备			四、所有者权益类
22	1501	持有至到期投资	63	4001	实收资本
23	1502	持有至到期投资减值备	64	4002	资本公积
24	1503	可供出售金融资产	65	4101	盈余公积
25	1511	长期股权投资	66	4103	本年利润
26	1512	长期股权投资减值准备	67	4104	利润分配
27	1521	投资性房地产			
28	1531	长期应收款			五、成本类
29	1532	未实现融资收益	68	5001	生产成本
30	1541	存出资本保证金	69	5101	制造费用
31	1601	固定资产	70	5201	劳务成本
32	1602	累计折旧	71	5301	研发支出
33	1603	固定资产减值准备			六、损益类
34	1604	在建工程	72	6001	主营业务收入
35	1605	工程物资	73	6011	利息收入
36	1606	固定资产清理	74	6021	手续费及佣金收入

续表

顺序号	编号	一、资产类	顺序号	编号	六、损益类
37	1701	无形资产	75	6031	保费收入
38	1702	累计摊销	76	6041	租赁收入
39	1703	无形资产减值准备	77	6051	其他业务收入
40	1711	商誉	78	6061	汇兑损益
41	1801	长期待摊费用	79	6101	公允价值变动损益
42	1811	递延所得税资产	80	6111	投资收益
43	1901	待处理财产损益	81	6301	营业外收入
			82	6401	主营业务成本
			83	6402	其他业务成本
			84	6403	税金及附加
			85	6411	利息支出
			86	6421	手续费及佣金支出
			87	6501	提取未到期责任准备金
			88	6502	提取保险责任准备金
			89	6511	赔付支出
			90	6521	保单红利支出
			91	6531	退保金
			92	6541	分出保费
			93	6542	分保费用
			94	6601	销售费用
			95	6602	管理费用
			96	6603	财务费用
			97	6604	勘探费用
			98	6701	资产减值损失
			99	6711	营业外支出
			100	6801	所得税费用
			101	6901	以前年度损益调整

在表1-3中，每个会计科目都有一个编号，这是统一规定的会计科目编号，以便于编制会计凭证，登记账簿，查阅账目，实现会计电算化。企业不能随意打乱重编。某些会计科目之间留有空号，供增设会计科目之用。

以上会计科目为总账科目（一级科目）。其中，共同类将具有资产、负债双重性，在会计报表中，取决于期末余额的方向，借方余额列为资产；贷方余额列为负债。共同类科目大多是金融工具或衍生金融工具。

要把握会计科目的基本内容，准确运用会计科目使用，有必要对会计科目进行分类。一是按其经济内容分类，二是按提供的核算指标详细程度分类。下面介绍两种分类内容：

1) 按经济内容分类

对会计对象的核算和监督的具体内容，或针对会计要素的具体项目，就是会计科目的经济内容。按经济内容对会计科目进行分类，体现了科学性原则，也是最基本的分类，不同行业对会计科目有不同分类。如工业企业、施工企业按会计制度规定会计科目分为资产类、负债类、所有者权益类、成本类和损益类；商品流通企业按会计制度规定会计科目为资产类、负债类、所有者权益类和损益类。

通过对会计科目经济内容分类，能更好地掌握核算内容及其性质，落实好单位设置会计科目的范围、内容等。满足单位经济管理的需要。

2) 按提供核算指标的详细程度分类

会计科目按提供核算指标的详细程度，可分为总分类科目和明细分类科目。

总分类科目，也称总账科目或称一级科目，是对会计对象的具体内容进行总括地分类核算的科目。例如，银行存款、原材料、库存商品、应收账款、预付账款等都是总分类科目。见表1-3《企业会计准则》所列的科目，都是总分类科目。在核算上，完全按《企业会计准则》规定使用，根据总分类科目设置相应的总分类账户，进行的核算称总分类核算，提供的核算指标是某类会计要素有关项目总括指标。

明细分类科目，也称明细科目或细目，是对某一总分类科目核算内容所作的进一步详细分类的科目。明细科目可根据本单位管理和使用需要自行增设，所进行的核算为明细核算，所提供的核算指标是某类会计要素项目的比较详细的指标。

如果在总分类科目下还需较多的明细的科目时，那么，在总分类科目和明细分类科目之间增设二级科目（也称子目）、三级科目（也称细目）。切实满足使用者的需要，提供详细的各项经济指标。

以上对会计科目按提供核算指标的详细程度一般分为一级科目（总分类科目）、二级科目（子目）、三级科目（细目）。它们之间是统驭和从属关系，是对会计要素项目进行详细程度不同的分类核算，见表1-4。

原材料总账和明细账会计科目　　　　　　　　　　　　表1-4

总账科目 （一级科目）	明细科目	
	二级科目（子目）	三级科目（细目）
原材料	原料及主要材料	圆钢
		角铁
		钢板
	辅助材料	润滑剂
		木材
		油漆
	燃　料	汽油
		原煤
		柴油

1.3.2 账户

(1) 账户的含义

账户是根据会计科目在账簿中开设的，对各项经济业务进行的分类、系统、连续的记录和准确的反映。会计科目仅仅是对会计要素分类所确定项目名称,要反映整体核算指标的具体内容、数据资料,则要通过账户记录信息反映。所以,为了对各项经济业务所引起的会计要素增减变动进行连续、系统、准确地核算和监督,就要通过账户这个载体。

设置账户是会计核算的一种方法,各单位要根据会计科目在账簿中开设账户。

会计科目是设置账户的依据,账户是记录会计科目的具体内容,二者都是经济内容的概念。

(2) 账户的基本结构

账户的基本结构就是指反映账户的组成内容,以及对记录会计要素的增减变动及其余额情况等。

针对会计核算的对象,账户记录着每一笔经济业务活动内容,其中对经济业务所发生的增减变化,及余额情况要进行计算,因此,用来分类记录经济业务的账户,其结构必须分为两个方向,一方登记增加,另一方登记减少,我们确定为左方和右方。同时,还需要反映增减变动后的结果,即余额。账户的基本结构包括以下内容:

1) 账户的名称:即会计科目和明细科目。
2) 日期:概括说明记录经济业务的时间;不是发生日期,是会计编制凭证时间。
3) 摘要:简明扼要地说明经济业务的内容。
4) 增加方和减少方的金额及余额。
5) 凭证编号,即按先后排列顺序记账,所依据的记账凭证的号数。账户的一般格式见表1-5。

总　账　　　　　　　　　　　　　　　　表1-5

会计科目:

××年		凭证		摘要	借方	贷方	核对号	借或贷	余额
月	日	种类	编号						

账户左右两方记录的经济业务内容是增加额和减少额。增减相抵后的差额,即为账户的余额。在每个账户中所记录的金额,可以分别表述为期初余额、本期增加额、本期减少额、期末余额。其中,期初余额是上期期末金额;本期增加额和本期减少额是指一个会计期间(月、季度、半年、年)发生的合计金额;期末余额是指一个账户通过计算得出的余额。此余额结转到下一个会计期间,就是下一个会计期间的期初余额。由这四项金额的关系可用公式表述如下:

期末余额＝期初余额＋本期增加发生额－本期减少发生额

账户的左右两方是按相反方向记录增加额和减少额。即如果按规定左方记录增加额,那么右方就要记录减少额。反之,左方记录减少额,那么右方就要记录增加额。究竟哪一方记增加,哪一方记减少,要根据各账户所记录的经济内容和使用的方法。一般情况都是账户余额与记录的增加额在同一方向。

为了教学和会计核算、汇总等工作方便,在实际工作中,经常使用简化格式,即用英文字母"T"表示的账户。它能形象地反映出账户的主要结构内容。其"T"字形账户如图1-1所示。

图1-1 "T"字形账户

1.3.3 账户与会计科目的联系与区别

在会计学中,账户和会计科目是两个不同的概念,但在实际工作中,账户都是以会计科目项目名称确立的,二者既存在联系,又有区别。

二者的联系是:会计科目与账户都是对会计核算的经济业务内容的科学分类,具有相同性质。会计科目是账户的名称,也是设置账户的依据;会计科目确定核算内容就是账户记录和反映的经济内容。账户是会计科目的具体运用。没有会计科目,账户便失去了设置的依据;没有账户,就无法发挥会计科目系统反映的作用。会计科目和账户构成了会计账簿统一体。

二者的区别是:会计科目仅仅是账户的名称,形象地反映经济业务内容,具有归纳概括性,不存在结构;而账户能对发生的经济业务,所涉及的会计要素增减变动情况及结果进行全面、连续、系统地记录,表现在具有一定的格式结构的记录实体上。会计科目是根据国家会计制度规定的,只是按规定使用就可以了,设置账户则是会计核算的方法。

1.4 运用复式记账法核算

1.4.1 记账方法及种类

企业发生经济业务,必然会引起会计要素发生增减变动,在会计核算中,要全面、系统、真实地反映经济业务的增减变动情况,就必须采用一定的记账方法。所谓记账方法,简单地说,就是在有关账户(或账簿)中登记经济业务的方法。一种记账方法的基本构成要素一般包括:记账符号、所记账户、记账的规则、过账、结账和试算平衡等内容。按其记录经济业务方式不同,记账方法可以分为单式记账法和复式记账法。

单式记账法,是指对每一项经济业务的发生只在一个账户中进行记录的记账方法。在单式记账法下,对发生的收入、支出项目,通常只记录存入的款项或支出的款项;如果涉及往来的款项,那么就记录应收或应付的款项。例如,取得一项业务收入20 000元,存入银行,业务发生后,只登记"银行存款"账户存款增加20 000元,至于收入发生的情况忽略不计,又如,用银行存款20 000元购买一批材料,业务发生后,只在"银行存款"账户中登记银行存款减少20 000元,而对购买的材料却不设账登记。

复式记账法,是指对发生的每一项经济业务,都要以相等的金额,同时在相互联系的两个或两个以上的账户中进行登记的一种记账方法。在复式记账法下,对于发生的每一项经济业务,都要在两个或两个以上账户中相互联系地进行分类记录,可以反映每项经济业务的来龙去脉。例如,从银行提取现金500元备用。该业务发生后,一方面银行存款减少500元,另一方面企业现金增加了500元。采用复式记账法,对于这项业务,以相等的金额500元在"库存现金"和"银行存款"两个相互联系的账户中进行登记。即"库存现金"账户登记增加500元,"银行存款"账户登记减少500元。把一个经济业务通过有关的会计科目表现出来了。

虽然单式记账法手续简单,但其账户的设置不完整,一般只设置"库存现金"、"银行存款"、"应收账款"、"应付账款"等账户,从而无法反映发生经济业务涉及的会计账户之间的关系,无法反映经济业务的来龙去脉,缺乏平衡关系,因而不能全面、系统地反映经济业务,也不便于检查账户记录的正确性和完整性。因此,单式记账只适用于简单的经济业务。在现代会计中,备查账的登记采用单式记账。与单式记账法相比,复式记账法有两个显著特点:第一,它对发生的每项经济业务至少要在两个相互联系的账户上以相等的金额作双重的记录;第二,所有账户之间的数字存在平衡关系,可以进行试算平衡。复式记账法能全面、系统、准确反映每一笔经济业务,它是一种科学的记账方法。在实际工作中通常使用复式记账法。

1.4.2 借贷记账法

(1) 借贷记账法的概念

借贷记账法是指以"借"和"贷"作为记账符号,用来记录和反映经济业务增减变动及结果的一种复式记账方法。这里的"借"字和"贷"字已失去它字面本身的含义,就是单纯作为记账符号而已,用来表明记账方向。

借贷记账法的记账规则是"有借必有贷,借贷必相等",以"资产=负债+所有者权益"这一会计等式作为理论依据,来确定借贷记账法的账户结构、记账规则和试算平衡关系。

(2) 借贷记账法的内容

借贷记账法的基本内容包括记账符号、账户结构、记账规则和试算平衡。

1) 借贷记账法的记账符号

记账符号是会计上用来表示经济业务的发生,以"借"和"贷"为记账符号,涉及的金额应该记入有关账户的左方金额栏还是右方金额栏。分别表示账户的方向。只要准确把握符号的方向,就能避免差错。

2) 借贷记账法的账户结构

在借贷记账法下,账户的基本结构是:左方称为"借方"(Debit,可简写为 Dr),右方称为"贷方"(Credit,可简写为 Cr)。根据复式记账法的原理,对于每一个账户来说,借方和贷方必然一方登记增加,另一方登记减少。如果借方登记增加额,则贷方就登记减少额;反之,亦然。但哪一方登记增加,哪一方登记减少,则要根据账户反映的经济内容和性质决定。借贷记账法的账户结构见图1-2。

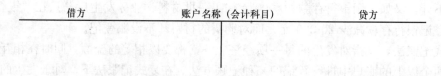

图1-2 "T"字形账户结构

在借贷记账法下,应按照账户反映的经济内容设置账户。账户应区分为资产类账户、负债类账户、所有者权益类账户、损益类账户(包括收入类账户、费用、成本类账户、利润类账户)。除此之外，还可以设置反映债权、债务结算情况的往来账户。

工业企业所使用的账户有资产类账户、负债类账户、所有者权益类账户、成本类账户、损益类账户。下面就以工业企业为例说明账户结构。

1) 资产类账户结构

资产类账户是反映各项资产的账户，借方登记资产的增加数额，贷方登记资产减少数，在一定会计期间内（月末、季末、年末）借方登记的增加数额的合计数称为借方发生额，贷方登记的减少数额的合计数称为贷方发生额。在每个会计期末，将借、贷方发生额相比较，差额称为期末余额，资产类账户期末余额一般在借方，本期期末余额结转下期，即为下期的期初余额。资产类账户的结构见图1-3。

借方	资产类账户	贷方
期初余额		
本期增加发生额		本期减少发生额
本期发生额合计		本期发生额合计
期末余额		

图1-3 资产类账户

资产类账户期末余额计算公式如下：

期末借方余额＝期初借方余额＋本期借方发生额－本期贷方发生额

【例1-10】 "银行存款"账户期初借方余额为36 000元，本期借方发生额为10 000元，本期贷方发生额为12 000元，该账户期末余额为34 000元(36 000＋10 000－12 000＝34 000)。

借方	银行存款	贷方
36 000		
10 000		12 000
10 000		12 000
34 000		

2) 负债类账户结构

负债账户是反映各项负债的账户，由会计等式"资产＝负债＋所有者权益"所决定，负债账户的结构正好与资产类账户的结构相反，贷方登记负债增加数额、借方登记负债减少数额，在一定会计期间内（月末、季末、年末）贷方登记的增加数额的合计数称为贷方发生额，借方登记的减少数额的合计数称为借方发生额，在每个会计期末，将借、贷方发生额相比较，差额称为期末余额，负债类账户期末余额一般在贷方，本期期末余额结转下期，即为下期的期初余额。负债类账户的结构见图1-4。

借方	负债类账户	贷方
		期初余额
本期减少发生额		本期增加发生额
本期发生额合计		本期发生额合计
		期末余额

图1-4 负债类账户结构

负债类账户期末余额计算公式如下：

期末贷方余额＝期初贷方余额＋本期贷方发生额－本期借方发生额

【例1-11】"应付账款"账户初贷方余额为20 000元，本期贷方发生额为5 000元，借方发生额为10 000元，该账户期末余额为15 000元（20 000＋5 000－10 000＝15 000）

借方	应付账款	贷方
		20 000
10 000		5 000
10 000		5 000
		15 000

3）所有者权益类账户结构

所有者权益账户是反映各项所有者权益的账户，与负债类账户结构相同，所有者权益账户的结构也与资产类账户的结构相反，贷方登记所有者权益的增加数额、借方登记所有者权益的减少数额，在一定会计期间内（月末、季末、年末）贷方登记的增加数额的合计数称为贷方发生额，借方登记的减少数额的合计数称为借方发生额，在每个会计期末，将借、贷方发生额相比较，差额称为期末余额，所有者权益类账户期末余额在贷方，本期期末余额结转下期，即为下期的期初余额。所有者权益类账户的结构见图1-5。

借方	所有者权益类账户	贷方
		期初余额
本期减少发生额		本期增加发生额
本期发生额合计		本期发生额合计
		期末余额

图1-5 所有者权益类账户结构

所有者权益类账户期末余额计算公式如下：

期末贷方余额＝期初贷方余额＋本期贷方发生额－本期借方发生额

【例1-12】"盈余公积"账户期初贷方余额为100 000元，本期贷方发生额为30 000元，借方发生额为40 000元，该账户期末余额为90 000元（100 000＋30 000－40 000＝90 000）

借方	盈余公积	贷方
		100 000
4 000		30 000
40 000		30 000
		90 000

4）成本类账户

成本类账户是反映各项成本的账户，借方登记成本的增加数额，贷方登记成本减少数，在一定会计期间内（月末、季末、年末）借方登记的增加数额的合计数称为借方发生额，贷方登记的减少数额的合计数称为贷方发生额，在每个会计期末，将借、贷方发生额相比较，差额称为期末余额，成本类账户期末余额在借方，本期期末余额结转下期，即为下期的期初余额。资产类账户的结构见图1-6。

借方	资产类账户	贷方
期初余额		
本期增加发生额		本期减少发生额
本期发生额合计		本期发生额合计
期末余额		

图 1-6　资产类账户结构

成本类账户期末余额计算公式如下：

期末借方余额＝期初借方余额＋本期借方发生额－本期贷方发生额

【例 1-13】"生产成本"账户期初借方余额为 24 000 元，本期借方发生额为 20 000 元，本期贷方发生额为 18 000 元，该账户期末余额为 26 000 元(24 000＋20 000－18 000＝26 000)。

借方	生产成本	贷方
24 000		
20 000		18 000
20 000		18 000
26 000		

5) 损益类账户

反映各项收入、收益和各项费用、成本、支出的账户称为损益类账户，将一定期间的收入和费用配比，就可以计算出利润。期末，收入、收益类账户余额转入"本年利润"账户的贷方；费用、成本、支出类账户余额转入"本年利润"的借方。

① 收入类账户。收入类账户反映在某一会计期间内各种收入的实现和结转情况，根据会计等式"收入－费用＝利润"，利润的增加导致所有者权益增加，收入作为利润的增量因素可以表示为所有者权益的增加，因此收入和利润类账户的结构可以比照权益类账户的登记方法。收入类账户，贷方登记收入的增加数额，借方登记收入的转出额（减少额），由于贷方登记的收入增加额期末都从借方转出，转入"本年利润"账户，以便确定一定时期的利润，因此，收入类账户期末一般无余额。收入类账户的结构见图 1-7。

借方	收入类账户	贷方
本期冲减的收入数额（减少额）		本期实现的收入数额（增加额）
转入"本年利润"账户的收入数额		
本期发生额合计		本期发生额合计

图 1-7　收入类账户结构

② 费用类账户。费用类账户反映在某一会计期间内费用的发生或成本形成情况，费用的增加可理解为资产的转化，在抵销收入之前可以将其看作是资产的一种转化形态。因此，费用类账户可以比照资产类账户的登记方法。费用类账户，借方登记费用的增加数额，贷方登记费用的转出额（减少额），由于借方登记的费用支出增加额期末都从贷方转出，转入"本年利润"账户，以便计算一定时期的利润，因此，费用类账户期末一般无余额。费用（包括成本）类账户的结构见图 1-8。

借方	费用类账户	贷方
本期发生费用（增加）数额		本期减少费用数或分配数额 转入"本年利润"账户的费用数额
本期发生额合计		本期发生额合计

图1-8 费用类账户结构

综上所述，将全部账户借贷方所表示的经济内容加以归纳，见图1-9。

借方	账户名称	贷方
资产(增加) 成本、费用(增加) 负债、所有者权益(减少) 收入、利润(减少)		资产(减少) 成本、费用(减少) 负债、所有者权益(增加) 收入、利润(增加)
余额：资产、成本		余额：负债、所有者权益

图1-9 账户结构汇总

从图1-9可以看出：

A. 从登记的方向来看，可以把账户分为两大类：一是资产、成本、费用类，增加记借方，减少记贷方；二是负债、所有者权益、收入、利润类，增加记贷方，减少记借方。

B. 从余额来看，一般情况下，只有资产、负债、所有者权益和成本类账户有期初、期末余额，并且一般期初、期末余额和本期增加额在同一方向。而收入、费用类账户，由于期末都要结转到"本年利润"账户，所以一般无期初、期末余额。

（3）记账规则

借贷记账法的记账规则为：有借必有贷，借贷必相等。即对于每一笔经济业务，都必须在两个或两个以上相互关联的账户中分别以借方和贷方相等的金额进行登记。现以A公司2016年9月份的经济业务为例阐述借贷记账法的记账规则。

【例1-14】A公司收到投资者追加投资50 000元，存入银行。

这项业务的发生，使资产类账户"银行存款"和所有者权益类账户"实收资本"两个账户同时发生变动，银行存款增加50 000元，实收资本增加50 000元。按照借贷记账法下的账户结构，资产增加记借方，所有者权益增加记贷方，而且两者金额相等，可表示如下：

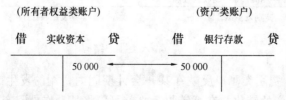

【例1-15】A公司经批准减少资本8 000元，以银行存款退还投资者。

这项业务的发生，使资产类账户"银行存款"和所有者权益类账户"实收资本"两个账户同时发生变动，银行存款减少8 000元，实收资本减少8 000元。按照借贷记账法下的账户结构，资产减少记贷方，所有者权益减少记借方，而且两者金额相等，可表示如下：

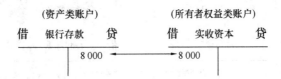

【例1-16】A公司从银行取得10 000元短期借款,存入银行。

这项业务的发生,使资产类账户"银行存款"和负债类账户"短期借款"两个账户同时发生变动,银行存款增加10 000元,短期借款增加10 000元。按照借贷记账法下的账户结构,资产增加记借方,负债增加记贷方,而且两者金额相等,可表示如下:

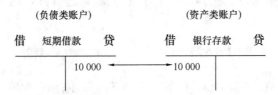

【例1-17】A公司用银行存款偿还上月所欠B公司货款20 000元。

这项业务的发生,使资产类账户"银行存款"和负债类账户"应付账款"两个账户同时发生变动,银行存款减少20 000元,应付账款减少20 000元。按照借贷记账法下的账户结构,资产减少记贷方,负债减少记借方,而且两者金额相等,可表示如下:

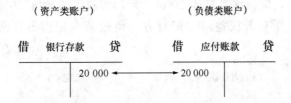

【例1-18】A公司用银行存款5 000元购买原材料(不考虑增值税)。

这项业务的发生,使资产类账户"原材料"和"银行存款"两个账户同时发生变动,原材料增加5 000元,银行存款减少5 000元。按照借贷记账法下的账户结构,资产增加记借方,资产减少记贷方,两者金额相等,可表示如下:

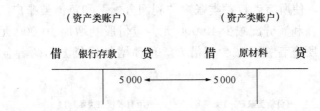

【例1-19】A公司从银行申请取得短期借款6 000元,直接偿还上月欠B公司的货款。

这项业务的发生,使负债类账户"短期借款"和"应付账款"两个账户同时发生变动,短期借款增加6 000元,应付账款减少6 000元。按照借贷记账法下的账户结构,负债增加记贷方,负债减少记借方,两者金额相等,可表示如下:

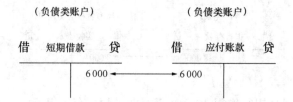

【例1-20】A公司经批准将盈余公积20 000元转增资本。

这项业务的发生，使所有者权益类账户"盈余公积"和"实收资本"两个项目同时发生变动，盈余公积减少20 000元，实收资本增加20 000元。按照借贷记账法下的账户结构，所有者权益增加记贷方，所有者权益减少记借方，两者金额相等，可表示如下：

【例1-21】C公司将A公司所欠的货款20 000元，转作对A公司的投入资本。

这项业务的发生，使所有者权益类账户"实收资本"和负债类账户"应付账款"两个账户同时发生变动，应付账款减少20 000元，实收资本增加20 000元。按照借贷记账法下的账户结构，所有者权益增加记贷方，负债减少记借方，两者金额相等，可表示如下：

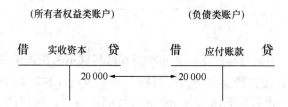

【例1-22】A公司股东大会决议，拟发放股东股利40 000元。

这项业务的发生，使所有者权益类账户"利润分配"和负债类账户"应付股利"两个账户同时发生变动，利润分配减少40 000元，应付股利增加40 000元。按照借贷记账法下的账户结构，所有者权益减少记借方，负债增加记贷方，两者金额相等，可表示如下：

上列九项业务综合列表见表1-6。

业务综合列表 表 1-6

经济业务	资产 借方（+）	资产 贷方（-）	负债 借方（-）	负债 贷方（+）	所有者权益 借方（-）	所有者权益 贷方（+）
【例 1-14】	50 000					50 000
【例 1-15】		8 000				8 000
【例 1-16】	10 000			10 000		
【例 1-17】		20 000	20 000			
【例 1-18】	5 000	5 000				
【例 1-19】			6 000	6 000		
【例 1-20】					20 000	20 000
【例 1-21】			20 000			20 000
【例 1-22】				40 000	40 000	
发生额合计	65 000	33 000	46 000	56 000	68 000	90 000
	32 000		=	10 000	+	22 000

从以上几个例子可以看出，在借贷记账法下，无论何种经济业务，都会涉及两个或两个以上的账户，并且要分别记入借方和贷方，同时借方金额合计与贷方金额合计一定相等，即"有借必有贷，借贷必相等"。

（4）借贷记账法的试算平衡

为了保证一定时期内所发生的经济业务在账户中登记的正确性，需要在一定时期终了时，对账户记录进行试算平衡。试算平衡，是指根据"资产＝负债＋所有者权益"的恒等关系以及借贷记账法的记账规则，检查和验证所有账户记录是否正确的一种方法。在检查过程中如果发现借贷金额不平衡，就表明记账发生了错误，应及时找到错误并加以改正。

试算平衡法，通常是在每一会计期间结束时，把全部经济业务均登记入账并结出各个账户的本期发生额和期末余额后，通过试算平衡表进行平衡。试算平衡有发生额试算平衡法和余额试算平衡法。

1）发生额试算平衡法

由于借贷记账法对每项经济业务的记录都是按照"有借必有贷、借贷必相等"的记账规则进行的，这样就使得每项经济业务的借方发生额和贷方发生额一定相等，而且一个会计主体一定时期内的全部账户的借方发生额合计与全部账户贷方发生额合计也一定相等。

发生额试算平衡法，是根据本期所有账户的借方发生额合计等于贷方发生额合计的关系，检验本期发生额记录是否正确的方法。其公式为：

$$\Sigma 本期账户借方发生额合计 = \Sigma 本期账户贷方发生额合计$$

以前面 A 公司 2016 年 9 月份的经济业务为例，根据【例 1-14】至【例 1-22】编制发生额试算平衡表，见表 1-7。

本期发生额试算平衡表 表1-7

2016 年 9 月　　　　　　　　　　　　　　　　　　　　　　单位：元

账户名称	借方发生额	贷方发生额
银行存款	60 000	33 000
原材料	5 000	
短期借款		16 000
应付账款	46 000	
应付股利		40 000
实收资本	8 000	90 000
盈余公积	20 000	
利润分配	40 000	
合　计	179 000	179 000

2）余额试算平衡法

余额试算平衡法，是运用会计等式，根据本期所有账户的借方余额合计等于所有账户的贷方余额合计的关系，检验本期账户记录是否正确的方法。根据余额时间不同，又分为期初余额平衡和期末余额平衡两类，其公式为：

期初全部账户借方余额合计＝期初全部账户贷方余额合计

期末全部账户借方余额合计＝期末全部账户贷方余额合计

假如 A 公司 2016 年 9 月有关账户的期初余额见表1-8。

账户期初余额表 表1-8

2016 年 8 月 31 日　　　　　　　　　　　　　　　　　　单位：元

账户名称	借方余额	账户名称	贷方余额
银行存款	500 000	短期借款	10 000
原材料	150 000	应付账款	50 000
		应付股利	0
		实收资本	500 000
		盈余公积	50 000
		利润分配	40 000
合　计	650 000	合　计	650 000

根据期初余额和本期发生额（经济业务【例1-14】至【例1-22】）登记"T"字形账。

借方		银行存款		贷方
期初余额	500 000			
本期发生额（1）	50 000	本期发生额（2）	8 000	
（3）	10 000	（4）	20 000	
		（5）	5 000	
本期发生额合计	60 000	本期发生额合计	33 000	
期末余额	527 000			

借方		原材料	贷方
期初余额	150 000		
本期发生额 (5)	5 000	本期发生额	
本期发生额合计	5 000	本期发生额合计	
期末余额	155 000		

借方		短期借款	贷方
		期初余额	10 000
本期发生额		本期发生额 (3)	10 000
		(6)	6 000
本期发生额合计		本期发生额合计	16 000
		期末余额	26 000

借方		应付账款	贷方
		期初余额	50 000
本期发生额 (4)	20 000	本期发生额	
(6)	6 000		
(8)	20 000		
本期发生额合计	46 000	本期发生额合计	
		期末余额	4 000

借方		应付股利	贷方
		期初余额	
本期发生额		本期发生额 (9)	40 000
本期发生额合计		本期发生额合计	40 000
		期末余额	40 000

借方		实收资本	贷方
		期初余额	500 000
本期发生额 (1)	8 000	本期发生额 (2)	50 000
		(7)	20 000
		(8)	20 000
本期发生额合计	8 000	本期发生额合计	90 000
		期末余额	582 000

借方		盈余公积	贷方
		期初余额	50 000
本期发生额 (7)	20 000	本期发生额	
本期发生额合计	20 000	本期发生额合计	
		期末余额	30 000

借方		利润分配	贷方
		期初余额	40 000
本期发生额 (9)	40 000	本期发生额	
本期发生额合计	40 000	本期发生额合计	
		期末余额	0

根据以上"T"字形记账内容，编制总分类账户试算平衡表，见表1-9。

总分类账户本期发生额和余额试算平衡表 表 1-9

2016 年 9 月 30 日   单位：元

账户名称	期初余额		本期发生额		期末余额	
	借方	贷方	借方	贷方	借方	贷方
银行存款	500 000		60 000	33 000	527 000	
原材料	150 000		5 000		155 000	
短期借款		10 000		16 000		26 000
应付账款		50 000	46 000			4 000
应付股利		0		40 000		40 000
实收资本		500 000	8 000	90 000		582 000
盈余公积		50 000		20 000		30 000
利润分配		40 000	40 000		0	
合　计	650 000	650 000	179 000	179 000	682 000	682 000

需要注意的是，通过试算平衡表来检查账户记录是否正确并不是绝对的方法。在编制试算平衡表时，应注意以下几点：第一，必须保证所有账户的余额均已记入试算平衡表；第二，如果试算平衡表出现不平衡，那么一般是账户记录存在错误，应认真查找错误，进行更正；第三，即使试算平衡表的全部账户的借方期初（上月期末）余额合计等于贷方期初（上月期末）余额合计，全部账户本期借方发生额合计也与本期贷方发生额合计相等，但也并不能说明账户记录一定是正确的。当发生下列错误时，试算平衡表无法发现：①漏记某项经济业务；②重记某项经济业务；③某项经济业务记错有关账户；④某项经济业务在账户记录中颠倒了记账方向；⑤借贷方发生额中，偶然一多一少并金额相等可以相互抵销。因此，需要对一切会计记录进行日常或定期的复核，以保证账户记录的正确性。

1.4.3　借贷记账法下账户的对应关系和会计分录

从上面的分析中可以看出，在运用借贷记账法时，根据"有借必有贷，借贷必相等"的记账规则，登记每项经济业务时，有关账户之间会形成应借、应贷的相互关系，这种关系叫做账户对应关系。发生对应关系的账户叫对应账户。

为了保证账户对应关系和账簿记录的正确性，每一项经济业务发生后，在记入账户前，必须首先根据经济业务的具体内容确定所涉及的账户名称，应借应贷的方向及其金额，在记账凭证中编制会计分录。会计分录是指按照复式记账的要求，标明某项经济业务应借、应贷的账户名称及其金额的一种记录。在会计实务中，会计分录是在记账凭证上登记的。一笔会计分录主要包括三个要素：会计科目（账户名称）、借贷方向（记账方向）和金额，缺一不可。

编制会计分录的步骤如下：

1. 一项经济业务发生后，首先应分析这项经济业务涉及的会计要素，是资产、成本、费用，还是负债、所有者权益、收入、利润，是增加还是减少。
2. 根据各要素的增减，确定应记账户的方向，是借方还是贷方。
3. 根据会计科目表，确定应记入哪个账户的借方或贷方。
4. 按照要求编制会计分录，并检查应借、应贷科目和借、贷金额有无错误。会计分录的书写要规范，实际工作中，会计分录是填写在记账凭证中，凭证格式中注明借方、贷方、总账科目、明细科目。会计科目借、贷方科目和金额位置要错开写，会计科目要书写准确、完整。

以上述 A 公司 2016 年 9 月份的经济业务为例（为方便对照学习，例题序号同前），编制会计分录如下：

【例 1-15】A 公司经批准减少资本 8 000 元，以银行存款退还投资者。

借：实收资本——A 公司　　　　　　　　　　　　　　8 000
　　贷：银行存款　　　　　　　　　　　　　　　　　　8 000

【例 1-16】A 公司从银行取得 10 000 元短期借款，存入银行。

借：银行存款　　　　　　　　　　　　　　　　　　　10 000
　　贷：短期借款　　　　　　　　　　　　　　　　　　10 000

【例 1-17】A 公司用银行存款偿还上月所欠 B 公司货款 20 000 元。

借：应付账款——B 公司　　　　　　　　　　　　　　20 000
　　贷：银行存款　　　　　　　　　　　　　　　　　　20 000

【例 1-18】A 公司用银行存款 5 000 元购买原材料（不考虑增值税）。

借：原材料　　　　　　　　　　　　　　　　　　　　5 000
　　贷：银行存款　　　　　　　　　　　　　　　　　　5 000

【例 1-19】A 公司从银行申请取得短期借款 6 000 元，直接偿还上月欠 C 公司的货款。

借：应付账款　　　　　　　　　　　　　　　　　　　6 000
　　贷：短期借款　　　　　　　　　　　　　　　　　　6 000

【例 1-20】A 公司经批准将盈余公积 20 000 元转增资本。

借：盈余公积　　　　　　　　　　　　　　　　　　　20 000
　　贷：实收资本　　　　　　　　　　　　　　　　　　20 000

【例 1-21】D 公司将 A 公司所欠的货款 20 000 元，转作对 A 公司的投入资本。

借：应付账款　　　　　　　　　　　　　　　　　　　20 000
　　贷：实收资本　　　　　　　　　　　　　　　　　　20 000

【例 1-22】A 公司股东大会决议，拟准备发放股东股利 40 000 元。

借：利润分配　　　　　　　　　　　　　　　　　　　40 000
　　贷：应付股利　　　　　　　　　　　　　　　　　　40 000

会计分录有两种：简单会计分录和复合会计分录。简单会计分录，是指涉及的账户数量只有两个，即一借一贷的会计分录。上述【例 1-15】至【例 1-22】中的业务所涉及的账户只有两个，所做的会计分录是简单会计分录。复合会计分录，是指涉及的账户数量在两个以上，也就是一借多贷、多借一贷或者多借多贷的会计分录。例如，A 公司从 B 公司购入原材料一批，价值 70 000 元，用银行存款支付 40 000 元，其余 30 000 元 A 公司开出并承兑一张商业汇票。这笔业务编制的复合分录如下：

借：原材料　　　　　　　　　　　　　　　　　　　　70 000
　　贷：银行存款　　　　　　　　　　　　　　　　　　40 000
　　　　应付票据　　　　　　　　　　　　　　　　　　30 000

该业务所涉及的账户在两个以上，根据这项业务所做的会计分录是复合会计分录。在会计实务中，有时可以根据若干简单会计分录合并编制一个复合会计分录，企业编制复合会计分录可以全面、集中地反映某项经济业务的全貌，简化记账手续。但需要注意的是，为了保持账户之间对应关系清晰，不能把几项经济业务合并编制多借多贷的复合会计分录。

本 章 习 题

名词解释：

1. 会计的含义？
2. 会计的基本职能是什么？简要说明它们之间的关系？
3. 什么是会计对象？
4. 如何理解会计基本假设内容？
5. 如何理解会计基础内容？
6. 什么是会计信息质量要求？
7. 掌握会计要素内容，理解会计要素含义？
8. 会计基本等式？其含义是什么？
9. 会计扩展等式？其含义是什么？
10. 什么是会计科目？设置会计科目有何意义？
11. 什么是复式记账方法？
12. 什么是记账符号？
13. 什么是记账规则？
14. 账户的概念？
15. 账户的基本结构？
16. 账户按其核算的详细程度分类？
17. 会计科目和账户联系和区别？
18. 什么叫借贷记账法？
19. 简述借贷记账法的账户结构？
20. 什么是试算平衡？

不定项选择题：

1. 会计要素有(　　)。

   A. 资产、负债　　　　　　　B. 收入、费用
   C. 银行借款　　　　　　　　D. 所有者权益
   E. 利润

2. 会计核算的专门方法主要有(　　)。

   A. 设置账户和复式记账　　　B. 填制和审核会计凭证
   C. 登记账簿　　　　　　　　D. 财产清查和成本计算
   E. 编制会计报表

3. 会计等式包括(　　)。

   A. 资产＝负债＋所有者权益

B. 资产＋费用＝负债＋所有者权益＋收入

C. 资产＝负债－所有者权益

D. 资产＝权益

E. 收入－费用＝利润

F. 借贷方向正确,但有一方记错了账户

4. 借贷记账法下,账户贷方登记的内容有( )。

A. 资产的减少　　　　　　　　B. 负债的增加

C. 成本费用的减少　　　　　　D. 所有者权益的减少

E. 收入的增加

5. 会计分录构成的三要素是( )。

A. 应记入账户的名称　　　　　B. 借贷方向

C. 金额　　　　　　　　　　　D. 有借必有贷,借贷必相等

6. 收款凭证右上角的"借方科目"可能登记的科目有( )。

A. 银行存款　　　　　　　　　B. 应收票据

C. 短期借款　　　　　　　　　D. 库存现金

E. 应付账款

7. 会计凭证按其填制的程序和用途不同,可以分为( )两种。

A. 收款记账凭证　　　　　　　B. 付款记账凭证

C. 原始凭证　　　　　　　　　D. 转账记账凭证

E. 记账凭证

8. 下列项目中构成材料采购实际成本的是( )。

A. 买价　　　　　　　　　　　B. 运杂费

C. 应负担的关税　　　　　　　D. 增值税

E. 采购人员差旅费

9. ( )明细账应采用数量金额式账页登记其数额增减变动及结存情况。

A. 原材料　　　　　　　　　　B. 应收账款

C. 库存商品　　　　　　　　　D. 应交税费

E. 生产成本

10. 账簿中每个账页的主要内容有( )。

A. 账户名称　　　　　　　　　B. 据以记账的凭证种类和号数

C. 摘要栏　　　　　　　　　　D. 登账日期

E. 金额栏

11. 产品成本的构成项目主要有( )。

A. 直接材料费　　　　　　　　B. 直接人工费

C. 制造费用　　　　　　　　　D. 非生产费用

E. 管理费用

12. 账簿按账页格式分类,可分为( )。

A. 三栏式　　　　　　　　　　B. 多栏式

C. 数量金额式　　　　　　　　D. 横线登记式

E. 日记式

13. 更正错账的方法有（　　）。
   A. 划线更正法　　　　　　　　　B. 红字更正法
   C. 补充登记法　　　　　　　　　D. 除9法
   E. 逆查法

14. 对账的主要内容有（　　）。
   A. 账账核对　　　　　　　　　　B. 账证核对
   C. 账簿资料内外核对　　　　　　D. 账实核对
   E. 账表核对

15. 付款凭证右上角的"贷方科目"可能登记的科目有（　　）。
   A. 应收账款　　　　　　　　　　B. 应付账款
   C. 银行存款　　　　　　　　　　D. 库存现金
   E. 短期借款

16. 在期末结转损益时，下列账户中应将余额转入"本年利润"账户的是（　　）。
   A. 主营业务收入、其他业务收入、营业外收入
   B. 制造费用、生产成本
   C. 管理费用、销售费用、财务费用
   D. 所得税费用
   E. 主营业务成、营业税金及附加、其他业务成本

17. 所有者权益是指企业资产扣除负债后由所有者享有的剩余权益，包括（　　）。
   A. 实收资本　　　　　　　　　　B. 长期投资
   C. 资本公积　　　　　　　　　　D. 盈余公积
   E. 未分配利润

18. 复合分录包括（　　）。
   A. 一借一贷分录　　　　　　　　B. 一借多贷分录
   C. 一贷多借分录　　　　　　　　D. 多借多贷分录

19. 在使用专用凭证下，付款记账凭证适合的业务包括（　　）。
   A. 存现金　　　　　　　　　　　B. 提现金
   C. 现金和银行存款的付款业务　　D. 现金和银行存款的收款业务
   E. 以上全部业务

20. 专用记账凭证包括（　　）。
   A. 收款记账凭证　　　　　　　　B. 付款记账凭证
   C. 通用记账凭证　　　　　　　　D. 转账记账凭证
   E. 原始凭证

综合题：

1. 练习会计要素内容。

下列会计要素的具体项目：库存现金、应付票据、无形资产、实收资本、应付账款、银行存款、短期借款、资本公积、短期投资、应收账款。

要求：指出哪些项目属于资产，哪些项目属于负债或所有者权益。

资产类	负债类	所有者权益

2. 练习会计要素、会计等式类型题。

资料：A 柴油机股份有限公司 2016 年 6 月 30 日发生业务如下：

1）银行存款余额 307 282 元。

2）企业向银行借入 6 个月借款 100 000 元。

3）出纳员保管的库存现金 2 698 元。

4）电脑、打印机、复印机价值 16 720 元。

5）仓库保管员保管材料价值 32 500 元。

6）收取包装公司押金 7 000 元。

7）应付广告公司欠款 5 000 元。

8）购入机器设备价值 38 000 元。

9）低值易耗品价值 800 元。

10）投资者投入资金 300 000 元。

要求：

1）确定上述业务属于什么会计要素？列出会计要素名称。

2）计算资产、负债及所有者权益总额，并说明之间关系。

资 产	负 债	所有者权益

3. 了解会计要素经济内容。

A 柴油机股份有限公司 2016 年 6 月份发生下列经济业务：

1）用支票购买甲材料。

2）支付到期长期借款，银行从企业账户划拨。

3）欠 B 公司货款，用银行存款支付。

4）收到投资人投入一台机器设备。

5）购进乙材料，货款未付。
6）向银行取得短期借款，直接偿还欠某单位货款。
7）企业投资人张××，替C企业归还短期借款，并将其转为投入资本。
8）用盈余公积金弥补职工福利费。
9）C企业借入期限为2年借款，存入银行存款户。
10）盈余公积转增实收资本。
11）股东决议，用银行存款代投资人丙以资本金偿还其应付给其他单位的欠款。
12）企业用固定资产投资。

九 种 类 型	经济业务题号
（1）一项资产增加，另一项资产减少	
（2）一项负债增加，另一项负债减少	
（3）一项所有者权益增加，另一项所有者权益减少	
（4）一项负债增加，一项所有者权益减少	
（5）一项负债减少，一项所有者权益增加	
（6）一项资产增加，一项负债增加	
（7）一项资产增加，一项所有者权益增加	
（8）一项资产减少，一项负债减少	
（9）一项资产减少，一项所有者权益减少	

要求：根据上述经济业务，划分出九种类型经济业务的类型，用题号标明。

4. 练习借贷记账法的简单应用。

A公司2016年3月发生的部分经济业务如下：

1）从银行提取现金1 000元。
2）用银行存款10 000元归还短期期借款。
3）购入一批原材料买价35000元，假如不考虑增值税，货款用银行存款付讫。
4）投资人投入资本50 000元，存入银行。
5）以银行存款20 000元，偿还银行长期借款。
6）向银行借入短期借款10 000元，偿还前欠B企业货款。
7）收回乙企业前欠货款10 000元，存入银行。
8）从银行提取现金2 000元备用。
9）外购一批原材料，以银行存款20 000元支付材料货款。
10）将现金1 000元存入银行。
11）以银行存款15 000元购入新设备一台。

要求：根据以上经济业务编制会计分录。

5. 熟悉借贷记账法。

A柴油机股份有限公司2016年11月初的资产、负债及所有者权益情况如下：

资产	余额（元）	负债及所有者权益	余额（元）
库存现金	5 000	负债：	
银行存款	84 000	短期借款	400 000

续表

资　产	余额（元）	负债及所有者权益	余额（元）
应收账款	64 320	应付账款	210 000
预付账款	8 600	预收账款	50 000
其他应收款	7 540	其他应付款	32 156
原材料	185 300	应付职工薪酬	65 892
生产成本	112 000	所有者权益：	100 000
库存商品	68 000	实收资本	300 000
固定资产	564 000	盈余公积	10 000
无形资产	80 000	未分配利润	10 712
合　计	1 178 760	合　计	1 178 760

该厂12月份发生下列经济业务：

1）向B批发公司购入角铁10吨，价款11 500元，材料已验收入库，货款已支付。
2）向银行借入期限为6个月的借款200 000元，款已存入银行存款户。
3）生产车间领用角铁6 000元，进行生产制造产品。
4）向C公司购入方钢5吨，价款50 000元，材料已验收入库，货款尚未支付。
5）办公室刘××去上海开会，欲借差旅费5 000元，用现金支付。
6）用银行存款支付前欠C公司货款50 000元。
7）收到D油泵厂投入资本200 000元，款已存入银行。
8）收回原E厂前欠货款15 000元，款已存入银行。
9）从银行提取现金4 000元，作零星开支备用。
10）以银行存款支付办公用耗材2 000元。
11）购入一台打字机价款8 000元，用银行存款支付。

要求：

1）2016年11月份表格中资产、负债、所有者权益各项目余额填入表格中"期初数"一栏（表格自制）。
2）2016年12月份内增减变化的金额填入表格相应栏内。
3）计算各项目的期末余额和合计数（为简化手续，暂不使用"在途物资"和"应交税费"科目）。

2 填制和审核会计凭证

【知识目标】
1. 熟悉会计凭证的种类。
2. 掌握原始凭证的基本内容和填制要求。
3. 掌握原始凭证的审核方法。
4. 熟悉记账凭证的种类。
5. 掌握记账凭证的内容和填制方法。
6. 掌握记账凭证的审核方法。
7. 理解会计凭证的传递、装订与保管。

【技能目标】
1. 能规范填写原始凭证。
2. 能依据原始资料准确编制记账凭证。
3. 能审核会计凭证。
4. 能装订会计凭证。

【案例导入】小王从某高校毕业后应聘成为A商贸公司的出纳。2016年7月4日,该公司会计张某告诉小王公司留存的现金不够,让小王去银行取现金4 000元,小王看着空白的现金支票(图2-1)不知道该怎么填写,你能帮助他吗?A商贸公司的开户行是建行高新支行,账号为25622145632102。

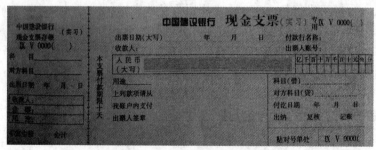

图2-1 现金支票

2.1 识别会计凭证的种类

2.1.1 会计凭证的概念

会计凭证是记录经济业务、明确经济责任,据以登记账簿的一种具有法律效力的书面证明文件。填制和审核会计凭证是会计核算工作的重要内容,也是会计对经济业务进行监督的重要环节。

会计核算必须遵循的一条基本原则就是会计核算资料具有客观真实性。无论是企业、事业还是机关等单位办理任何一项经济业务，都必须要有会计凭证。例如，购买商品要由供货方开出发票；销售商品时要给销售对方开具发票；接收材料入库要有收货单；发出商品要有发货单；发出材料要有领料单；企业发生水电费费用；企业发生的工资发放表等。没有能够证明经济业务已经发生或者已经完成的合法会计凭证就不能进行账务处理。经办业务的部门与人员都必须按照规定的程序和要求，认真办理会计凭证的填制手续，并在会计凭证上签字盖章，记录经济业务和明确经济责任。一切会计凭证都要经过有关人员的严格审核，证明该项会计凭证真实、可靠、合法、合理后，会计人员才能将其作为核算依据。因此，正确地填制和严格地审核会计凭证，是会计核算工作的一项重要内容，也是反映和监督经济活动不可缺少的核算方法。

2.1.2　会计凭证的作用

根据《中华人民共和国会计法》第十三条："会计凭证、会计账簿、财务会计报告和其他会计资料，必须符合国家统一的会计制度的规定。"强调了对会计核算的基本要求，以会计核算工作为起点，对取得合法会计凭证，进行准确填制和审核会计凭证，是完成会计工作的任务和发挥会计在企业管理工作中的作用具体表现，主要表现在以下几个方面：

（1）记录经济业务，确保会计核算的正确性

任何一笔经济业务的发生首先是通过会计凭证如实反映的，从而使会计凭证成为反映各单位经济活动的业务档案，为日后对经济活动进行会计分析和会计检查提供必要的原始资料。任何单位的经济业务，如有关负债、所有者权益的增加或减少，有关财产物资的收支、结存情况，费用的支出，收入、成果的形成及分配情况等，都必须通过填制会计凭证加以全面记录，并加以系统地分类与汇总。由于经济业务复杂多样，为反映这些经济业务而填制的原始凭证也复杂多样。根据经过审核无误的原始凭证，并按一定的标准、方法进行分类，填制记账凭证据以记账，有利于记账工作，以保证账簿记录的正确性。

（2）强化内部控制，加强经济管理的岗位责任制

由于每笔经济业务的内容，都要由经办人员和有关部门签字或盖章，这就使这些经办人员和部门对经济业务的合法性和真实性负责。促使经办人员严格按照政策、法律、制度、计划、预算办事。一旦出现问题，也便于检查和分清责任，进行正确的裁决和处理。

（3）控制经济运行，加强对经济业务的监督作用

从财产的收发、现金的收付、款项的结算、费用的开支等，都必须及时了解会计凭证，如实反映经济活动的情况。通过审核会计凭证，可以查明所发生的各项经济业务是否符合有关政策、法律、制度的规定，从而严肃财经纪律，保证财产安全，维护投资者的利益，发挥会计的监督作用。

2.1.3　会计凭证的种类

会计凭证种类很多，标准化的会计凭证一般在财政局和税务局购买。会计凭证按其填制的程序和用途不同，可分为原始凭证和记账凭证。原始凭证按来源分为外来的原始凭证和自制的原始凭证，按其填制的方法分为一次凭证、累计凭证和汇总原始凭证。记账凭证按其适用范围分为专用凭证和通用凭证；其中专用凭证又分收款凭证、付款凭证和转账凭证；按填列方式分为复式凭证和单式凭证，如图2-2所示。

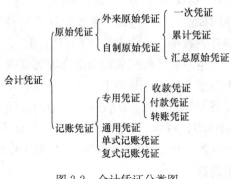

图 2-2 会计凭证分类图

2.2 填制和审核原始凭证

2.2.1 原始凭证的基本内容

（1）原始凭证概念

原始凭证是在经济业务发生时取得或填制的，用以记录经济业务的发生或完成情况的书面证明凭据。它能明确责任，是记账的原始依据，也能体现出会计信息的真实性和可靠性。

（2）原始凭证的要素

企业的经济业务多种多样，记录的原始凭证也是多种多样。尽管各种原始凭证的格式不统一、项目不一样，但也有一些共同的基本要素：

1）原始凭证的名称；

2）原始凭证编号；

3）填制凭证的日期；

4）经济业务的内容摘要；

5）接收凭证单位名称及有关基本信息；

6）经济业务内容：数量、单价和金额等；

7）填制单位、经办人员的签字和盖章。

（3）原始凭证的种类

原始凭证按照来源不同，可分为外来原始凭证和自制原始凭证。

1）外来原始凭证是指在经济业务发生或完成时，从其他单位或个人直接取得的原始凭证。如车船票、货运单、发货票、银行结算单等，如图 2-3 所示。

2）自制原始凭证是指由本单位内部经办业务的部门或有关人员在完成某项经济业务时填制的、仅供本单位内部使用的原始凭证。如入库单、收料单、领料单、工资表、固定资产折旧表等。自制原始凭证按其填制手续和内容不同，又分为一次凭证、累计凭证、汇总原始凭证等，如图 2-4 所示。

①一次凭证，是指原始凭证的填制手续是一次完成的，记录某项经济业务发生时取得的凭证。如银行进账单、发货票、收料单、现金收据、火车票、电话费发票等，如图2-5、图 2-6 所示。

2 填制和审核会计凭证

服务业发票

存 根 联

地 税 监
440170043

查询电话：　　　　　　　　　　　　　　　　　查询号码05264233
顾客名称：　　　　　　　　　　　　　　　　　　　　　　　年　月　日

收费项目	数量	单价	金额（万 千 百 十 元 角 分）	备注
合计人民币（大写）	万 仟 佰 拾 元 角 分			

开票人：　　　　　　收款人：　　　　　开票单位(盖章)

第一联：存根联

图 2-3　服务业发票

图 2-4　出库单

图 2-5　增值税专用发票

收 料 单

2017 年 5 月 10 日　　　　　　　　　　　　　　　　　　　编码：

材料编号	材料名称	规格	材质	单位	数量		实际单价	材料金额	运杂费	合计
					发货票	实收				(材料实际成本)
01	丙酮			千克	2 000.00	2 000.00	120.	240 000.00		240 000.00
供货单位	××化工厂			结算方法			合同号		计划单价	材料/计划成本
备注										

主管：江×× 　　质量检验员：李×× 　　仓库验收：王×× 　　　　　　经办人：李××

第一联：仓库(黑色)；第二联：记账(红色)；第三联：送料人(绿色)

图 2-6　收料单

②累计凭证，是指在一定时期内多次记录发生的同类经济业务，这类凭证一般不是一次完成，而是根据经济业务的发生多次记录完成的。它的特点是在一张凭证内可以连续登记相同性质的经济业务，随时结出累计数及结余数。限额领料单就是最典型的累计凭证。它按照费用限额进行领用控制，如图 2-7 所示。

限额领料单

限额领料　1500 千克　　　2016 年 6 月　　　　　　编号：26154
材料编号：45102　　　　　　　　　　　　　　　　　计量单位：千克

领料单位		加工车间		用途		生产轴承	
原材料名称		方钢		商品编码	071245	计划单价	￥2 000 元
规格		20M		消耗定额	0.3 千克	计划产量	500 套
2016 年		请领数量		实发			
月	日	数量	签字	数量	累计	发料人	领料人	限额结余
6	5	200	王××	200	200	初××	王××	1 300
6	10	200	王××	200	400	初××	王××	1 100
6	15	300	王××	300	700	初××	王××	8 00
6	20	200	王××	200	900	初××	王××	6 00
6	25	25 0	王××	250	1 150	初××	王××	3 50
6	31	250	王××	250	1 400	初××	王××	1 00

累计实发金额（大写）　　壹仟肆佰元整　　　　￥1400.00

负责人签字：　白××　　　生产计划部门签字：　李××　　　仓库负责人：　何××

图 2-7　限额领料单

③汇总原始凭证，也称为原始凭证汇总表，是根据一定时期内同类经济业务的原始凭证或会计核算资料汇总而编制的凭证。它集中反映某项经济业务的总括情况，对记账工作起简化作用，同时也能提供总量指标。如发料凭证汇总表、收料凭证汇总表等表，如图 2-8 所示。

2.2.2　原始凭证的填制和审核

(1) 原始凭证填制要求

各种原始凭证反映的情况和数据是进行会计核算的最原始资料，也是具有法律效力的证明文件，它是核算和反映企业会计信息的重要依据。会计人员要严格审核每一笔经济业

收料凭证汇总表

2016 年 11 月　　　　　　　　　　　　　　　　　　　　单位：元

应贷科目	应借科目：原材料					发 料 合 计
	原材料				辅助材料	
	1—10日	11—20日	21—30日	小计		
生产成本	10 000	15 000	5 000	30 000	1 500	31 500
制造费用	3 000			3 000	800	3 800
合计	13 000	15 000	5 000	33 000	2 300	35 300

图 2-8　收料凭证汇总表

务，确保经济业务资料的真实、合理。原始凭证填制必须做到：真实可靠、内容完整、书写规范、手续完备、填制及时。具体要求有：

1）记录真实可靠。原始凭证填写要求所填列的经济业务内容和数字真实准确，不能弄虚作假、涂改。如原始凭证有错误，应到开具单位更换。

2）内容完整。原始凭证所填列的项目要逐项填写齐全，不得遗漏和省略。

3）填制及时。当每项经济业务发生或完成，都要立即填制原始凭证，做到不积压，并按规定的程序及时送交会计机构、会计人员进行审核。

4）手续要完备。单位要有报销手续、签字授权手续等相关规定，对取得原始凭证必须有经办单位领导或者其指定的人员签名或者盖章，会计才能予以受理。

5）书写要规范。原始凭证要按规定填写，文字要简要，易于辨认，不得使用未经国务院公布的简化汉字。大小写金额必须相符且填写规范，小写金额用阿拉伯数字逐个书写，不得写连笔。在金额前要填写人民币符号"¥"，人民币符号"¥"与阿拉伯数字之间不得留有空白；如有美元记账，用"美元"字样。金额数字一律填写到角、分；如无角、分没有数额的要以 0 补位；不得用符号"—"。大写金额数字到元或者角为止的，在"元"或者"角"字之后应写"整"字；大写金额数字有分的，分字后不写"整"字。汉字大写金额数字，一律用正楷字书写，例如，大写壹、贰、叁、肆、伍、陆、柒、捌、玖、拾、佰、仟、万、亿、元、角、分、零、整等。

6）原始凭证编号要连续，不能对原始凭证进行修改、刮擦、挖补、涂改液涂改等。在填写时发现错误，应加盖"作废"戳记，要妥善保管原始凭证，不得擅自撕毁。

（2）原始凭证的审核

为了正确核算和监督各种经济业务事项，保证会计核算资料的真实、正确和合法，财会部门和经办业务的有关部门必须对会计凭证，特别是原始凭证进行严格审核。具体包括：

1）政策性审核。以有关方针、政策、法令、制度以及计划、合同等为依据，审核原始凭证所记录的经济业务是否合理合法，有无违反制度和不按规定办事的行为，有无虚报冒领、伪造凭证、伪造公章、涂改单据的行为，是否符合节约原则，是否符合计划要求，是否符合有关费用开支标准，是否按照规定的程序予以办理。对于违规行为应拒绝受理，并及时向有关部门和人员报告，进行严肃处理。

2) 真实性审核。原始凭证作为会计信息的基本信息源,其真实性对会计信息的质量具有至关重要的影响。其真实性的审核包括凭证日期是否真实、业务内容是否真实、数据是否真实等内容的审查。对外来原始凭证,必须有填制单位公章和填制人员签章;对自制原始凭证必须有经办部门和经办人员的签名或盖章。

3) 技术性审核。根据原始凭证的基本要素,逐项审核原始凭证的内容是否完整,原始凭证的各项目是否按规定填写齐全,是否按规定手续办理。若原始凭证的内容填写不全,手续不完备,有关单位和人员没签字盖章等,应退还给经办人补办完备后,再予以受理。

4) 正确性审核。原始凭证上有关数量、单价、金额都必须填写清楚,数量、单价、金额的计算,小计、合计的加总,数字的大写、小写金额都必须逐一认真审查。如发现不符,要退回经办人进行更正或重新填写。

5) 及时性审核。原始凭证的及时填制是保证会计信息及时性的基础。为此,要求在经济业务发生或完成时及时填制有关原始凭证,及时进行凭证的传递。审核时应注意审查凭证的填制日期,尤其是银行本票、银行汇票、支票等时效性较强的原始凭证,更要认真仔细验证签发日期。

2.3 填制和审核记账凭证

2.3.1 记账凭证基本要求

(1) 记账凭证概念

记账凭证又称记账凭单,是会计人员根据审核无误后的原始凭证按照经济业务的内容加以归类,并据以确定会计分录后所填制的凭证,它是登记账簿的直接依据。由于原始凭证只表明经济业务的具体内容,不能反映其归类的会计科目和记账方向,而且原始凭证种类繁多,格式不一,直接根据原始凭证记账,容易发生差错,不规范、不科学,所以为了便于归类、汇总以及登记账簿和反映会计信息等要求,就需要根据原始凭证或汇总原始凭证编制记账凭证,把原始凭证内容通过规范的会计语言将经济业务反映出来,但一定要根据原始凭证的经济内容来编制记账凭证,即将原始凭证附在记账凭证的后面作为依据。这样不仅简化了记账工作,减少了差错,而且有利于原始凭证的保管,便于对账和查账。

对记账凭证有了初步了解后,就要根据原始凭证编制记账凭证,这部分内容会在第5章内容里全面介绍。

(2) 记账凭证的要素

1) 填制记账凭证的名称;

2) 记账凭证的编号;

3) 记账凭证的日期;

4) 经济业务事项的内容摘要;

5) 经济业务事项所涉及的会计科目及其记账方向;

6) 经济业务事项的金额;

7) 记账标记;

8) 所附原始凭证张数;

9) 会计主管、记账、审核、出纳、制单等有关人员签章；

10) 用斜线划掉剩余空栏次，对做完的业务不能再填写。

(3) 记账凭证的种类

记账凭证按其所反映的经济内容不同，可以分为通用凭证和专用凭证；其中专用凭证又分为收款凭证、付款凭证和转账凭证。按其填制的方式不同分为复式记账凭证和单式记账凭证。

1) 通用记账凭证，对经济业务比较简单，收付业务比较少，所采用的记账凭证。它适合任何经济业务的处理，如图2-9所示。

记账凭证

年　月　日　　　　　　　　　　　　　　　　　　第 31 号

摘要	会计科目	明细科目	借方金额										贷方金额										记账
			亿	千	百	十	万	千	百	十	元	角	分	亿	千	百	十	万	千	百	十	元	角	分	
合计（附件　　张）																								

会计主管：　　　　记账：　　　　出纳：　　　　审核：　　　　制证：

图 2-9　记账凭证

2) 专用记账凭证，根据其所记录的经济业务是否与库存现金或银行存款的收付有关，分为收款凭证、付款凭证和转账凭证。

① 收款凭证是指专门用于记录库存现金和银行存款增加业务的记账凭证。收款凭证既是登记库存现金日记账、银行存款日记账的依据，同时也是出纳人员核算收入款项的证明，如图2-10所示。

收款凭证

借方科目：银行存款　　　　　　2016 年 1 月 5 日　　　　　　银收字第 2 号

摘要	借方科目		金额										记账
	总账科目	明细科目	亿	千	百	十	万	千	百	十	元	角	分	
合计（附件　　张）														

图 2-10　收款凭证

②付款凭证是指专门用于记录库存现金和银行存款减少业务的记账凭证。它是登记库存现金日记账、银行存款日记账的依据，同时也是出纳人员付出款项的证明。

对于从银行提取现金的经济业务，只填制一张银行存款付款凭证。对库存现金、银行存款之间划转业务所填的凭证，通常都要填制付款凭证，如图2-11所示。

付款凭证

贷方科目：银行存款　　　　　　　2016年1月5日　　　　　　　　银付字第 8 号

摘要	借方科目		金额										记账
	总账科目	明细科目	亿	千	百	十	万	千	百	十	元	角	分	
合计（附件　　张）														

图2-11　付款凭证

③转账凭证是指用于记录不涉及库存现金和银行存款收付业务的其他各项经济业务的记账凭证。它是根据有关转账业务的原始凭证填制的。转账凭证是登记转账日记账、明细账和总账等有关账簿的依据。在经济业务比较简单的经济单位，为了简化凭证，可以使用通用格式的记账凭证，记录所发生的各种经济业务，如图2-12所示。

转账凭证

　　　　　　　　　　　　　2016年1月15日　　　　　　　　　　转字第 12 号

摘要	总账科目	明细科目	金额										记账
			亿	千	百	十	万	千	百	十	元	角	分	
合计（附件　　张）														

会计主管：　　　　　　记账：　　　　　　出纳：　　　　　　审核：　　　　　　制证：

图2-12　转账凭证

复式记账凭证是在每一笔经济业务事项所涉及的全部会计科目及其发生额均在同一张记账凭证中反映的一种凭证，用以完整地反映一项经济业务。复式账凭证可以集中反映账户对应关系，便于了解有关经济业务的全貌，同时也可减少记账凭证的数量，但不便于汇总每一会计科目的发生额,不便于会计人员分工记账。收款凭证、付款凭证和转账凭证都属于复式记账凭证。

2.3.2 记账凭证的填制和审核

(1) 记账凭证的填制要求

记账凭证的填制,是会计工作的重要环节,也是对原始凭证的分类和整理。运用会计科目,确定会计分录,并填制相应的记账凭证,记账凭证是登记账簿的直接依据,编制记账凭证的具体要求如下:

1) 记账凭证要具有依据,必须是经审核无误的原始凭证作为根据。

2) 记账凭证的书写应清楚、规范、内容完整。确定国家规定的统一会计科目、记账方向、记账金额、记账日期。

3) 记账凭证应连续编号。一笔经济业务需要填制两张以上记账凭证的,可以采用分数编号法编号。在使用通用记账凭证时,可按经济业务发生的顺序编号。采用收款凭证、收付凭证和转账凭证等专用记账凭证时,可采用"字号编号法",即按记账凭证的类别顺序编号,例如:收字第×号、付字第×号、转字第×号;也可采用"双重编号法",即按总字顺序编号与按类别顺序编号相结合,例如:某收款凭证为"总字第×号,收字第×号"。对于一笔经济业务需要编制多张记账凭证时,可采用"分数编号法"。有使用单式记账凭证时,也可采用"分数编号法"。

4) 记账凭证可以根据每一张原始凭证填制,或根据若干张同类原始凭证汇总表编制,也可以根据原始凭证汇总表填制;但不得将不同内容和类别的原始凭证汇总在一张记账凭证上。

5) 除结账和更正错误的记账凭证可以不附原始凭证外,其他记账凭证必须附有原始凭证。所附原始凭证的张数计算,一般以原始凭证的自然张数为准。与记账凭证中的经济业务事项记录有关的每一张证据都应当作为原始凭证的附件。如果记账凭证中附有原始凭证汇总表,则应该把所附原始凭证和原始凭证汇总表的张数一起记入附件的张数之内。一张原始凭证如涉及几张记账凭证的,可以把原始凭证附在一张主要的记账凭证后面,并在其他记账凭证上注明附有该原始凭证的编号或者附该原始凭证的复印件。

6) 填制记账凭证时若发生错误,应当重新填制。已登记入账的记账凭证在当年内发生填写错误时,可以用红字填写一张与原内容相同的记账凭证,在摘要栏注明"注销某月某日某号凭证"字样,同时再用蓝、黑字重新填制一张正确的记账凭证,注明"订正某月某日某号凭证"字样。如果会计科目没有错误,只是金额错误,也可将正确数字与错误数字之间的差额另编一张调整的记账凭证,调增金额用蓝字,调减金额用红字。发现以前年度记账凭证有错误的,应当用蓝字填制一张更正的记账凭证。

7) 记账凭证填制完经济业务事项后,如有空行,应当自金额栏最后一笔金额数字下的空行处至合计数的空行处划线注销。

8) 记账凭证填制完成,要进行复核与检查,应进行试算平衡。根据表下标注的有关人员签字栏,均要签字与盖章。出纳人员根据收款凭证或付款凭证收付款,均在凭证上加盖"收讫""付讫"的戳记,避免重收或重付。

(2) 记账凭证的审核

记账凭证是登记账簿的依据。为了确保账簿记录的真实性、正确性,必须对记账凭证进行认真的审核。审核的主要内容包括以下几个方面：

1）内容是否真实。审核记账凭证是否附有原始凭证，所附原始凭证是否齐全、是否已审核无误，或记录的内容是否与所附原始凭证的内容相符。

2）项目是否齐全。审核记账凭证的各个项目填列是否齐全，如日期、凭证编号、摘要、会计科目、金额、所附原始凭证张数及有关人员签章。

3）科目是否正确。应借、应贷的会计科目是否与会计制度的规定相符，账户的对应关系是否正确。

4）金额是否正确。审核记账凭证所记录的金额与原始凭证的有关金额是否一致、计算是否正确，记账凭证汇总表的金额与记账凭证的金额合计是否相符等。

5）书写是否正确。审核记账凭证中的记录是否文字工整、数字清晰，是否按规定进行更正等。此外，出纳员在办理收款或付款业务后，应在凭证上加盖"收讫"或"付讫"的戳记，以避免重收重付。

2.4　会计凭证的传递与保管

2.4.1　会计凭证的传递

会计凭证的传递，是指从会计凭证的取得或填制时起至归档保管过程中，在本单位内部各有关部门和人员之间的传送程序。各种经济业务的性质不同，经办各项业务的部门和人员以及办理凭证手续所需要的时间也不一样。因此，各单位会计凭证传递的基本方法，可根据会计部门的需要自行规定，力求传递的程序科学、合理、及时。对于经常发生的、需要有关部门共同办理的主要经济业务，明确规定凭证传递的程序时间，不仅可以及时地核算和监督经济业务的完成情况，而且可以促使经办业务的部门和人员及时、正确地完成经济业务和办理凭证手续，从而可以加强经营管理上的责任制。合理组织会计凭证的传递，可以将本单位内部各有关部门和有关人员的活动紧密地联系起来，协调各方面的行为，搞好分工协作，使正常的经济活动得以实现，并且还能使经办业务的有关部门和有关人员之间形成一种相互牵制、相互督促的关系，从而督促经办业务的有关部门和人员及时正确地完成各自承办的工作和各项经济业务。

科学的会计凭证传递程序，应该使会计凭证沿着最迅速、最合理的流向运行。要能够满足内部控制制度的要求，使传递程序合理有效，同时尽量节约传递时间，因此，在制定会计凭证的传递程序时，应当注意以下三个问题：

1）应正确根据每项经济业务的特点、内部机构和人员分工情况以及经营管理的需要，恰当规定会计凭证经过的必要环节，并据以恰当规定会计凭证的份数，做到既要使各有关部门能了解经济业务的情况，及时办理凭证手续，又要避免凭证传递经过不必要的环节，以利于提高工作效率。

2）要根据各个环节办理经济业务所必需的时间，合理规定凭证在各个环节停留的时间，确保业务手续的及时完成。

3）建立凭证交接的签收制度。为了确保会计凭证的安全和完整，在各个环节中都应指定专人办理交接手续，做到责任明确、手续完备、严密、简便易行。

2.4.2 会计凭证的保管

会计凭证的保管是指会计凭证记账后的整理、装订、归档和存查工作。会计凭证是重要的经济档案和历史资料，各企业单位必须按有关法规、制度的规定，形成会计档案，并妥善保管，以便随时查阅，同时也便于审计等有关部门进行检查。每个单位的会计机构、会计人员归档、保管会计凭证时，应做到以下几点：

1) 会计凭证应定期装订成册，防止散失。从外单位取得的原始凭证遗失时，应取得原签发单位盖有公章的证明，并注明原始凭证的号码、金额、内容等，由经办单位会计机构负责人、会计主管人员和单位负责人批准后，才能代作原始凭证。若确实无法取得证明的，如车票丢失，则应由当事人写明详细情况，由经办单位会计机构负责人、会计主管人员和单位负责人批准后，代作原始凭证。

2) 会计凭证封面应注明单位名称、凭证种类、凭证张数、起止号数、年度、月份、会计主管人员、装订人员等有关事项，会计主管人员和保管人员应在封面上签章。

3) 会计凭证应加贴封条，防止抽换凭证。原始凭证不得外借，其他单位如因特殊原因需要使用原始凭证时，经本单位会计机构负责人、会计主管人员批准，可以复制；但不得拆散原卷册，并应限期归还。向外单位提供的原始凭证复制件，应当在专设的登记簿上登记，并由提供人员和收取人员共同签字或者盖章。需要查阅已归档保管的会计凭证时，必须办理借阅手续。

4) 原始凭证较多时可以单独装订，但在封面上注明记账凭证日期、编号、种类，同时在记账凭证上注明"附件另订"和原始凭证名称及编号，以便查阅。

5) 严格遵守会计凭证保管期限要求，期满前不得任意销毁。会计凭证一般应保存15年，对于涉外和其他重要的会计凭证要求永久保存。对保管期满的会计凭证，应按照档案管理办法的规定，由财会部门和档案部门共同鉴定，开列清单按照程序办理审批手续，经批准后方可销毁。各级主管部门销毁会计凭证时，还应有同级财政部门、审计部门派员监销；各级财政部门销毁会计凭证时，由同级审计机关派员监销。在销毁会计凭证前，监督销毁人员应认真清点核对，会计凭证销毁后，在销毁清册上签名盖章，并将销毁情况报本单位有关负责人。

本 章 习 题

问答题：
1. 什么是会计凭证？其作用和意义是什么？
2. 什么是原始凭证？它是如何分类的？
3. 原始凭证的内容？填制要求是什么？
4. 原始凭证的审核基本内容有哪些？
5. 什么叫记账凭证？其分类有哪些？
6. 记账凭证的内容是什么？填制要求有哪些？
7. 记账凭证的审核基本内容有哪些？
8. 会计凭证传递时应注意哪些问题？

单项选择题：
1. 下列原始凭证中，属于自制原始凭证的有(　　)。

A. 发料单　　　　B. 增值税发票　　　C. 银行对账单　　　D. 飞机票

2. 下列各项中，不属于原始凭证要素的是（　　）。
A. 经济业务发生日期　　　　　B. 经济业务内容
C. 会计人员记账标记　　　　　D. 原始凭证附件

3. 材料入库单，属于（　　）。
A. 记账凭证　　　　　　　　　B. 自制原始凭证
C. 外来原始凭证　　　　　　　D. 累计凭证

4. 填制原始凭证时，符合书写要求的是（　　）。
A. 阿拉伯金额数字前面应当书写货币币种符号
B. 币种符号与阿拉伯金额数字之间可以留有空白
C. 大写金额有分的，分字后面要写"整"或"正"字
D. 汉字大写金额可以用简化字代替

5. 汇总原始凭证与累计原始凭证的主要区别点是（　　）。
A. 登记的经济业务内容不同
B. 填制时期不同
C. 会计核算工作繁简不同
D. 填制手续和内容不同

6. 企业接受的原始凭证有错误，应采用的处理方法是（　　）。
A. 本单位代替出具单位进行更正　　　B. 退回出具单位，不予接受
C. 向单位负责人报告　　　　　　　　D. 由出具单位重开或更正

7. 对原始凭证应退回补充完整或更正错误，是属于（　　）。
A. 原始凭证违法行为　　　　　B. 原始凭证真实、合法、合理
C. 原始凭证不真实、不合法　　D. 真实、合法、合理但不完整

8. 下列有关原始凭证错误的更正不正确的是（　　）。
A. 原始凭证记载的各项内容均不得涂改
B. 原始凭证金额错误的可在原始凭证上更正
C. 原始凭证错误的应由出具单位重开，更正处加盖单位印章
D. 原始凭证金额错误的不可在原始凭证上更正

9. 下列各项，不属于原始凭证审核内容的是（　　）。
A. 凭证反映的内容是否真实
B. 凭证各项基本要素不齐全
C. 会计科目的使用是否正确
D. 凭证是否填制单位的公章和填制人员签章

10. 会计机构、会计人员对不真实、不合法的原始凭证和违法收支（　　）。
A. 有权不予受理　　　　　　　B. 予以退回
C. 予以纠正　　　　　　　　　D. 予以反映

多项选择题：

1. 原始凭证的审核内容主要有（　　）。
A. 合法性　　　　B. 正确性　　　　C. 合理性　　　　D. 完整性

2. 下列文件中，属于外来原始凭证的有（　　）。
   A. 领料单　　　B. 购货发票　　　C. 银行对账单　　　D. 银行付款通知
3. 下列单据中，可以作为自制原始凭证的有（　　）。
   A. 购入材料的水、陆运费账单　　　B. 转账凭证
   C. 工资结算单　　　D. 产品入库单
4. 原始凭证应具备的基本内容是（　　）。
   A. 填制日期　　　B. 经济业务涉及的会计科目
   C. 经济业务的内容　　　D. 所附原始凭证的张数
5. 下列属于具有法律效力的原始凭证有（　　）。
   A. 银行收付款通知单　　　B. 开工单
   C. 生产通知单　　　D. 经济合同
6. 下列原始凭证中，属于自制原始凭证的有（　　）。
   A. 提货单　　　B. 发出材料汇总表
   C. 购货发票　　　D. 销售发票
7. 在原始凭证上书写阿拉伯数字，正确的有（　　）。
   A. 所有以元为单位的，一律填写到角分
   B. 无角分的，角位和分位可写"00"，或者符号"—"
   C. 有角无分的，分位应当写"0"
   D. 有角无分的，分位也可以用符号"—"代替。
8. 原始凭证审核的内容包括（　　）。
   A. 经济业务内容是否真实
   B. 会计科目使用是否正确
   C. 应借应贷方向是否正确
   D. 经济业务是否有违法乱纪行为
9. 下列说法正确的是（　　）。
   A. 原始凭证必须记录真实，内容完整
   B. 一般原始凭证发生错误，必须按规定办法更正
   C. 有关现金和银行存款的收支凭证，如果金额填写错误，必须作废
   D. 购买实物的原始凭证，必须有验收证明
10. 填制原始凭证时，符合书写要求的是（　　）。
    A. 阿拉伯金额数字前面应当书写货币币种符号
    B. 币种符号与阿拉伯金额数字之间不得留有空白
    C. 大写金额有分的，分字后面要写"整"或"正"字
    D. 汉字大写金额可以用简化字代替

判断题：
1. 原始凭证的内容中包括会计分录。（　　）
2. 原始凭证是证明经济业务已经发生，明确经济责任，并据以记账的原始依据。（　　）
3. 限额领料单是一种累计记账凭证。（　　）

4. 外来原始凭证一般都属于一次凭证。（ ）
5. "发出材料汇总表"属于累计原始凭证。（ ）
6. 从外单位取得的原始凭证，可以没有公章，但必须有经办人员的签字或盖章。
（ ）
7. 原始凭证发生错误，正确更正方法是由出具单位在原始凭证上更正。（ ）
8. 会计人员对不真实、不合法的原始凭证有权不予接收，并向单位负责人报告。
（ ）
9. 根据规定，记账凭证必须附有原始凭证。但是，结账和更正错误的记账凭证可以不附原始凭证。（ ）
10. 所有的原始凭证都应有签字和盖章。（ ）

综合题：

1. 目的：原始凭证的练习。

资料：A公司10月份发生的部分经济业务如下：

（1）10月11日，向B工厂购进钢材100吨，每吨单价2 500元，收到了增值税专用发票，内列材料款250 000元，增值税额40 000元，用支票支付，材料入库。

（2）10月16日，刘××准备去上海公出，借款5 000元，支付现金。

（3）10月17日，销售轴承500件，单价10元，增值税率16%。

（4）10月19日，第五车间生产锅炉配件领用钢材20吨，每吨采购成本3 000元。

（5）10月28日，刘××出差共花3 900元，余款交到公司财务。

要求：根据上述资料编制增值税专用发票、材料验收单、材料出库单、借款单、旅费报销单。

2. 目的：练习通用记账凭证。

资料：A公司5月发生的经济业务如下：

（1）5月6日，从银行提取现金2 000元备用。

（2）5月9日，向B工厂购进甲材料20吨，每吨买价2 000元（不含16%的增值税），材料验收入库，收到增值税专用发票，价款以银行存款支付。

（3）5月11日，以现金支付公司办公费300元。

（4）5月12日，李××出差预借差旅费3 000元，用现金支付。

（5）5月17日，销售轴承，取得收入10 000元（不含16%的增值税），款存入银行。

（6）5月24日，李××出差报销差旅费2 600元，剩余款交回。

要求：根据上述资料编制通用记账凭证。

3. 目的：练习收付款凭证。

资料：A公司某年1月份发生的货币资金收付业务如下：

（1）1日，用银行存款归还上月欠B公司购货款40 000元。

（2）3日，收到C公司上月购货款30 000元存入银行存款账户。

（3）4日，以银行存款支付城建税500元。

（4）6日，销售轴承100箱，每箱出厂价格为500元，收款收到存入银行存款户。

（5）8日，刘××借差旅费2 000元，以现金付给。

（6）10日，销售零用备件2箱，收到现金500元，收款当日送存银行。

(7) 16 日，用银行存款归还到期的短期借款本金 500 000 元。

(8) 20 日，刘××出差回来报销差旅费 1 700 元，交回多余现金 300 元。

(9) 22 日，用现金 100 元购公司用办公用品。

(10) 25 日，用银行提取现金 85 000 元备发工资。

要求：

(1) 根据上述资料编制收款凭证和付款凭证。

(2) 说明以上各题使用原始凭证的类别。

(3) 用哪些原始凭证完成以上业务。

4．目的：转账凭证的练习。

资料：A 公司 2016 年 10 月份发生部分转账业务如下：

(1) 10 月 2 日，车间领用甲材料 22 000 元，具体用途如下：生产轴承耗用 18 000 元，生产车间一般耗费 2 400 元，公司总部耗用 1 600 元。

(2) 10 月 6 日，销售轴承开出增值税专用发票，货款 10 000 元，增值税 1 700 元，货款尚未收到。

(3) 10 月 9 日，从 B 公司购进乙材料一批，买价 30 000 元，增值税 5 100 元，材料入库，但款尚未支付。

(4) 10 月 11 日，韩××预借采购费用 5 000 元。

(5) 10 月 15 日，支付第三季度银行借款利息 3 600 元。

(6) 10 月 25 日，提取本月固定资产折旧 15 000 元，其中生产车间 14 000 元，公司管理部门 1 000 元。

(7) 10 月 30 日，结转本月应付职工工资 98 000 元，其中生产工人工资 85 000 元，车间管理人员工资 10 000 元，公司管理人员工资 3 000 元。

要求：根据上述资料，编制转账凭证，并列出原始凭证张数。

3 登记会计账簿

【知识目标】
1. 了解会计账簿的作用和种类。
2. 理解账簿启用规则和账簿结构。
3. 掌握账簿登记规则。
4. 掌握错账更正方法。
5. 掌握对账和结账的方法。
6. 掌握科目汇总表核算程序。
7. 了解账簿的更换和保管内容。

【技能目标】
1. 会登记各种会计账簿。
2. 能根据记账规则对记账错误的不同情况进行更正。
3. 能按要求进行对账和结账。
4. 能运用科目汇总表核算程序完成账务处理。

【案例导入】
某公司会计李××在登记账簿时用圆珠笔登记,并没有逐行进行登记,登记错误后用圆珠笔直接改变其数据。以上做法哪些不符合记账规则?为什么?

3.1 启用和设置会计账簿

3.1.1 会计账簿的意义

企业单位在经营过程中,要发生各种各样的经济业务,对于这些经济业务,首先要由原始凭证作出最初的反映,然后由会计人员按照会计信息系统的要求,采用复式记账方法,编制记账凭证。应该说,会计凭证(包括原始凭证和记账凭证)能够比较全面地反映经济业务的发生和完成情况,所记录的业务内容也是非常详细、具体的。但是,由于会计凭证的数量繁多,比较分散,而且每张会计凭证只能记录单笔经济业务,提供的也只是个别的数据,不便于直接通过会计凭证取得综合的会计信息,也不便于日后查阅。因此,为了对经济业务进行连续、系统、全面地核算,从分散的数据中提取系统有用的会计信息,就必须采用登记会计账簿的方法,把分散在会计凭证上的零散的资料,加以集中和分类整理,在账簿这个重要的载体上得以综合,从而为企业的经营管理提供系统的会计信息资料。因而设置和登记会计账簿就成为会计核算的一种重要的方法。

所谓会计账簿是以会计凭证为依据,由专门格式而又相互联系的账页组成,用以连续、系统、全面地记录和反映各项经济业务的簿籍。在账簿中应按照会计科目开设有关账户,用来序时地、分类地记录和反映经济业务的增减变动及其结果,会计账簿是会计资料的主要载体之一。

设置和登记账簿,是编制会计报表的基础,是连接会计凭证与会计报表的中间环节,在会计核算中具有重要意义,概括起来主要方面有:

(1) 会计账簿可以为企业的经营管理提供系统、完整的会计信息。通过设置和登记账簿,可以对经济业务进行序时或分类的核算,将分散于各个账户中的核算资料加以系统化,以便能够全面地提供有关企业财务状况和经营成果的总括及具体的核算资料。

(2) 会计账簿可以为定期编制会计报表提供数据资料。账簿记录积累了一定时期发生的大量的经济业务的数据资料,这些资料经过归类、整理,就成为编制会计报表的依据,可以说,会计账簿的设置与登记过程是否正确,直接影响会计报表的质量。

(3) 会计账簿是开展财务分析和会计检查的重要依据。通过设置和登记账簿,不仅可以随时掌握各项资产、负债、所有者权益的增减变动情况,而且通过账实核对,可以检查账实是否相符,从而发挥会计的监督职能。

3.1.2 会计账簿的种类

由于会计核算对象的复杂性和不同的会计信息使用者对会计信息需要的多重性,导致了反映会计信息的载体——账簿的多样化。不同的会计账簿可以提供不同的信息,满足不同的需要。为了更好地了解和使用会计账簿,就需要对账簿进行分类。会计账簿按照不同的标志可以划分为不同的类别。

(1) 会计账簿按其用途不同,可分为序时账簿、分类账簿和备查账簿

1) 序时账簿,也称日记账,是按照经济业务发生时间的先后顺序逐日、逐笔登记的账簿。正因为如此,在历史上曾将其称为"流水账"。序时账簿按照其记录的内容不同,又可分为普通日记账和特种日记账。

① 普通日记账是对全部经济业务都按其发生时间的先后顺序逐日、逐笔登记的账簿。由于普通日记账要序时地记录全部的经济业务,其记账工作量比较庞大,因而在会计发展的早期使用的较多。

② 特种日记账是只对某一特定种类的经济业务按其发生时间的先后顺序逐日、逐笔登记的账簿。从我国目前的有关情况来看,企业一般只对库存现金和银行存款的收付业务设置库存现金日记账和银行存款日记账,以加强对货币资金的管理。

2) 分类账簿,简称分类账,是指对全部经济业务按照总分类账户和明细分类账户进行分类登记的账簿。分类账簿按其反映经济业务详细程度的不同,又可以分为总分类账簿和明细分类账簿。

① 总分类账簿,简称总账,是根据总分类科目开设的,能够全面地反映会计主体的经济活动情况,对所属的明细账起统驭作用,可以直接根据记账凭证登记,也可以将凭证按一定方法定期汇总后进行登记。

② 明细分类账,简称明细账,是根据总分类账科目所属的二级科目和明细分类账户开设的,用来反映明细核算资料的账簿。明细分类账应根据记账凭证或原始凭证逐笔详细登记,是对总分类账的补充和说明。

在实际工作中,根据需要也可以将序时账和分类账结合在一起,设置一种联合账簿,例如"日记总账"。

3) 备查账簿,也称辅助账簿,是指对某些在序时账和分类账中未能记载或记载不全

的事项进行补充登记的账簿,亦被称为补充登记簿。备查账簿只是对其他账簿记录的一种补充,与其他账簿之间不存在严密的依存和勾稽关系。例如为反映所有权不属于企业,由企业租入的固定资产而开设的"租入固定资产备查簿"、反映票据内容的"应付(收)票据备查簿"等。

(2) 会计账簿按其外表形式的不同,可分为订本式账簿、活页式账簿和卡片式账簿

1) 订本式账簿,是在启用之前就已把顺序编号的账页装订成册的账簿。这种账簿能够防止账页散失和被非法抽换,但不便于分工和计算机记账。对于那些比较重要的内容一般采用订本式账簿,实际工作中,序时账簿、联合账簿、总分类账簿等应采用订本式账簿。

2) 活页式账簿,是在启用时账页不固定装订成册而将零散的账页放置在活页夹内,随时可以取放的账簿。活页账克服了订本账的缺点。一般明细分类账可根据需要采用活页式账簿。

3) 卡片式账簿,是由许多具有一定格式的硬制卡片组成的,存放在卡片箱内,根据需要随时取放的账簿。卡片账主要用于不经常变动的内容的登记,如"固定资产明细账"等。

企业在设置账簿体系时,应将那些比较重要、容易丢失的项目,采用订本式账簿,对那些次要的或不容易丢失的项目,可以采用活页式或卡片式账簿。

3.1.3 会计账簿的启用规则

在启用新账簿时,应在账簿的有关位置记录相关信息。

1) 设置账簿的封面与封底。除订本账不另设封面以外,各种活页账都应设置封面和封底,并登记单位名称、账簿名称和所属会计年度。

2) 在启用新会计账簿时,应首先填写在扉页上印制的"账簿启用及交接登记表"中的启用说明,其中包括单位名称、账簿名称、账簿编号、起止日期、单位负责人、主管会计、审核人员和记账人员等项目,并加盖单位公章。在会计人员工作发生变更时,应办理交接手续并填写"账簿启用及交接登记表"中的有关交接栏目。

3) 填写账户目录,总账应按照会计科目顺序填写科目名称及启用页号。在启用活页式明细分类账时,应按照所属会计科目填写科目名称和页码,在年度结账后,撤去空白账页,填写使用页码。

4) 粘贴印花税票,应粘贴在账簿的右上角,并且划线注销;在使用缴款书缴纳印花税时,应在右上角注明"印花税已缴"及缴款金额。

3.1.4 设置会计账簿

在实际工作中,账簿的形式是多种多样的,不同格式的账簿所包括的具体内容也不尽相同。但它们一般由三大部分组成:

1) 封面,标明账簿名称和记账单位名称。

2) 扉页,填明启用的日期和截止的日期;页数;册次;经管账簿人员一览表和签章;会计主管签章,账户目录等。

3) 账页,用来具体记录经济业务内容的部分,其基本内容包括:

①账户的名称(一级科目、二级或明细科目);

②记账日期栏;

③凭证种类和号数栏；
④摘要栏；
⑤金额栏；
⑥总页次和分户页次等。

3.2 登记会计账簿

不同的会计账簿由于反映的经济业务内容和详细程度不同，其账页格式也有一定的区别。以下就序时账簿、总分类账簿和明细分类账簿的格式及登记方法分别进行介绍。

3.2.1 序时账簿的格式与登记方法

我们这里所说的序时账簿主要是指特种日记账。企业通常设置的特种日记账主要有库存现金日记账和银行存款日记账。

（1）库存现金日记账的格式及登记方法

库存现金日记账是用来核算和监督库存现金日常收、付、结存情况的序时账簿，通过库存现金日记账可以全面、连续地了解和掌握企业单位每日库存现金的收支动态和库存余额，为日常分析、检查企业单位的库存现金收支活动提供资料。库存现金日记账的格式主要有三栏式和多栏式两种。

三栏式库存现金日记账，通常设置收入、付出、结余或借方、贷方、余额三个主要栏目，用来登记库存现金的增减变动及其结果。

三栏式库存现金日记账是由库存现金出纳员根据库存现金收款凭证、库存现金付款凭证以及银行存款的付款凭证（反映从银行提取现金业务），按照库存现金收、付款业务和银行存款付款业务发生时间的先后顺序逐日、逐笔登记。

为了更清晰地反映账户之间的对应关系，了解库存现金变化的来龙去脉，还可以在三栏式日记账中收入和付出两个栏目下，按照库存现金收、付的对方科目设置专栏，形成多栏式库存现金日记账。

采用多栏式库存现金日记账时，按照收入、付出的对应科目分设专栏逐日逐笔登记，到月末结账时，分栏加计发生额，对全月库存现金的收入来源、付出去向都可以一目了然，能够为企业的经济活动分析和财务收支分析提供详细具体的资料。但是，在使用会计科目比较多的情况下，多栏式日记账的账页过宽，不便于分工登记，而且容易发生错栏串行的错误。为此，在实际工作中可以将多栏式库存现金日记账分设两本，即分为多栏式库存现金收入日记账和多栏式库存现金支出日记账。

（2）银行存款日记账的格式及登记方法

银行存款收、付业务的结算方式有多种，为了反映具体的结算方式以及相关的单位，需要在三栏式库存现金日记账的基础上，通过增设栏目设置银行存款日记账，即在银行存款日记账中增设采用的结算方式和对方单位名称等具体的栏目。

银行存款日记账由出纳员根据银行存款的收款凭证、付款凭证以及库存现金的付款凭证（从银行提取现金业务）序时登记的。总体来说，银行存款日记账的登记方法与库存现金日记账的登记方法基本相同，但有以下几点需要注意：

首先，出纳员在办理银行存款收、付款业务时，应对收款凭证和付款凭证进行全面审查复核，保证记账凭证与所附的原始凭证的内容一致，方可依据正确的记账凭证在银行存款日记账中记明：日期（收、付款凭证编制日期）、凭证种类（银收、银付或现收）、凭证号数（记账凭证的编号）、采用的结算方式（支票、本票或汇票等）、对方单位（对方收款或付款单位名称）、摘要（概括说明经济业务内容）、对应账户名称、金额（收入、付出或结余）等项内容。

其次，银行存款日记账应按照经济业务发生时间的顺序逐笔分行记录，当日的业务当日记录，不得将记账凭证汇总登记，每日业务记录完毕应结出余额，做到日清月结，月末应分别结出本月借方、贷方发生额及期末余额和累计发生额，年末应结出全年累计发生额和年末余额，并办理结转下年手续，有关发生额和余额（包括日、月、年）计算出来之后，应在账页中的相应位置予以标明。

再次，银行存款日记账必须按行次、页次顺序登记，不得跳行、隔页，不得以任何借口随意更换账簿，记账过程中一旦发生错误应采用正确的方法进行更正，会计期末，按规定结账。

银行存款日记账根据需要也可以采用多栏式，具体包括两种格式。一种是将银行存款的收入和支出并在一本账中，按收入、付出的对应科目分设专栏进行登记，到月末结账时，各个分栏加计发生额合计数，对全月银行存款的收入来源、付出去向一目了然，可以给企业单位的经济活动分析和财务收支分析提供更详细的资料。但是，在应用会计科目较多时，账页必然过宽，不便于登记，而且容易发生错栏串行的错误。为了避免这种错误的发生，在实际工作中，还可以将银行存款日记账分设两本，即多栏式银行存款收入日记账和多栏式银行存款支出日记账。多栏式银行存款日记账的登记方法除特殊栏目（如结算方式、对方单位等）外基本同于多栏式库存现金日记账的登记方法。这里不再赘述。

3.2.2 分类账簿的格式与登记方法

（1）总分类账的格式及登记方法

总分类账是按照一级会计科目的编号顺序分类开设并登记全部经济业务的账簿。总分类账的格式有三栏式（即借方、贷方、余额三个主要栏目）和多栏式两种，其中三栏式又区分为不反映对应科目的三栏式和反映对应科目的三栏式。总分类账的登记依据和方法，主要取决于所采用的会计核算组织程序。它可以直接根据记账凭证逐笔登记，也可以把记账凭证先汇总，编制成汇总记账凭证或科目汇总表，再根据汇总的记账凭证定期登记。

不管哪种格式的总分类账，每月都应将本月已完成的经济业务全部登记入账，并于月末结出总账中各总分类账户的本期发生额和期末余额，与其他有关账簿核对相符之后，作为编制会计报表的主要依据。

（2）明细分类账的格式及登记方法

明细分类账是根据二级会计科目或明细科目设置账户，并根据审核无误后的会计凭证登记某一具体经济业务的账簿。各种明细分类账可根据实际需要，分别按照二级会计科目和明细科目开设账户，进行明细分类核算，以便提供资产、负债、所有者权益、收入、费用和利润等的详细信息。明细分类账一般采用活页式账簿，也可以采用卡片式账簿（如固定资产明细账）和订本式账簿等。

根据管理上的要求和各种明细分类账所记录经济业务的特点，明细分类账的格式主要有以下三种：

1）三栏式明细分类账

三栏式明细分类账的格式和三栏式总分类账的格式相同，即账页只设有借方金额栏、贷方金额栏和余额金额栏三个栏目。这种格式的明细账适用于只要求提供货币信息而不需要提供非货币信息（实物量指标等）的账户。一般适用于记载债权债务类经济业务，如应付账款、应收账款、其他应收款、其他应付款等内容。其账页格式与总账账页格式相同。

2）数量金额式明细账

数量金额式明细账要求在账页上对借方、贷方、余额栏下分别设置数量栏和金额栏，以便同时提供货币信息和实物量信息。这一类的明细账适用于既要进行金额核算又要进行实物量核算的财产物资类科目，如原材料、库存商品等科目的明细账。

3）多栏式明细账

多栏式明细分类账是根据经济业务的特点和经营管理的需要，在一张账页内按有关明细科目或项目分设若干专栏的账簿。按照登记经济业务内容的不同又分为"借方多栏式"，如"管理费用明细账""生产成本明细账""制造费用明细账"等；"贷方多栏式"，如"主营业务收入明细账"等；"借方、贷方多栏式"，如"本年利润明细账""应交增值税明细账"等。

对于借方多栏式明细账，由于只在借方设多栏，平时在借方登记费用、成本的发生额，贷方登记月末将借方发生额一次转出的数额，所以平时如发生贷方发生额（无法在贷方登记），应该用红字在借方多栏中登记。贷方多栏式明细账也存在同样问题。

（3）总分类账与明细分类账的关系及其平行登记

1）总分类账与明细分类账的关系。总分类账与明细分类账是既有内在联系、又有区别的两类账户。

二者之间的内在联系主要表现在以下两方面：①所反映的经济业务内容相同；②登记账簿的原始依据相同。

二者之间的区别主要表现在以下两方面：①反映经济业务内容的详细程度不同；②作用不同。总分类账是对明细分类账的概括和总结，对所属明细分类账起着统驭作用；明细分类账是对总分类账的补充，对总分类账的内容起着补充说明作用。

因此，总分类账与明细分类账提供的资料相互补充，既概括又详细地反映相同的经济业务。

2）总分类账与明细分类账的登记要求。为了使总分类账与其所属的明细分类账能起到统驭、控制与辅助、补充的作用，便于账户核对，确保核算资料的正确、完整，必须采用平行登记的方法登记总分类账及其所属的明细分类账。所谓平行登记，是指经济业务发生后，根据会计凭证一方面登记有关的总分类账户，另一方面又要登记该总分类账户所属的各有关明细账户。

具体地说，平行登记的要点是"三相同四相符"。"三相同"是：登记的会计时间相同，即对每一项经济业务，必须在同一个月份记入有关的总分类账户及其所属的明细分类账户；登记的方向相同，即对每一项经济业务，在总分类账户和所属明细分类账户进行登记时，其记账方向必须相同；登记的金额相同，即对每一项经济业务，记入总分类账户中的金额必须与记入所属明细分类账户中的金额或金额之和相等。"四相符"是：总账的期初余额与所属明细账的期初余额相符；总账的本期借方发生额与所属明细账的本期借方发生额相符；总账的本期贷方发生额与所属明细账的本期贷方发生额相符；总账的期末余额与所属明细账的期末余额相符。这种相符关系可以通过编制"总账和明细账发生额及余额表"进行验证。

3.2.3 备查账簿的格式及登记方法

备查账簿是对主要账簿起补充说明作用的账簿。它没有固定的格式，一般是根据各单位会计核算和经营管理的实际需要而设置的。主要包括租借设备、物资的辅助登记，有关应收、应付款项的备查簿，担保、抵押品的备查簿等。

3.2.4 账簿的登记规则

1）登记账簿的依据只能是经过审核无误的会计凭证。

2）正常记账使用蓝黑墨水或者碳素墨水书写，特殊记账使用红墨水书写，不得使用圆珠笔或铅笔书写。除"结账划线""改错""冲销账簿记录"等国家统一的会计制度规定用红字登记的会计记录外，不得用红字登记账簿。会计中的红字表示负数。

3）登记账簿时，应按页次顺序连续登记，不得跳行、隔页，更不得随便更换账页和撤出账页，作废的账页也要留在账簿中，如果发生跳行、隔页，应当将空行、空页划线注销，或者注明"此行作废""此页作废"字样，并由记账人员签字或者盖章。这对在账簿登记中可能出现的漏洞，是十分必要的防范措施。

4）每一账页登记完毕结转下页时，应当结出本页合计数及余额，写在本页最后一行和下页第一行有关栏内，并在摘要栏内注明"转次页"和"承前页"字样；也可以将本页合计数及金额只写在下页第一行有关栏内，并在摘要栏内注明"承前页"字样。也就是说，"过次页"和"承前页"的方法有两种：一是在本页最后一行内结出发生额合计数及余额，然后过次页并在次页第一行承前页；二是只在次页第一行承前页写出发生额合计数及余额，不在上页最后一行结出发生额合计数及余额后过次页。

5）记账时必须对账页中的日期、凭证编号、摘要、金额等项目填写齐全，做到"摘要"简明扼要，文字规范清楚，数字清晰无误。摘要文字紧靠左线，不得用不规范的简化字；数字要写在金额栏内，不得越格错位、参差不齐；文字、数字字体大小适中，紧靠下线书写，上面要留有适当空距，一般应占格宽的1/2，以备按规定的方法改错。记录金额时，如为没有角分的整数，应分别在角分栏内写上0，不得省略不写或以"—"号代替。阿拉伯数字一般可自左向右适当倾斜，以使账簿记录整齐、清晰。

6）结出账户金额后，在"贷或借"栏目注明"借"或"贷"字样，以示金额的方向；对于没有金额的账户，应在此栏内填写"平"字样，在余额栏写"0"。

7）账簿登记完毕后，要在记账凭证上签字或者盖章，并注明已经登账的符号，表示已经记账。在记账凭证上设有专门的栏目供注明记账的符号，以免发生重记或漏记。

8）登记发生错误时，必须按规定方法更正。严禁刮、擦、挖、补或使用化学药物清除字迹。发现差错必须根据差错的具体情况采用划线更正、红字更正、补充登记等方法更正。

9）使用电子计算机进行会计核算的，其会计账簿的登记、更正，应当符合国家统一的会计制度的规定，总账和明细账应当定期打印。

10）各种账簿原则上每年都应该更换新的账簿。年度开始之前，将各账户上年年终结计的金额，转记到新账簿相应账户的第一页第一行，并要在新账簿摘要栏注明"上年结转"。

3.2.5 错账的更正方法

(1) 错账的基本类型

会计人员在记账过程中，由于种种原因可能会产生凭证的编制错误或账簿的登记错误，即发生错账。其错账的基本类型主要有以下几种：

1) 记账凭证正确，但依据正确的记账凭证登记账簿时发生过账错误。

2) 记账凭证错误，导致账簿登记也发生错误。这种类型的错误又包括三种情况：一是由于记账凭证上的会计科目用错而引发的错账；二是记账凭证上金额多写而引发的错账；三是记账凭证上金额少写而引发的错账。

(2) 账簿错误的查找

会计账簿的日常登记是一项细致的工作，稍有不慎就会发生错误。为了及时更正这些错误，就需要对账簿记录进行检查以便发现错误。正常情况下，账簿记录错误有两种，一种是凭证错误而导致的账簿错误，另一种是账簿本身登记错误。账簿错误的查找方法主要有以下几种：

1) 顺查法，即按照会计核算程序，从经济业务→原始凭证→记账凭证→会计账簿→试算表，按顺序查找。在哪个环节发现错误，分析错误的原因及性质，然后采取正确的方法进行更正。

2) 逆查法，即按照与会计核算程序相反的步骤，从试算表→会计账簿→记账凭证→原始凭证→经济业务，逐步缩小错误的范围，直到找出错误为止。

3) 技术方法，即根据错账的数字，结合数字之间的某些规律运用数学知识来查找错误的方法。技术方法又具体分为差数法、除2法和除9法三种。

① 差数法，是记账人员首先确定错账的差数（即借方和贷方的合计金额的差额），再根据差数去查找错误的方法。这种方法对于发现漏记账目比较有效，也很简便。

② 除2法，首先算出借方和贷方的差额，再将差额除以2得出商数，查找账户记录中有无与商数相同的金额的方法。

例如，企业会计编制的试算表上的借、贷双方的金额为：

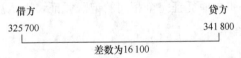

用2除得商数为8 050，查找业务中有无8 050的金额在账户中误记、漏记或重记。

③ 除9法，是先算出借方与贷方的差额，再除以9来查找错误的方法，如能除尽，则可能有两种情况，即数字位移或数字颠倒。

数字位移，例如将4 000误记成400，差数为3 600，用9除得400，将位数前进一位即可。

数字颠倒，例如将15 800误写为18 500，差数为2 700，用9除得300，商数中的非零数字3即为被颠倒的相邻数字8和5的差额。而且；凡商数为百位数者，则是百位数与千位数的颠倒；凡商数为千位数者，则是千位数与万位数的颠倒，依次类推。

当然，以上所述只是一些查找简单错账的方法，并不能"包查百错"，实际上某些错误可能是由几个错误共同造成的，所以，最积极的办法还是加强责任感，认真、细致地做好记账工作。一旦发生了错误，在查找出来的基础上，要采用相应的方法进行更正。

(3) 错账的更正方法

如果账簿记录发生错误，不得任意使用刮擦、挖补、涂改等方法去更改字迹，而应该根据错误的具体情况，采用正确的方法予以更正。一般常用的更正错账的方法有三种，即划线更正法、红字更正法和补充登记法。

1) 划线更正法

在结账前，如果发现账簿记录有错误，而记账凭证没有错误，即纯属账簿记录中的文字或数字的笔误，可用划线更正法予以更正。

更正的方法是：先将账页上错误的文字或数字划一条红线，以表示予以注销，然后，将正确的文字或数字用蓝字写在被注销的文字或数字的上方，并由记账人员在更正处盖章。应当注意的是，更正时，必须将错误数字全部划销，而不能只划销、更正其中个别错误的数码，并应保持原有字迹仍可辨认，以备查考。

【例3-1】某公司用银行存款8 800元购买原材料。会计人员在根据记账凭证（记账凭证正确）记账时，将总账中银行存款贷方的8 800元误写成8 080元。采用划线更正法更正的具体办法是：应将总账中银行存款账户贷方的错误数字8 080元全部用一条红线划销（注意：不能只划销个别错误的数字），然后在其上方写出正确的数字8 800元，并在更正处盖章或签名，以明确责任。

2) 红字更正法

红字更正法，适用于以下的两种错误的更正。

①根据记账凭证所记录的内容登记账簿以后，发现记账凭证的应借、应贷会计科目或记账方向有错误，但金额正确，应采用红字更正法。更正的具体办法是：先用红字填制一张与错误记账凭证内容完全相同的记账凭证，并据以红字登记入账，冲销原有错误的账簿记录；然后，再用蓝字填制一张正确的记账凭证，据以用蓝字或黑字登记入账。

【例3-2】某公司生产车间生产产品直接耗用材料一批，价值2 000元。会计分录误编为：

借：制造费用　　　　　　　　　　　　　　　　　　　2 000
　　贷：原材料　　　　　　　　　　　　　　　　　　　2 000

更正时用红字编制一张与原凭证完全相同的记账凭证，以示注销原记账凭证（以下记录中，□内数字表示红字）：

借：制造费用　　　　　　　　　　　　　　　　　　　|2 000|
　　贷：原材料　　　　　　　　　　　　　　　　　　　|2 000|

然后用蓝字编制一张正确的记账凭证并记账，分录为：

借：生产成本　　　　　　　　　　　　　　　　　　　2 000
　　贷：原材料　　　　　　　　　　　　　　　　　　　2 000

②根据记账凭证所记录的内容记账以后，发现记账凭证中应借、应贷的会计科目、记账方向正确，只是金额发生错误，而且所记金额大于应记的正确金额，对于这种错误应采用红字更正法予以更正。更正的具体办法是将多记的金额用红字填制一张与原错误凭证中科目、借贷方向相同的记账凭证，其金额是错误金额与正确金额两者的差额，登记入账。

【例3-3】某公司用银行存款7 500元缴纳上个月欠缴的税金。会计人员在编制会计分录时，误将7 500元记为75 000元并已记账。这个错误应采用红字更正法进行更正。更正的具体办法是用红字编制一张与原错误凭证中科目、方向相同的记账凭证，其金额为 67 500(75 000－7 500)元，据以用红字登记入账，以冲销多记的金额：

借：应交税金　　　　　　　　　　　　　　67 500
　　贷：银行存款　　　　　　　　　　　　　　67 500

3) 补充登记法

记账以后，如果发现记账凭证和账簿的所记金额小于应记金额，而应借、应贷的会计科目并无错误时，那么应采用补充登记的方法予以更正。更正的具体办法是：按少记的金额用蓝字填制一张应借、应贷会计科目与原错误记账凭证相同的记账凭证，并据以登记入账，以补充少记的金额。

【例 3-4】 某公司用银行存款 28 000 元偿还应付账款。会计人员在编制会计分录时，误将 28 000 元记为 2 800 元，即：

借：应付账款　　　　　　　　　　　　　　2 800
　　贷：银行存款　　　　　　　　　　　　　　2 800

这属于金额少记的错误，应采用补充登记的方法予以更正。即用蓝字编制一张与原错误凭证应借科目、应贷科目、记账方向相同的记账凭证，其金额为 25 200(28 000－2 800)元，据以蓝字登记入账即可：

借：应付账款　　　　　　　　　　　　　　25 200
　　贷：银行存款　　　　　　　　　　　　　　25 200

采用红字更正法和补充登记法更正错账时，都要在凭证的摘要栏注明原错误凭证号数、日期和错误原因，便于日后核对。

3.3　对　账　与　结　账

为了确保账簿记录的准确性，需要定期进行对账。为了定期进行会计信息的总结，编制会计报表，需要定期进行结账。

3.3.1　对账

对账就是在会计核算中将账簿上所记载的资料进行核对的工作。一般在结账前，将账簿记录与会计凭证核对、各种账簿之间的数字核对、账簿记录与实物及货币资金的实存数核对。按《会计基础工作规范》的要求，各单位应当定期将会计账簿记录的有关数字与库存实物、货币资金、有价证券、往来单位或个人等进行相互核对，以保证账证相符、账账相符、账实相符，对账工作每年至少进行一次。

对账包括日常核对和定期核对两方面。日常核对是在记账前对日常填制的记账凭证所作的审核。定期核对一般在月末、季末、年末于结账前进行。定期对账的内容主要包括以下几个方面：

(1) 账证核对

账证核对是将账簿记录与对应记账凭证以及所附原始凭证的内容进行核对，这是保证账账、账实相符的基础。账证核对主要是在日常编制记账凭证和登账过程中进行的。

(2) 账账核对

账账核对是指将各种账簿之间的有关数字进行核对，主要包括：

1）总账的核对。所有总账账户的借方余额合计数与贷方余额合计数相符；所有总账账户的借方发生额合计数与贷方发生额合计数相符。这项核对工作通常采用编制"总分类账户本期发生额和余额对照表"（简称试算平衡表）来完成。试算平衡表的格式见表3-1。

总分类账户本期发生额和余额对照表（试算平衡表）　　　　表 3-1
年　月　日

账户名称	期初余额		本期发生额		期末余额	
	借方	贷方	借方	贷方	借方	贷方
库存现金						
银行存款						
应收账款						
库存商品						
……						
合计						

2）总账与日记账的核对。"库存现金""银行存款"总账账户余额与对应的日记账的余额核对相符。

3）总账与明细账的核对。各总账账户的金额与所属明细账账户金额之和核对相符。

4）会计部门有关财产物资明细账与财产物资保管、使用部门的相应明细账核对相符。

（3）账实核对

账实核对是指各种财产物资账面余额与实有数额之间的核对。核对内容包括：

1）库存现金日记账的账面余额应同现金的实际库存数核对相符；

2）银行存款日记账的账面余额应同银行对账单余额核对相符，每月至少核对一次；

3）各种债权债务明细分类账余额，应与有关债权、债务单位的账面记录核对相符；

4）各项财产物资明细账余额，应与财产物资实有数核对相符。

（4）账表核对

会计报表是根据账簿所提供的数据资料编制的。当编制出有关会计报表以后，对账的内容还应包括账表核对，账表核对是将各种账簿的发生额余额与各种会计报表上的相关数据相互核对。核对的目的是为了保证账表相符。

3.3.2　结账

结账是指会计人员在会计期末（月末、季末、年末）将一定时期内发生的经济业务全部登记入账的基础上，结算出各种账簿的本期发生额和期末余额，从而根据账簿记录，编制会计报表。结账的内容通常包括两个方面：一是结清各种损益类账户，并据以计算确定本期利润；二是结清各资产、负债和所有者权益账户，分别结出本期发生额合计和余额。

（1）结账程序

1）应先检查本期所发生的各类经济业务是否都已全部正确填制会计凭证，登记入账。

2）根据权责发生制的要求，调整有关账项，编制调整分录，合理确定本期应计入的收入和应计的费用。

3）编制结账分录，将损益类科目转入"本年利润"科目，结平所有损益类科目。

4）结算出资产、负债和所有者权益科目的本期发生额和期末余额，并结转下期。

（2）结账方法

1) 对不需要按月结计本期发生额的账户，如各项应收款明细账和各项财产物资明细账等，每次记账以后，都要随时结出余额，每月最后一笔余额即为月末余额。也就是说，月末余额就是本月最后一笔经济业务记录的同一行内的余额。月末结账时，只需要在最后一笔经济业务记录之下划一单红线，不需要再结计一次余额。

2) 库存现金、银行存款日记账和需要按月结计发生额的收入、费用等明细账，每月结账时，要在最后一笔经济业务记录下面划一单红线，结出本月发生额和余额，在摘要栏内注明"本月合计"字样，在下面再划一单红线。

3) 需要结计本年累计发生额的某些明细账户，如主营业务收入明细账、成本明细账等，每月结账时，应在"本月合计"行下结计自年初起至本月末止的累计发生额，登记在月份发生额下面，在摘要栏内注明"本年累计"字样，并在下面再划一单红线。12月末的"本年累计"就是全年累计发生额，全年累计发生额下划双红线。

4) 总账账户平时只需结计月末余额，年终结账时，为了反映全年各项资产、负债及所有者权益增减变动的全貌，便于核对账目，要将所有总账账户结计全年发生额和年末余额，在摘要栏内注明"本年合计"字样，并在合计数下划一双红线。

5) 需要结计本月发生额的某些账户，如果本月只发生一笔经济业务，由于这笔记录的金额就是本月发生额，结账时，只要在此行记录下划一单红线，表示与下月的发生额分开就可以了，不需另结出"本月合计"数。

年度终了结账时，有余额的账户，要将余额结转下年，并在摘要栏内注明"结转下年"字样；在下一个会计年度新建有关账户的第一行余额栏内填写上年结转的余额，并在摘要栏内注明"上年结转"字样。即将有余额的账户余额直接计入新账余额栏内，不需要编制记账凭证，也不必将余额在计入本年账户的借方或贷方，使本年有余额的账户的余额变为零。因为既然年末是有余额的账户，其余额应当如实地在账户中加以反映，否则容易混淆有余额的账户和没有余额的账户之间的区别。

3.4 会计核算流程设计

3.4.1 会计核算方法

会计作为一项有效有序的管理活动，是对会计对象不断进行核算和监督，努力实现会计目标、完成会计任务的手段。

会计方法包括会计核算方法、会计分析方法、会计预测和决策方法等。会计核算是会计的基本环节，会计分析、会计预测和决策等都是在会计核算的基础上，利用会计核算资料进行的。本节只阐述会计核算方法，这是会计人员必须掌握的基础知识。

会计核算的方法是对单位已经发生的经济活动进行连续、完整、准确、系统的核算和监督所使用的方法。主要方法有设置账户、复式记账、填制和审核凭证、登记账簿、成本计算、财产清查、编制会计报告等。每个方法在以后几章里详细介绍，以下介绍七种方法的简单内容。

(1) 设置会计科目和账户

设置会计科目和账户，是对会计对象具体内容进行分类核算的方法。按照经济业务内容和经济管理的要求，选择一定的标准进行分类。会计科目是对会计要素划分为若干个分类核算的项目。例如，库存现金、银行存款、应收账款、应付账款、实收资本等都是会计科目，反映不同经济业务内容。账户是在账簿中为每个科目开设具有一定结构的登记内容实体。通过账户功能，反映出整体会计核算框架，反映会计对象的增减变化及其结果，是编制会计报告基础。设置账户是会计核算的一种专门方法。

(2) 复式记账

复式记账就是指对每一笔经济业务，都以相同的金额，同时在相互联系的两个或两个以上的账户中进行双重平行登记。复式记账是记录经济业务的一种记账方法。采用复式记账方法既能全面、完整、相互联系地反映经济业务，也可检查账簿记录的正确性。例如，企业用支票1 000元购买办公用品。一方面引起管理费用增加1 000元；另一方面引起银行存款减少1 000元，涉及两个账户且金额相等。它是一种比较科学的记账方法。

(3) 填制和审核会计凭证

会计凭证是记录经济业务发生和完成情况、明确经济责任的书面证明，也是登记账簿的依据。同时也能审查经济业务的合法性。对于每一笔经济业务都要按照实际发生和完成情况，由会计编制会计凭证，并经会计机构、会计人员审核，签字或盖章确认无误后，才能据以登记会计账簿。以确保会计核算有根据，同时保证会计核算建立在正确可靠的基础上，具有合乎会计制度要求的、完整的凭证体系。这一方法是会计人员最基本工作内容。

(4) 登记会计账簿

会计账簿是用来连续、系统、完整、准确地记录各项经济业务的簿籍。由具有一定格式的账页组成，是账户的集合。通过会计凭证，进行全面、系统、序时、分类地登记经济业务的一门方法。会计账簿将大量、分散的会计凭证，按经济业务性质和时间分类计入账簿中设置好的有关账户中。它具有记录和储存会计信息的作用，也是保存会计数据资料的重要工具。反映经济活动和财务收支的一种专门方法。

(5) 成本计算

成本计算是按照一定的成本计算对象来归集发生的各项费用。分别计算出各个对象的总成本和单位成本的一种专门方法。一般独立核算企业都要计算成本。工业企业生产经营过程中对发生的各种费用支出按照成本计算对象进行归集和分配，商品流通企业要计算商品进价和商品销售成本。以工业企业为例，生产产品消耗材料、发生的制造费用、支付工资、支付水电费等，这些费用要分别核算到每一个产品品种中，通过数量指标，分别计算出总成本和单位成本。成本计算是企业核算经济内容的重要环节，清楚成本构成，从而分析和考核成本计划完成情况，促进企业采取节约措施，寻求降低成本途径。因此应准确计算成本，这也是保证正确计算利润的前提条件之一。

(6) 财产清查

财产清查是指通过对货币资金、实物资产和往来款项的盘点实物、核对账目，确定其实存数，查明账存数与实存数是否相符的一种专门方法。在实际工作中，由于某些主客观原因，会造成账面数与实际数不符，为了保证账簿记录的正确性和准确性，保证财产安全、定期或不定期对企业财产进行清查和盘点、核对。对清查结果分析原因，明确责任，调整账簿记录，保证账实相符。

(7) 编制财务会计报表

编制财务会计报表是根据账簿记录的数据资料，对设计一定的表格形式，概括、完整、综合反映各单位一定时期内经营过程和成果的一种方法。会计报告能充分反映资产、负债、所有者权益、收入、费用、利润各要素的关系,使分散的资料集中起来,形成系统化、条理化和概括性的整套资料。同时,编制会计报表的目的也是向报表使用者提供企业财务状况、经营成果和现金流量等方面的信息,从而为分析、检查、预测、决策奠定基础。

会计核算方法是会计核算过程使用的手段,各种方法之间相互联系、相互制约、相互配合形成有机的整体。当投资者把资金投入企业后,企业就开始按会计核算方法进行核算,从设置会计科目、编制会计凭证、运用复式记账、完整系统登记账簿、准确成本计算以及编制财务会计报告,完成一个会计期间的核算,如此循环往复,直到企业停业清算。在企业的经营过程中还要使用财产清查方法,确保企业核算资料真实。通过会计核算最终要输出和传递整个企业的经营状况信息,以完成会计工作的目标。

3.4.2 会计核算程序

会计核算程序又称账务处理程序,是指账簿组织和记账步骤有机结合的方式。账簿组织是账簿的种类以及各种账簿之间的关系;记账步骤是填制会计凭证、登记账簿、编制会计报表的步骤和方法。企业应根据生产经营的特点和经济管理的要求选择适用、合理的会计核算程序。

(1) 记账凭证账务处理程序是指对发生的经济业务事项,都要根据原始凭证或汇总原始凭证编制记账凭证,然后直接根据记账凭证逐笔登记总分类账的一种账务处理程序。它是基本的账务处理程序。

特点:记账凭证账务处理程序简单明了、易于理解,总分类账可以较详细地反映经济业务的发生情况。其缺点是:登记总分类账的工作量大。记账凭证账务处理程序适用于规模较小、经济业务较少的单位。

一般程序是:

1) 根据原始凭证编制汇总原始凭证;
2) 根据原始凭证或汇总原始凭证编制记账凭证;
3) 根据收款凭证、付款凭证逐笔登记现金日记账和银行存款日记账;
4) 根据原始凭证、汇总原始凭证和记账凭证登记各种明细分类账;
5) 根据记账凭证登记总分类账;
6) 期末,现金日记账、银行存款日记账和明细分类账的余额同有关总分类账的余额核对相符;
7) 期末,根据总分类账和明细分类账的记录编制会计报表。

(2) 科目汇总表核算程序又称记账凭证汇总表账务处理程序,它是根据记账凭证定期编制科目汇总表,再根据科目汇总表登记总分类账的一种处理程序。多数企业都采用科目汇总表核算程序。

特点:定期将所有记账凭证汇总编制科目汇总表,据以登记总分类账。它的记账手续简便,还可以进行试算平衡;保证会计记录的正确性。其缺点是:不能反映账户对应关系、不便于查对账目。它适用于企业经济业务量较多的单位。

一般程序是:

1) 根据原始凭证编制汇总原始凭证;

2）根据原始凭证和汇总原始凭证，编制记账凭证；

3）根据收款凭证、付款凭证逐笔登记现金日记账和银行存款日记账；

4）根据原始凭证、汇总原始凭证和记账凭证，登记各种明细分类账；

5）根据各种记账凭证编制科目汇总表；

6）根据科目汇总表登记总分类账；

7）期末，现金日记账、银行存款日记账和明细分类账的余额同有关分类账的余额核对相符；

8）期末，根据总分类账和明细分类账的记录编制会计报表。

科目汇总表核算程序如图 3-1 所示。

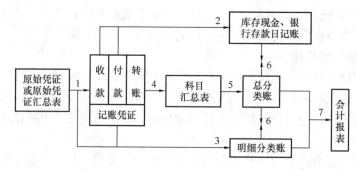

图 3-1　科目汇总表核算程序图

3.5　会计账簿的更换与保管

3.5.1　账簿的更换

为了反映每个会计年度的财务状况和经营成果情况，保持会计资料的连续性，企业应按照会计制度的规定在适当的时间进行账簿的更换。

所谓账簿的更换是指在会计年度终了时，将上年度的账簿更换为次年度的新账簿的工作。在每一会计年度结束，新一会计年度开始时，应按会计制度的规定，要更换原有账簿，使用新账簿。

1）总账、日记账和大部分的明细账，要每年更换一次。年初，将旧账簿中的各账户的余额直接计入新账簿中有关账户新账页的第一行"余额"栏内；同时，在"摘要"栏内注明"上年结转"字样，并将旧账页最后一行数字下的空格划一条斜红线注销，在旧账页最后一行"摘要"栏内注明"结转下年"字样。

2）部分明细账，如固定资产明细账，因年度内变动不多，年初可不必更换账簿；又如材料明细账和债权债务明细账，由于材料品种、规格和往来单位较多，更换新账重抄一遍工作量较大，因此，可以跨年度使用，不必每年更换新账。但需在"摘要"栏内注明"结转下年"字样，以划分新旧年度之间的记录。

3.5.2　账簿的保管

会计账簿是会计工作的重要历史资料，也是重要的经济档案。在经营管理工作中具有重要作用。因此，每一个企业、单位都应按照国家有关规定，加强对会计账簿的管理，做好账簿的保管工作。

账簿的保管，应该明确责任，保证账簿的安全和会计资料的完整，防止交接手续不清和可能发生的舞弊行为。在账簿交接保管时，应将该账簿的页数、记账人员姓名、启用日期、交接日期等列表附在账簿的扉页上，并由有关方面签字盖章。账簿要定期（一般为年终）收集，审查核对，整理立卷，装订成册，专人保管，严防丢失和损坏。

账簿应按照《会计档案管理办法》规定的期限进行保管。各账簿的保管期限分别为：日记账一般为15年，其中库存现金日记账和银行存款日记账为25年；固定资产卡片在固定资产报废清理后应继续保存5年；其他总分类账、明细分类账和辅助账簿应保存15年。保管期满后，要按照《会计档案管理办法》的规定，由财会部门和档案部门共同鉴定，报经批准后进行处理。

合并、撤销单位的会计账簿，要根据不同情况，分别移交给并入单位、上级主管部门或主管部门指定的其他单位接受保管，并由交接双方在移交清册上签字盖章。

账簿日常应由各自分管的记账人员专门保管，未经领导和会计负责人或有关人员批准，不许非经管人员翻阅、查看、摘抄和复制。会计账簿除非特殊需要或司法介入要求，一般不允许携带外出。

新会计年度对更换下来的旧账簿应进行整理、分类，对有些缺少手续的账簿，应补办必要的手续，然后装订成册，并编制目录，办理移交手续，按期归档保管。

对会计账簿的保管既是会计人员应尽的职责，又是会计工作的重要组成部分。

【引例分析】

某公司会计李××在登记账簿时用圆珠笔登记，并没有逐行进行登记，登记错后用圆珠笔直接改变其数据的做法均不符合记账规则。

根据《会计法》中记账规则的要求：

1）记账时必须用蓝、黑墨水或碳素墨水书写，不能使用圆珠笔或铅笔书写。所以该公司会计李××用圆珠笔记账是不符合记账规则的。

2）各种账簿必须按事先编好的页码，逐行连续登记，不得隔页、缺号、跳行。所以该公司会计李××没有逐行进行登记是不符合记账规则的。

3）记账记录发生错误时，不得刮、擦、挖、补，随意涂改或用褪色药水更改，而是应根据错误的情况，按规定的方法进行更正。所以该公司会计李××登记错后用圆珠笔直接改变其数据是不符合记账规则的。

本 章 习 题

问答题：

1. 什么是账簿？设置账簿有什么意义？
2. 设置账簿的原则是什么？
3. 账簿按用途分为哪几类？各是什么？
4. 试述库存现金日记账和银行存款日记账的内容和登记方法。
5. 试述总分类账的格式。
6. 明细分类账有哪几种格式？各应怎样登记？
7. 什么是对账？对账工作包括哪些内容？

8. 什么是结账？结账工作包括哪些内容？
9. 总分类账、明细分类账和日记账应怎样更换与保管？
10. 账簿启用规则是什么？
11. 账簿登记规则是什么？
12. 错账更正方法有哪几种？
13. 试述各种错账更正方法的内容和适用条件。

单项选择题：

1. 账簿按（　　）的不同可以分为序时账簿、分类账簿、备查账簿。
   A. 用途　　　　B. 外表形式　　　C. 格式　　　　D. 启用时间

2. 依据（　　）登记账簿，是基本的会计记账规则。
   A. 填制完毕的记账凭证　　　　B. 审核无误的会计凭证
   C. 审核无误的原始凭证　　　　D. 签章齐全的记账凭证

3. 记账人员根据记账凭证登记完毕账簿后，要在记账凭证上注明已记账的符号，主要是为了（　　）。
   A. 便于明确记账责任　　　　B. 避免错行或隔页
   C. 避免重记和漏记　　　　　D. 防止凭证丢失

4. 银行存款日记账的收入方除了根据银行存款收款凭证登记外，有时还要根据（　　）登记。
   A. 银行存款付款凭证　　　　B. 现金收款凭证
   C. 现金付款凭证　　　　　　D. 转账凭证

5. 会计人员在结转前发现，在根据记账凭证登记入账时，误将600元记成6 000元，而记账凭证无误，应采用（　　）。
   A. 补充登记法　　　　B. 划线更正法
   C. 红字更正法　　　　D. 蓝字登记法

6. 活页账簿与卡片账簿可适用于（　　）。
   A. 现金日记账　　　　B. 总分类账
   C. 通用日记账　　　　D. 明细分类账

7. 原材料明细账的外表形式可采用（　　）。
   A. 订本式　　　B. 活页式　　　C. 三栏式　　　D. 多栏式

8. 多栏式明细分类账适用于（　　）。
   A. 应收账款明细账　　　　B. 产成品明细账
   C. 原材料明细账　　　　　D. 材料采购明细账

9. 企业应收账款的账面余额定期与有关债务单位或个人进行核对，属于（　　）。
   A. 账证核对　　B. 账账核对　　C. 账实核对　　D. 账表核对

10. 现金日记账的保管期限是（　　）。
    A. 15年　　　B. 10年　　　C. 25年　　　D. 永久

多项选择题：

1. 会计账簿按用途分为（　　）。
   A. 日记账　　　B. 分类账　　　C. 备查账　　　D. 总账

2. 下列账簿的账页，一般采用三栏式的是（　　）。
   A. 收账款明细账　　　　　　　　B. 总账
   C. 管理费用明细账　　　　　　　D. 应付账款明细账
3. 下列账簿中，（　　）必须采用订本式账簿。
   A. 现金和银行存款日记账　　　　B. 总账
   C. 明细分类账　　　　　　　　　D. 备查账
4. 企业到银行提取现金500元，此项业务应登记（　　）。
   A. 库存现金日记账　　　　　　　B. 银行存款日记账
   C. 库存现金总分类账　　　　　　D. 银行存款总分类账
5. 下列对账工作中，属于账账核对的有（　　）。
   A. 银行存款日记账与银行对账单的核对
   B. 总账账户与所属明细账户的核对
   C. 应收款项明细账与债务人账项的核对
   D. 会计部门的财产物资明细账与财产物资保管、使用部门明细账的核对
6. 可用于更正因记账凭证错误而导致账簿记录错误的方法有（　　）。
   A. 划线更正法　　　　　　　　　B. 差数核对法
   C. 红字更正法　　　　　　　　　D. 补充登记法
7. 在会计工作中红色墨水可用于（　　）。
   A. 记账　　　　　　　　　　　　B. 结账
   C. 对账　　　　　　　　　　　　D. 冲账
   E. 算账
8. 下列可以作为登记明细账依据的有（　　）。
   A. 原始凭证　　　　　　　　　　B. 记账凭证
   C. 汇总原始凭证　　　　　　　　D. 科目汇总表
9. 必须逐日结出余额的账簿是（　　）。
   A. 现金总账　　　　　　　　　　B. 银行存款总账
   C. 现金日记账　　　　　　　　　D. 银行存款日记账
10. 下列各项中不需要每年都更换新账的是（　　）。
    A. 固定资产卡片账　　　　　　　B. 备查账
    C. 银行存款日记账　　　　　　　D. 总账

综合题：

1. 练习银行存款日记账的登记方法。

资料：A企业2016年12月1日"银行存款"账户期初余额为400 000元，本月发生如下经济业务：

（1）2日，开出转账支票，归还前欠B公司材料采购款234 000元。

（2）5日，购进甲材料，价款100 000元，增值税16 000元，运费1 000元，开出转账支票支付货款，材料已验收入库。

（3）8日，预收货款，收到转账支票一张，计200 000元。

（4）11日，收到C公司归还所欠货款116 000元，已由银行划转。

（5）16日，生产车间购买办公用品1 200元，以转账支票支付。

（6）20日，销售产品一批，计30 000元，增值税4 800元，货款已经收到。

（7）23日，支付水电费2 000元，其中：生产车间1 300元，公司管理部门700元，已以转账支票支付。

（8）27日，开出转账支票一张，预付向D公司采购材料款150 000元。

（9）30日，提取现金80 000元备发工资。

（10）31日，以银行存款支付职工医药费2 600元。

要求：

（1）开设"银行存款日记账"，并登记期初余额。

（2）根据以上经济业务编制记账凭证。

（3）登记银行存款日记账，并办理月结。

2. 练习错账的更正方法。

资料：A企业2016年5月份查账时发现下列错账：

（1）从银行提取现金3 500元，过账后，原记账凭证无误，账簿错将金额记为5 300元；

（2）接受某企业固定资产投资，价值70 000元。查账时发现凭证与账簿均记为：

借：固定资产　　　　　　　　　　　　　　　　70 000
　贷：资本公积　　　　　　　　　　　　　　　　70 000

（3）用银行存款5 000元购入5台小型计算器，查账时发现凭证与账簿均记为：

借：固定资产　　　　　　　　　　　　　　　　5 000
　贷：银行存款　　　　　　　　　　　　　　　　5 000

（4）以银行存款偿还短期借款40 000元，查账时发现凭证与账簿中科目没有记错，但金额均记为400 000元；

（5）以一张商业承兑汇票抵付应付账款，查账时发现科目没错，但凭证与账簿均多记540元；

（6）将一部分盈余公积金按规定程序转为实收资本，查账时发现凭证与账簿均将金额少记720元。

要求：按正确的方法更正以上错账。

3. 练习错账的更正和试算平衡表的编制。

资料：A公司2016年8月31日结账前的试算表如下，由于存在某些错误，因而借、贷方不平衡：

A公司结账前试算表

2016年8月31日　　　　　　　　　　　　　　　　　　　单位：元

会计科目	借方	贷方
库存现金	4 740	
银行存款	104 600	
应收账款	38 700	

续表

会计科目	借方	贷方
库存商品	89 700	
原材料	42 060	
固定资产	113 700	
短期借款		120 000
应付账款		73 480
实收资本		200 000
主营业务收入		86 500
销售费用	63 400	
合计	456 900	479 980

经日记账与分类账相互核对，发现存在下列错误：

(1) 用银行存款支付本月电话费 2 140 元，误记为 1 240 元；

(2) 赊购商品一批计 37 500 元，误作为原材料入账；

(3) 用现金支付由购货单位负担的商品运杂费 2 700 元，误作为本公司的营业费用入账；

(4) 用银行存款支付所欠货款 163 210 元，误记为 161 230 元；

(5) 赊购办公用的打字机一台，价值 34 000 元，误作为库存商品入账；

(6) 赊销商品一批计 13 340 元，过账时误记为应收账款贷方；

(7) 用银行存款支付短期借款利息 1 000 元，误作为归还短期借款 10 000 元；

(8) 用银行存款支付本月水电费 1 570 元，过账时营业费用借记 5 170 元。

要求：

(1) 根据上述资料采用适当的错账更正方法更正错账。

(2) 编制一张正确的试算平衡表。

4. 练习总分类账的开设和登记。

资料：A 企业 2016 年 12 月 1 日有关账户期初余额如下：

账户名称	借方金额	账户名称	贷方金额
库存现金	6 000	短期借款	100 000
银行存款	159 000	应付账款	23 000
应收账款	98 000	其他应付款	5 000
其他应收款	9 000	实收资本	300 000
库存商品	156 000		
合计	428 000		428 000

12 月发生以下经济业务：

(1) 5 日，收到 B 企业投资 200 000 元，款已存入银行。

（2）6日，从C公司购买原材料50 000元（不考虑增值税），货款尚未支付。

（3）10日，出纳将库存现金5 000元存入银行账户。

（4）15日，向银行借入200 000元，期限6个月。

（5）16日，销售甲产品取得收入70 000元（不考虑增值税），款项尚未收到。

（6）30日，支付C公司所欠货款50 000元。

（7）30日，收到16日销售货款70 000元。

要求：

（1）设置总分类账户；登记期初余额和本月发生额，并结出余额。

（2）设置明细分类账户；登记期初余额和本月发生额；并结出余额。

4　出纳岗位的业务处理

【知识目标】
1. 了解库存现金的使用制度。
2. 掌握库存现金的核算与清查方法。
3. 掌握银行存款的核算与清查方法。
4. 掌握其他货币资金的核算方法。

【技能目标】
1. 能编制有关库存现金、银行存款和其他货币资金业务的会计分录。
2. 能登记现金日记账和总账。
3. 能登记银行存款日记账和总账。
4. 能完成库存现金、银行存款的清查工作。

【案例导入】
A公司2016年6月30日银行存款日记账余额为80 000元,银行对账单上的余额为82 425元,经过逐笔核对发现有下列未达账项:

1) 企业于6月30日存入从其他单位收到的转账支票一张计8 000元,银行尚未入账。

2) 企业于6月30日开出的转账支票6 000元,现金支票500元,持票人尚未到银行办理转账和取款手续,银行尚未入账。

3) 委托银行代收的外埠存款4 000元,银行已经收到入账,但收款通知尚未到达企业。

4) 银行受运输机构委托代收运费,已经从企业存款中付出150元,但企业尚未接到转账付款通知。

5) 银行计算企业的存款利息75元,已经记入企业存款户,但企业尚未入账。

请问企业银行存款日记账余额与银行对账单余额不一致,是否说明账实不符,记账出现错误呢?根据上述资料编制"银行存款余额调节表"。

4.1　库存现金的管理与核算

货币资金是指企业在生产经营活动中以货币形态存在的资产。包括库存现金、银行存款和其他货币资金。为了保证货币资金的安全完整与合理使用,企业必须要按照钱账分管的原则对货币资金进行管理。因此企业设置出纳岗位,由出纳人员负责货币资金收支业务的办理。出纳应根据审核无误的收款、付款凭证进行货币资金的收付,并负责登记现金日记账和银行存款日记账。按照现金管理制度出纳不能兼管收入、费用、债权债务等账簿的登记、稽核及会计档案的保管工作。

4.1.1 库存现金的含义

库存现金是指存放于企业财会部门由出纳保管的并用于企业日常零星开支的货币,是企业流动性最强的一种资产,企业应当严格遵守国家有关现金管理制度,正确进行现金收支的核算,监督现金使用的合法性与合理性。

4.1.2 库存现金管理制度

(1) 现金管理制度

1) 职工工资、各种工资性津贴;
2) 个人的劳务报酬以及其他的劳务费用;
3) 根据国家规定颁发给个人的各种奖金;
4) 各种劳保,福利费用以及国家规定的对个人其他现金的支出;
5) 收购单位向个人收购农副产品和其他物资的价款;
6) 出差人员必须随身携带的差旅费;
7) 结算起点 1 000 元以下零星支出;
8) 中国人民银行确定需要支付现金的其他支出。

除上述情况可以用现金支付外,其他款项的支付应通过银行转账结算。

(2) 库存现金的限额

指为保证企业日常零星支付按规定允许留存在企业的最高数额,这一限额由开户银行根据单位的实际需要核定,一般按照单位 3~5 天日常零星开支的需要确定,边远地区和交通不便地区开户单位的库存限额,可按多于 5 天但不超过 15 天的日常零星开支的需要确定。核定后的现金限额,开户单位必须严格遵守,超过部分应于当日终了存入银行。需要增加或减少现金限额的单位,应向开户银行申请,由开户银行核定。

(3) 现金支出的规定

1) 企业现金收入应于当日送存银行,当日送存有困难的,由开户银行确定送存时间。
2) 企业支付现金,可从企业库存现金中支付或者从开户银行提取,但不能从本单位的现金收入中直接支付,即不得坐支现金。因特殊情况需要坐支现金的单位,应事先报经有关部门审查批准,并在核定的范围和限额内进行,同时收支的现金必须入账。
3) 企业在规定范围中从银行提取现金应当写明用途,由本单位财会部门负责人签字盖章,并经开户银行审查批准后予以支付。
4) 企业因采购地点不固定,交通不便以及其他特殊情况必须使用现金的向银行提出书面申请,由本单位财会部门负责人签字盖章,并经开户银行审查批准后予以支付。
5) 不准用不符合国家统一会计制度的凭证顶替库存现金,即不得白条顶库。
6) 不准谎报用途套取现金。
7) 不准用银行账户代替其他单位和个人存入或支取现金。
8) 不准将单位收入的现金以个人名义存入储蓄。
9) 不准保留账外公款,即不得公款私存,不得设置小金库等。

银行对于违反上述规定的单位,将按照违规金额的一定比例予以罚款。

4.1.3 库存现金的核算

(1) 账户设置

为了详实、系统地反映和监督企业的库存现金日常收支和结余情况,企业需要设置

"库存现金"账户，账户借方记企业库存现金的增加，贷方登记企业库存现金的减少，期末余额在借方，反映企业期末库存现金的实际持有数。库存现金的核算，流动性最强，纸币和钱币分开保存，主要在债权债务、收入、费用、财务成果核算业务中涉及。

（2）工作流程

第一步，出纳人员应仔细审核商业零售发票等业务原始单据，当场清点业务人员上交的零售销售款，并检查货币的真伪性。

第二步，企业出纳人员根据审核无误的商业零售发票，确认产品的零售收入，库存增加记借方，主营业务收入增加记贷方。会计分录为：

借：库存现金
 贷：主营业务收入
   应交税费——应交增值税（销项税金）

从银行提取现金：

借：库存现金
 贷：银行存款

企业向银行送存现金：

借：银行存款
 贷：库存现金

并据以编制记账凭证，交与会计人员核算。

第三步，出纳与会计人员根据审核无误的记账凭证，序时登记库存现金日记账、主营业务收入明细账、应交税费明细账。同时，在记账凭证中记账栏划上记账符号"√"，并在记账凭证下方加盖记账人员签章。期末，根据科目汇总表登记相应的总账。

（3）库存现金总账和明细账分类核算

为了全面、系统反映企业现金的收支结存情况，企业应设置现金总账和现金日记账，分别进行企业现金的总分类核算和明细分类核算。现金日记账由出纳人员根据审核无误的收付凭证按照业务发生的先后顺序逐日逐笔登记。每日终了，应当计算现金收入合计、现金支出合计及现金结余数，并将结余数与库存现金的实际数进行核对，保证账款相符。如果发现账款不符，应及时查明原因并进行处理。月份终了，现金日记账的余额应当与现金总账的余额核对，做到账账相符。

【例4-1】A公司2016年3月5日从银行提取库存现金5 000元，以备日常零星开支。编制会计分录如下：

借：库存现金   5 000
 贷：银行存款   5 000

【例4-2】A公司2016年3月6日收回B公司所欠零星货款库存现金800元。编制会计分录如下：

借：库存现金   800
 贷：应收账款——B公司   800

【例4-3】A公司2016年3月7日出售多余材料收入现金200元。编制会计分录如下：

借：库存现金 200
　　贷：其他业务收入 200

【例4-4】A公司2016年3月8日收回职工王××借款300元。编制会计分录如下：
借：库存现金 300
　　贷：其他应收款——王×× 300

【例4-5】A公司2016年3月9日用库存现金610元购买办公用品。编制会计分录如下：
借：管理费用 610
　　贷：库存现金 610

【例4-6】A公司2016年3月10日以库存现金发职工工资35 000元。编制会计分录如下：
借：应付职工薪酬 35 000
　　贷：库存现金 35 000

【例4-7】A公司职工李××2016年3月11日出差预借差旅费1 000元，以库存现金支付。编制会计分录如下：
借：其他应收款——李×× 1 000
　　贷：库存现金 1 000

4.1.4　库存现金清查及核算

为了保证现金的安全完整，企业应当按规定对库存现金进行定期和不定期的清查，现金清查一般采用实地盘点法，是指对库存现金的盘点与核对，包括出纳人员每日终了前进行的现金账款核对以及清查小组进行的定期或者不定期的现金盘点核对，对于清查的结果应当编制现金盘点报告单。如果发现有挪用现金、白条顶库的情况，应及时予以纠正；对于超限额留存的现金及时送存银行。如果账款不符，发现有待查明原因的现金短缺或者溢余，应先通过待处理财产损益科目调整库存现金账面金额，将库存现金账面金额调成与实际库存现金实有数一致，再查找造成短缺或溢余的原因，报主管部门核实批准确认后，按照具体原因分别以下情况处理：

1) 如为现金溢余，属于应支付给有关人员或单位的部分，计入其他应付款；属于无法查明原因的溢余计入"营业外收入"。

2) 如为现金短缺，属于应由责任人赔偿的部分，计入其他应收款；属于无法查明原因的短缺计入"管理费用"。

工作流程：
(1) 库存现金的溢余
1) 审批之前的处理
借：库存现金
　　贷：待处理财产损益
2) 审批之后的处理
借：待处理财产损益
　　贷：其他应收款——应收现金溢余（应支付给有关人员或单位的）或营业外收入——现金溢余（无法查明原因）

(2) 库存现金的短缺

1) 审批之前的处理

借：待处理财产损益
　　贷：库存现金

2) 审批之后的处理

借：待处理财产损益——待处理流动资产损益
　　贷：库存现金

借：其他应收款——出纳
　　贷：待处理财产损益——待处理流动资产损益

需要注意的是：待处理财产损益科目年末无余额；若年终有未批准的盘盈、盘亏的资产，应先根据查明的原因作出处理，并在报表附注中披露。

【例4-8】A公司3月31日，对库存现金进行清查：

1) 清查库存现金时，发现溢余900元，原因待查。

借：库存现金　　　　　　　　　　　　　　　　　　　　　900
　　贷：待处理财产损益——待处理流动资产损益　　　　　　900

2) 查明上述现金溢余中有300元属于材料采购部门李××报销时未支付，应支付李××；另有600元原因无法查明，作为当期损益处理。

借：待处理财产损益——待处理流动资产损益　　　　　　　900
　　贷：其他应付款——李××　　　　　　　　　　　　　　300
　　　　营业外收入　　　　　　　　　　　　　　　　　　600

【例4-9】A公司3月31日，对库存现金进行清查，发现：

1) 清查库存现金时，发现短缺1 000元，原因待查。

借：待处理财产损益——待处理流动资产损益　　　　　　1 000
　　贷：库存现金　　　　　　　　　　　　　　　　　　　1 000

2) 查明上述现金短缺1 000元为出纳失职所致，经批准由出纳赔偿。

借：其他应收款——出纳　　　　　　　　　　　　　　　1 000
　　贷：待处理财产损益——待处理流动资产损益　　　　　1 000

【知识拓展】

库存现金的内部控制

建立库存现金岗位责任制。企业要建立库存现金岗位责任制，明确企业单位的出纳人员与会计人员的职责分工，避免出现各种弊端和财务漏洞。一般来说，企业的出纳人员只负责有关现金收付及现金日记账的登记工作，不得兼任稽核、会计档案保管和收入、支出、费用、债权债务账面的登记工作，不得由一人办理库存现金业务的全过程；会计人员只负责记账，不得兼管现金。

实行岗位轮换。企业办理库存现金的业务，应配备合格人员并应定期进行岗位轮换。

执行授权批准制度。企业应当建立严格的库存现金业务的授权批准制度，明确审批人员对库存现金业务的授权批准方式、权限、程序、责任和相关控制措施，规定经办人员办理库存现金业务的职责范围和要求，未经授权的部门和人员一律不得办理库存现金业务。

加强有关印章管理。企业要加强银行预留印鉴的管理，财务专用章由专人保管，个人印章必须由本人或其授权人保管，严禁一人保管支付款项所需的全部印章。

加强与库存现金有关的票证管理。企业应加强与现金有关的票据管理，明确各种与库存现金有关的票据的购买、保管、领用、背书转让、注销等环节的职责权限和程序，并设账簿进行记录，防止空白票据的遗失和被盗。

实施内部稽核，加强监督检查。设置内部稽核单位和人员，对库存现金进行定期盘点核对工作，以保证账实、账账相符，对发现的问题应当及时采取措施。

4.2 银行存款的管理与核算

4.2.1 银行结算账户的管理

根据《人民银行结算账户管理办法》的规定，企业应当根据业务需要，在其注册所在地银行开设账户，进行存款、取款以及各种收支转账业务的结算。银行存款的收付应严格执行银行结算制度的规定。单位开立银行结算账户，需向银行提出申请，填写开户申请书。银行结算账户按用途不同，分为基本存款账户、一般存款账户、临时存款账户和专用存款账户。

(1) 银行账户分类

企事业单位的存款账户有四类：

1) 基本存款账户，是单位的主办账户，一般企事业单位只能选择一家银行的营业机构开立一个基本存款账户，主要用于办理日常的转账结算和现金的存取，这个账户强大，所有业务均可通过这个账户核算。其他银行结算账户的开立必须以基本存款账户的开立为前提。企事业单位的工资、奖金等现金的支取，只能通过此账户办理。该账户实行开户许可制度。

2) 一般存款账户，是企业因借款或其他结算需要，为享受不同银行的特色服务或分散在一家银行开立账户可能出现的资金风险，在基本存款账户开户银行以外的营业机构开立的账户。一般存款账户没有数量限制，该账户用于办理借款转存、借款归还，通过该账户可办理转账结算和现金缴存，但不能办理支取现金。

3) 临时存款账户，临时机构或单位因临时经营活动需要，可以开立临时存款账户。用于办理临时机构以及企业临时经营活动发生的资金收付。企业可以通过本账户办理转账结算和根据国家现金账户的规定办理现金的支取。

4) 专用存款账户，存款人按照国家法律、行政法规和规章的规定，企事业单位对其特定用途资金进行专项管理和使用的账户。该类账户主要用于办理各项专用资金的收付，支取现金应按照有关具体规定办理。

(2) 银行结算账户的管理

1) 基本存款账户：主办账户，规定每个企业只能选择一家金融银行一个分支机构开启一个基本存款账户。

2) 一般存款账户：一般生产原因借付转存或者其他原因需开户，不允许支取现金，存现金开的账户应用性有一定局限性。

3) 专用存款账户：指明用途，专款专用，特定用途外，其他不可以使用。

4）临时存款账户：临时生产经营用的规定的临时账户，最长存款期限不超过2年，当企业临时生产活动结束以后，关闭掉或者注销掉，都是银行形式的银行存现，一般科目。

5）银行账户管理：企事业单位不得为还贷、还债和套取现金而多头开立基本存款账户，不得出租、出借账户；不得违反规定在异地存款和贷款而开立账户的存款。

4.2.2 银行存款的核算

银行存款是企业存放于银行或其他金融机构的货币资金，是企业货币资产的重要组成部分。企业应设置银行存款总账和银行存款日记账，分别进行银行存款的总分类核算和明细分类核算。

（1）银行存款总账账户设置

银行存款的总账应设置"银行存款"会计科目，借方登记银行存款的增加，贷方登记银行存款的减少，期末余额在借方。

（2）现金存入银行工作流程

第一步，企业出纳人员应仔细核对银行退还的现金交款单副联和银行打印的现金缴款回单的相关信息。

第二步，出纳人员根据审核无误的现金交款单副联和现金缴款回单进行会计处理。

借：银行存款
  贷：库存现金

第三步，出纳与会计人员根据审核无误的记账凭证，序时登记银行存款日记账。同时，在记账凭证中"记账"栏划上记账符号"√"，并在记账凭证下方加盖记账人签章。期末，会计人员根据科目汇总表登记相应的总账。

1）销售商品取得货款存入银行，账务处理如下：

借：银行存款
  贷：主营业务收入
    应交税费——应交增值税（销款税额）

增值税应由谁来承担？如何区分主营业务收入和其他业务收入？

① 增值税是对商品流通环节征收的现行的价外税，价、税分开算。

举例说明，皮鞋1 000元，税赋由购买方承担，商场收上以后，由商场上交国家，每月集中缴纳一次。没交之前形成企业对国家的欠税，企业背负债务，叫应交税费，到二级科目就是应交增值税，产生三级明细科目就是销项税额或进项税额。

② 商场销售赖以生存的业务带来利益叫主营业务收入。生产产品换来收入叫销售产品。有一天材料买多，多余材料出售，叫其他业务收入。主营业务收入和其他业务收入都属于收入类科目，贷方记增加，借方记减少。

2）提取存款购买办公用品，账务处理如下：

借：管理费用
  贷：银行存款

（3）银行存款的明细分类账核算

企业可按开户银行和其他金融机构、存款种类等设置银行存款日记账，由出纳人员根据审核无误的银行存款收付款凭证，按照业务发生的时间先后顺序逐笔登记。每日终了，应结出银行存款收入合计、支出合计及结余数。借方反映银行存款的实际结存金额。

4.2.3 有关银行存款业务核算的举例

要求：根据以下资料完成银行存款的账务处理。

【例 4-10】企业将库存现金 1 800 元存入银行。

  借：银行存款   1 800
    贷：库存现金   1 800

【例 4-11】企业从银行取得短期借款 200 000 元。

  借：银行存款   200 000
    贷：短期借款   200 000

【例 4-12】企业销售产品收到一张支票，存入银行货款 58 500 元，增值税 8 000 元。

  借：银行存款   58 500
    贷：主营业务收入   50 000
      应交税费——应交增值税（销项税）   8 000

【例 4-13】企业收到某公司转账支票一张 60 000 元支付前欠账款。

  借：银行存款   60 000
    贷：应收账款   60 000

【例 4-14】企业收到某单位预付货款 300 000 元，存入银行。

  借：银行存款   300 000
    贷：预收账款   300 000

【例 4-15】企业购入钢材一批，价款 20 000 元，以银行存款支付。

  借：原材料——钢材   20 000
    贷：银行存款   20 000

【例 4-16】企业付转账支票一张，价值 5 000 元，支付本月办公室水电费。

  借：管理费用   5 000
    贷：银行存款   5 000

【例 4-17】企业收到银行通知，收到短期银行借款 500 000 元。

  借：银行存款   500 000
    贷：短期借款   500 000

【例 4-18】企业提取库存现金 42 000 元用于发放工资。

  借：库存现金   42 000
    贷：银行存款   42 000

【例 4-19】企业从外地采购材料，价款 300 000 元，增值税 48 000 元，均以银行存款支付，材料尚未入库。

  借：在途物资   300 000
    应交税费——应交增值税（进项税）   48 000
    贷：银行存款   48 000

【例 4-20】A 公司开出转账支票一张，支付办公用品购置费 3 500 元。

  借：管理费用   3 500
    贷：银行存款   3 500

【例 4-21】A 公司接银行收款通知,收到供货单位支付的上月货款 400 000 元。
 借:银行存款   400 000
  贷:应收账款   400 000

【例 4-22】A 公司购买软件一套,发票价 50 000 元已通过银行办妥汇款手续。
 借:管理费用   50 000
  贷:银行存款   50 000

【例 4-23】A 公司通过银行收到购货方拨付的货款 200 000 元。
 借:银行存款   200 000
  贷:预收账款   200 000

4.2.4 银行存款的清查

银行存款日记账应定期与银行转来的对账单进行核对,至少每月核对一次,以查明银行存款的实际数额。企业银行存款账面余额与银行对账单余额之间如有差额,一般主要由于计算错误、记账错漏和未达账项等原因引起。这里研究的是当即使借贷双方记账均无误时,也会出现不等的情况,原因是存在未达账项。未达账项是由于结算凭证在企业与银行之间或收付款银行之间传递需要时间,造成企业与银行之间的时间差,导致一方收到凭证已入账,而另一方因未收到结算凭证尚未入账的账款。

(1) 未达账项有以下四种情况:
1) 企业已收款入账,银行尚未收款入账。
2) 企业已付款入账,银行尚未付款入账。
3) 银行已收款入账,企业尚未收款入账。
4) 银行已付款入账,企业尚未付款入账。

有未达款项企业应通过编制"银行存款余额调节表"(见表 4-1)进行检查核实,如果没有记账错误,调节后双方的账面余额应相等。银行存款余额调节表只是为了核对账目,并不能作为调整银行存款账面余额的记账凭证。

(2) 工作流程

第一步,对账,出纳将银行存款日记账和银行对账单进行核对,找出双方应记未记的款项。第二步,调账,采用补记式编制银行存款余额调节表,调后银行存款日记账和银行对账单余额相等。即:企业已记,银行未记,调银行(收款调增、付款调减);银行已记,企业未记,调企业(收款调增、付款调减)。

银行存款余额调节表   表 4-1
年 月 日

项目	金额	项目	金额
银行存款日记账余额		银行对账单余额	
加:银行已收,企业未收		加:企业已收,银行未收	
减:银行已付,企业未付		减:企业已付,银行未付	
调节后的余额		调节后的余额	

【例 4-24】A 公司 2016 年 10 月 31 日银行存款日记账与开户银行送来的对账单上有关记录如下:

1) A公司银行存款日记账有关资料：
① 21日开出转账支票♯1246，支付购料款 37 670 元；
② 23日开出现金支票♯621，提取现金 300 元；
③ 25日开出转账支票♯1247，支付B工厂材料款 22 786 元；
④ 26日收到C工厂货款 24 600 元；
⑤ 29日收到转账支票♯74 677，存入工程款 10 800 元；
⑥ 30日开出转账支票♯1248，支付材料运费 845 元；
⑦ 31日结存余额为 117 830 元。

2) 银行对账单有关资料：
① 22日代收C工厂货款 24 600 元；
② 23日付现金支票♯621，计 300 元；
③ 23日付转账支票♯1246，购料款 37 670 元；
④ 25日代交自来水公司水费 2 085 元；
⑤ 28日代收D工厂工程款 33 600 元；
⑥ 30日签收转账支票♯1247，支付材料款 22 786 元；
⑦ 31日结存余额 139 390 元。

要求：根据上述资料，逐笔进行核对，查明未达账项，编制"银行存款余额调节表"，见表4-2。

银行存款余额调节表 表4-2
2016年6月30日

项目	金额（元）	项目	金额（元）
企业银行存款日记账余额	117 830	银行对账单余额	139 390
加：银行已记存款增加，企业尚未记账的款项	33 600	加：企业已记存款增加，银行尚未记账的款项	10 800
减：银行已记存款减少，企业尚未记账的款项	2 085	减：企业已记存款减少	845
调节后的余额	149 345	调节后的余额	149 345

【知识拓展】

银行存款账户使用管理

企业通过银行存款账户办理资金收付时，必须做到以下几点：

1) 企业银行存款账户，只供本单位业务范围的资金收付使用，不准出租或出借给其他单位或个人使用。

2) 各种收付款凭证，必须如实填写款项来源或用途，不得巧立名目、弄虚作假，不得套取现金、套取物资，不得利用账户搞非法活动。

3) 办理结算时，不准签发没有资金保证的票据或远期支票，套取银行信用；不准签发、取得和转让没有真实交易和债权债务的票据，套取银行和他人资金；不准无理拒付、任意占有他人资金；不准违规开立和使用账户。

4）及时、正确地记录银行往来账务，并与银行寄来的对账单核对，发现不符，尽快查清。

4.3 其他货币资金的管理与核算

其他货币资金是指企业除库存现金、银行存款以外的各种货币资金。主要包括银行本票存款、银行汇票存款、信用卡存款、外埠存款等。为了反映和监督其他货币资金的收支和结存情况，企业应当设置"其他货币资金"科目，其他货币资金增加记借方，支付款项时减少登记贷方，余额在借方，有余额应在借方，反映企业其他货币资金的实际结存数量。本科目应按其他货币资金的种类设置明细科目。

4.3.1 银行本票存款

银行本票是指银行签发的，承诺在见票时无条件支付确定的金额给收款人或持票人的票据。单位和个人在同一票据交换区域需要支付的款项，均可使用银行本票。银行本票可以用于转账，注明现金字样的银行本票可以用于支取现金。银行本票分为不定额本票和定额本票两种。定额本票面额为1 000元、5 000元、10 000元和50 000元。申请人使用银行本票，应向银行填写银行本票申请书，收妥款项后签发银行本票，在本票签章后交给申请人。申请人应将银行本票交付给本票上记明的收款人。收款人可以将银行本票背书转让给被背书人。

企业填写银行本票申请书，将款交存银行时，借记其他货币资金——银行本票科目，贷记银行存款科目；企业持银行本票购货、收到有关发票账单时，借记材料采购或原材料、库存商品、应交税金——应交增值税等科目，贷记其他货币资金——银行本票科目。企业收到银行本票、填制进账单到开户银行办理款项入账手续时，根据进账单及销货发票等，借记银行存款科目，贷记主营业务收入、应交税费——应交增值税（进项税额）等科目。

4.3.2 银行汇票存款

银行汇票是指由出票银行签发的，由其在见票时按照实际结算金额无条件支付给收款人或持票人的票据。银行汇票的出票银行为银行汇票的付款人。单位和个人款项的结算均可使用银行汇票。银行汇票可用于转账，填明现金字样的银行汇票也可以用于支取现金。

银行汇票基本程序：①付款人委托办理汇票；②汇款银行签发汇票；③付款人持票给收款人；收款人持票去兑付银行支取现金或办理转账；④兑付银行为收款人支付现金或办理转账；⑤兑付银行和汇款银行清算票款。适用范围：异地。付款期限：一个月。

企业填写银行汇票申请书、将款项交存银行时，借记其他货币资金——银行汇票科目，贷记银行存款科目；企业持银行汇票购货、收到有关发票账单时，借记材料采购或原材料、库存商品、应交税费——应交增值税（进项税额）等科目，贷记其他货币资金——银行汇票科目；采购完毕剩余款项时，借记银行存款科目，贷记其他货币资金——银行汇票科目。企业收到银行汇票、填制进账单到开户银行办理款项入账手续时，根据进账单及销货发票等，借记银行存款科目，贷记主营业务收入、应交税费——应交增值税（销项税额）等科目。

4.3.3 信用卡存款

信用卡存款是指企业为了取得信用卡，按规定存入银行信用卡专户的款项。信用卡是银行卡的一种。信用卡按使用对象分为单位卡和个人卡，按信用等级分为金卡和普通卡，按是否向发卡银行交存备用金分为贷记卡和准贷记卡。贷记卡是指发卡银行给予持卡人一定的信用额度，持卡人可在信用额度内先消费、后还款的信用卡。准贷记卡是指持卡人须先按发卡银行要求交存一定金额的备用金，当备用金账户余额不足支付时，可在发卡银行规定的信用额度内透支的信用卡。

企业应填制信用卡申请表，联通支票和有关资料一并送存发卡银行，根据银行盖章退回的进账单第一联，借记其他货币资金——信用卡科目，贷记银行存款科目。企业用信用卡购物或支付有关费用，收到开户银行转来的信用卡的付款凭证及所附发票账单，借记管理费用等科目，贷记其他货币资金——信用卡科目。企业的持卡人如不需要继续使用信用卡时，应持信用卡主动到发卡银行办理销户，销卡时单位卡科目余额转入企业基本存款账户，不得提取现金，借记银行存款科目，贷记其他货币资金——信用卡科目。

4.3.4 外埠存款

外埠存款是指企业到外地进行临时或零星采购时，汇往采购地银行开立采购专户的款项。该账户的存款不计利息、只付不收、付完清户，除了采购人员可从中提取少量现金外，一律采用转账结算。

企业将款项汇往外地时，应填写汇款委托书，委托开会银行办理汇款。企业将款项汇往外地开立采购专用账户时，根据汇出款项凭证，编制付款凭证，进行账务处理，借记其他货币资金——外埠存款科目，贷记银行存款科目；收到采购人员转来供应单位发票账单等报销凭证时，借记材料采购或原材料、库存商品、应交税费——应交增值税（进项税额）等科目，贷记其他货币资金——外埠存款科目；采购完毕收回剩余款项时，根据银行的收账通知，借记银行存款科目，贷记其他货币资金——外埠存款科目。

4.3.5 信用保证金存款

信用保证金存款是指采用信用证结算方式的企业为开具信用证而存入银行信用证保证金专户的款项。企业向银行申请开立信用证，应按规定向银行提交开证申请书、信用证申请人承诺书和购销合同。

企业应填制信用证申请表，将信用保证金交存银行时，应根据银行盖章退回的信用证申请书回单，借记其他货币资金——信用证保证金科目，贷记银行存款科目；企业接到开证行通知，根据供货单位信用证结算凭证及所附发票账单，借记材料采购或原材料、库存商品、应交税费——应交增值税（进项税额）等科目，贷记其他货币资金——信用证保证金科目；将未用完的信用证保证金存款余额转回开户银行时，借记银行存款科目，贷记其他货币资金——信用证保证金科目。

4.3.6 工作流程

第一步，企业出纳人员应对业务委托书、银行本票等原始凭证进行审核。

第二步，2016年6月5日，企业向银行申请签发银行本票时，其他货币资金——银行本票增加记借方，银行存款减少记贷方。出纳人员编制会计分录为：

借：其他货币资金——银行本票
　　贷：银行存款

用于支付材料款时,原材料、应交税费——应交增值税(进项税额)增加记借方,其他货币资金——银行本票减少记贷方。同时交回余款,银行存款增加记借方,其他货币资金——银行本票减少记贷方。出纳人员编制会计分录为:

借:原材料
　　应交税费——应交增值税(进项税额)
　　银行存款
　贷:其他货币资金——银行本票

第三步,出纳与会计人员根据审核无误的记账凭证,序时登记银行存款日记账、其他货币资金明细账。同时,在记账凭证中记账栏划上记账符号"√",并在记账凭证下方加盖记账人签章。期末,根据科目汇总表登记相应的总账。

4.3.7　其他货币资金核算举例

下面以某公司的一系列经济业务为例进行讲解。

【例4-25】北京A公司汇往上海60 000元开立采购物资账户。

借:其他货币资金——外埠存款　　　　　　　　　　　　　　60 000
　贷:银行存款　　　　　　　　　　　　　　　　　　　　　　60 000

【例4-26】A公司在上海采购原材料,支付材料价款50 000元,增值税8 000元,材料已入库。

借:原材料　　　　　　　　　　　　　　　　　　　　　　　50 000
　　应交税费——应交增值税(进项税)　　　　　　　　　　　8 000
　贷:其他货币资金——外埠存款　　　　　　　　　　　　　　58 000

【例4-27】将多余的外埠存款1 500元转回北京开户银行。

借:银行存款　　　　　　　　　　　　　　　　　　　　　　1 500
　贷:其他货币资金——外埠存款　　　　　　　　　　　　　　1 500

【例4-28】以银行存款支付货款14 000元。

借:其他货币资金——银行汇票存款　　　　　　　　　　　　14 000
　贷:银行存款　　　　　　　　　　　　　　　　　　　　　　14 000

【例4-29】将银行汇票余额2 300元转销。

借:银行存款　　　　　　　　　　　　　　　　　　　　　　2 300
　贷:其他货币资金——银行存款　　　　　　　　　　　　　　2 300

【例4-30】以银行存款4 680元支付银行本票存款。

借:其他货币资金——银行本票　　　　　　　　　　　　　　4 680
　贷:银行存款　　　　　　　　　　　　　　　　　　　　　　4 680

【例4-31】用银行本票支付材料采购款4 000元,增值税640元,材料已入库。

借:原材料　　　　　　　　　　　　　　　　　　　　　　　40 000
　　应交税费——应交增值税　　　　　　　　　　　　　　　640
　贷:其他货币资金——银行本票存款　　　　　　　　　　　　40 640

【例4-32】将银行存款1 000 000元存入证券公司,以备购买有价证券。

借:其他货币资金——存出投资款　　　　　　　　　　　　　1 000 000
　贷:银行存款　　　　　　　　　　　　　　　　　　　　　　1 000 000

【例 4-33】 用存出投资款 1 000 000 元购入股票作为交易性金融资产。

借：交易性金融资产　　　　　　　　　　　　　　　1 000 000
　　贷：其他货币资金——存出投资款　　　　　　　　　　1 000 000

【引例分析】

对于因未达账项而导致双方余额出现的差异，并不能说明账实，也不能表示记账错误。银行存款余额调节表仅起到对账的作用，不能作为记账凭证，也无需进行账面调整，待结算凭证到达后才能进行账务处理，登记入账。编制银行存款余额调节表，见表 4-3。

银行存款余额调节表　　　　　　　　　　　　　　表 4-3
2016 年 10 月 31 日

项目	金额（元）	项目	金额（元）
企业银行存款日记账余额	80 000	银行对账单余额	82 425
加：银行已记存款增加，企业尚未记账的款项	40 000 75	加：企业已记存款增加，银行尚未记账的款项	8 000 500
减：银行已记存款减少，企业尚未记账的款项	150	减：企业已记存款减少	6 000
调节后的余额	83 925	调节后的余额	83 925

本　章　习　题

单项选择题：

1. 货币资金包括（　　）。
   A. 库存现金　　　B. 银行存款　　　C. 其他货币资金　　　D. 短期借款

2. 现金日记账是由出纳人员根据（　　）登记的。
   A. 原始凭证　　　　　　　　　　B. 记账凭证
   C. 总分类账　　　　　　　　　　D. 记账凭证和原始凭证

3. 以库存现金支付采购人员预借的差旅费借方登记（　　）。
   A. 库存现金　　　B. 管理费用　　　C. 物资采购　　　D. 其他应收款

4. 库存现金清查中无法查明原因的短缺经批准以后计入（　　）。
   A. 管理费用——现金短缺　　　　B. 财务费用
   C. 其他应收款　　　　　　　　　D. 营业外支出

5. 库存现金清查中无法查明原因的溢余经批准以后计入（　　）。
   A. 管理费用　　　B. 财务费用　　　C. 其他应付款　　　D. 营业外收入

6. 某企业以开会名义提取现金 50 000 元，用于发放一次性奖金，根据现金管理暂行条例的规定，该行为属于（　　）。
   A. 套取现金　　　B. 白条抵库　　　C. 私设小金库　　　D. 出借账户

7. 远离银行或交通不便的开户单位，银行最多可以根据企业（　　）的正常开支量来核定库存现金的限额。
   A. 3～5 天　　　B. 1 周　　　C. 15 天　　　D. 2 周

8. 下列各项经济业务中，不能用现金进行结算的有（　　）。

A. 职工差旅费 B. 个人劳务报酬
C. 购买固定资产 D. 困难补助金

9. 主要用于办理转账结算和现金收付业务的银行存款账户是（　　）。
A. 专用存款账户 B. 临时存款账户
C. 一般存款账户 D. 基本存款账户

10. 一般企事业单位只能选择一家银行的一个营业机构开立一个（　　）。
A. 基本存款账户 B. 一般存款账户
C. 临时存款账户 D. 专用存款账户

11. 企业与银行对账的方法是（　　）。
A. 观察法　　B. 实地盘点法　　C. 验证法　　D. 余额调节法

12. 商业汇票的付款期限最长为（　　）。
A. 1个月　　B. 3个月　　C. 6个月　　D. 9个月

13. 企业汇往外地设立临时采购专户的存款称为（　　）。
A. 银行汇票存款 B. 银行本票存款
C. 外埠存款 D. 商业汇票

14. 下列各项中，不通过"其他货币资金"账户核算的是（　　）。
A. 信用卡存款 B. 存出投资款
C. 备用金 D. 银行本票存款

15. 企业将款项汇往异地银行开立采购专户，编制该业务的会计分录时应当（　　）。
A. 借记"应收账款"科目；贷记"银行存款"科目
B. 借记"其他货币资金"科目；贷记"银行存款"科目
C. 借记"其他应收款"科目；贷记"银行存款"科目
D. 借记"材料采购"科目；贷记"其他货币资金"科目

16. 下列各项，不通过其他货币资金科目核算的是（　　）。
A. 信用证保证金存款 B. 备用金
C. 存出投资款 D. 银行本票存款

多项选择题：

1. 以下关于现金核算叙述正确的是（　　）。
A. 企业应当设置库存现金总账和库存现金日记账，分别进行企业库存现金的总分类核算和明细分类核算
B. 借方登记现金的增加，贷方登记现金的减少
C. 期末余额在贷方，反映企业实际持有的库存现金金额
D. 现金日记账由出纳人员根据收付款凭证，按照业务发生顺序逐笔登记

2. 以下关于现金清查叙述正确的是（　　）。
A. 企业应当按规定进行现金的清查，一般采用实地盘点法
B. 对于清查的结果应当编制现金盘点报告单
C. 经检验仍无法查明原因的现金短缺，经批准后应计入管理费用
D. 经检验仍无法查明原因的现金溢余冲减管理费用

3. 企业下列做法中属于错误的做法是（　　）。

A. 在注册地或者住所地开立银行结算账户

B. 在多家银行机构开立基本存款账户

C. 用一般存款账户办理现金缴存

D. 为还贷、还债需要、多头开立基本存款账户

4. 编制银行存款余额调节表时，下列未达账项中，会导致企业银行存款日记账的账面余额小于银行对账单金额的有（　　）。

A. 企业开出支票，银行尚未支付

B. 企业送存支票，银行尚未入账

C. 银行代收货款，企业尚未接到收款通知

D. 银行代付的水费，企业尚未接到付款通知

5. 以下关于银行存款核算正确的是（　　）。

A. 企业应当设置银行存款总账和银行存款日记账，分别进行银行存款的总分类核算和明细分类核算

B. 企业可按开户银行和其他金融机构、存款种类等设置银行存款日记账

C. 出纳根据收付款凭证，按照业务的发生顺序逐笔登记。每日终了，应结出余额

D. 银行存款日记账应定期与银行对账单核对，至少每月核对一次

6. 下列各项中，不属于其他货币资金的有（　　）。

A. 备用金　　　　　　　　B. 银行本票存款

C. 银行承兑汇票　　　　　D. 银行汇票存款

7. 下列结算方式中，可以用于同城结算的有（　　）。

A. 支票　　　　　　　　　B. 银行汇票

C. 银行本票　　　　　　　D. 商业汇票

E. 汇兑

8. 下列各项中不属于投资活动产生现金支出的是（　　）。

A. 购买固定资产发生的支出

B. 购买无形资产发生的支出

C. 购买其他企业股票发生的支出

D. 购买原材料发生的支出

9. 现金盘点时发现现金短缺，无法查明原因的，经批准后计入（　　）。

A. 营业外支出　　　　　　B. 财务费用

C. 管理费用　　　　　　　D. 其他业务成本

判断题：

1. 通常情况下，企业支付现金要从本单位库存现金中支付或从开户银行提取，不得坐支库存现金。（　　）

2. 银行本票是银行签发的，承诺自己在见票时无条件支付确定的金额给收款人或持票人的票据，适用于在同一票据交换区需要支付各种款项的单位和个人。（　　）

3. 支票付款期限由交易双方商定，但最长不超过 12 个月。（　　）

综合题：

1. 库存现金的清查。

资料：

（1）A公司的出纳夏某，因刚参加工作不久，缺乏经验，在进行库存现金清查时，发现少了500元，经查，其中的200元是夏某工作失职造成的，另300元无法查明原因，由公司承担。

（2）B公司出纳孔某，在一次现金清查中发现现金出现账款150元，经查，其中100元是应付职工李某的款项，另50元无法查明原因。

要求：请根据以上情况，作出审批前后的会计处理并说明清查的方法。

2. 完成银行存款的清查？

资料：

A公司2016年12月31日银行存款日记账的余额为5 400 000元，银行转来对账单的余额为8 300 000元。经逐笔核对，发现以下未达账项：

（1）企业送存转账支票6 000 000元，并以登记银行存款增加，但银行尚未记账。

（2）企业开出转账支票4 500 000元，但持票单位尚未到银行办理转账，但银行尚未记账。

（3）企业委托银行代收某公司购货款4 800 000元，银行已收妥并登记入账，但企业尚未收到收款通知，尚未记账。

（4）银行代企业支付电话费400 000元，银行已登记企业银行存款减少，但企业未收到银行付款通知，尚未记账。

要求：编制银行存款余额调节表。

5 非流动资产岗位的业务处理

【知识目标】
1. 了解固定资产、无形资产的概念及分类。
2. 重点掌握固定资产的折旧范围及折旧的计算方法。
3. 固定资产减值的确认。
4. 掌握固定资产和无形资产的初始计量。
5. 了解固定资产期末计量的核算内容。
6. 了解长期待摊费概念、特征。

【技能目标】
1. 能够熟练进行固定资产增加、减少变动的账务处理。
2. 能够熟练进行固定资产的折旧计算与计提的账务处理。
3. 能够熟练进行非流动资产取得、摊销、处置和减值的账务处理。

【案例导入】
某企业2007年5月份购买一台新设备,取得增值税专用发票注明价款22 000 000元。安装领用自产产品,实际成本1 000 000元;安装人工费20 000元。月末完工交付使用,预计使用10年,预计期末净残值100 000元。2015年5月该设备出售,收到价款5 000 000元,支付清理费用20 000元。那么针对上述资料企业应如何针对这项资产进行准确的会计核算,才能达到针对固定资产的有效管理,发挥固定资产的真正效用,为企业创造更大的价值。

5.1 固定资产的管理与核算

固定资产是企业生产经营的根本要素,是企业存在的基础,是企业创造价值的来源。随着我国经济的迅猛发展,固定资产的技术水平和质量是企业竞争力的重要体现。

5.1.1 固定资产概述

固定资产是企业的主要劳动手段,是用来改变或影响劳动对象的主要劳动资料,是企业进行生产经营的必备条件之一。管好、用好固定资产,促进固定资产不断增值和提高固定资产的使用效益,是会计工作的重要任务。

(1)固定资产的概念和特征

固定资产是指使用寿命超过一个会计年度,为生产商品、提供劳务、出租或经营管理而持有的有形资产,包括房屋及建筑物、机器设备、运输设备、工具器具以及高价周转件等。

与其他资产相比,作为企业的固定资产应具有如下特征:

第一,企业持有固定资产的目的,是为了生产产品、提供劳务、出租或经营管理的需要,而不像存货是为了对外出售。这一特征是固定资产与别于存货等流动资产的重要标志。

第二,使用期限较长,使用寿命一般超过一个会计年度,可以连续参加多次生产经营而不改变其实物形态。这一特征表明企业固定资产属于非流动资产。其给企业带来的收益期超过一年,能在一年以上的时间里为企业创造经济效益。

固定资产的这些特征,不仅是其区别于其他资产的重要标志,而且决定了会计如何对固定资产进行归类与核算。

(2) 固定资产的分类

企业的固定资产种类繁多,为了加强管理,企业的固定资产根据不同的管理需要和核算要求以及不同的分类标准,可以进行不同的分类,主要有以下几种分类方法。

1) 按固定资产的经济用途分类

按固定资产的经济用途可分为生产经营用固定资产和非生产经营用固定资产。

① 生产经营用固定资产。是指直接服务于企业生产、经营过程的各种固定资产。如生产经营用的房屋、建筑物、机器、设备、工具、器具等。

② 非生产经营用固定资产。是指不直接服务于生产、经营过程的各种固定资产。如职工宿舍、食堂、理发室等使用的房屋、设备和其他固定资产等。

按固定资产的经济用途分类,可以归类反映和监督企业生产经营用固定资产和非生产经营用固定资产,以及生产经营用各类固定资产之间的组成和变化情况。以考核和分析企业固定资产的利用情况,充分发挥其效用。

2) 按固定资产使用情况分类

按固定资产使用情况可分为使用中固定资产、未使用固定资产和不需用固定资产。

① 使用中固定资产。是指正在使用中的经营性和非经营性固定资产。由于季节性经营或大修理等原因,暂时停止使用的固定资产仍属于企业使用中的固定资产,企业出租(指经营性租赁)给其他单位使用的固定资产和内部替换使用的固定资产也属于使用中的固定资产。

② 未使用固定资产。是指已完工或已购建的尚未交付使用的新增固定资产以及因进行改建、扩建等原因暂停使用的固定资产。如企业购建的尚待安装的固定资产、经营任务变更停止使用的固定资产以及主要的备用设备等。

③ 不需用固定资产。是指本企业多余或不适用的各种固定资产。

3) 按固定资产的经济用途和使用情况综合分类

采用这一分类方法,可把企业的固定资产分为七类:

① 生产经营用固定资产。

② 非生产经营用固定资产。

③ 租出固定资产。是指在经营租赁方式下出租给外单位使用的固定资产。

④ 未使用固定资产。

⑤ 不需用固定资产。

⑥ 土地。是指过去已经估价单独入账的土地。因征地而支付的补偿费,应计入与土地有关的房屋、建筑物的价值内,不单独作为土地价值入账(企业取得的土地使用权,不作为固定资产管理和核算)。

⑦ 融资租入固定资产。是指企业以融资租赁方式租入的固定资产，在租赁期内，应视同自有固定资产进行管理。

在实际工作中，由于企业的经营性质不同，经营规模各异，对固定资产的分类不可能完全一致。各企业应当根据固定资产定义，结合本企业的具体情况，制订适合本企业的固定资产目录和分类办法，作为固定资产核算的依据。

(3) 固定资产的计价

固定资产有三种计价方法：原始价值、重置价值和折余价值。

1) 原始价值

固定资产原始价值简称原值，是指企业购建某项固定资产达到预定可使用状态前所发生的一切合理、必要的支出。历史成本是固定资产的计价基础。原值是计提固定资产折旧的基础和最重要的依据。企业对新购入和建造的固定资产通常采用这种计价方法。

2) 重置价值

固定资产的重置价值也称重置完全价值，是指在目前的市场条件下重新购建该项固定资产所需的全部支出。在实际工作中，企业对取得的无法确定原始价值的固定资产通常采用这种计价方法，如接受无凭据的固定资产捐赠。由于固定资产重置价值的构成内容与原始价值的构成内容相同，因此，经确认入账的重置价值即被视同固定资产的原始价值。

3) 折余价值

固定资产的折余价值也称净值，是指固定资产的原始价值减去已提折旧后的剩余价值。它反映固定资产的现有价值，通过折余价值和原始价值的对比，可以了解固定资产的新旧程度。

企业对已经计价入账的固定资产价值不得任意改变。只有在发现固定资产原值计算不正确、固定资产价值发生很大变化和按规定对固定资产重新估价时，才能改变原来固定资产的价值。

(4) 固定资产核算应设置的会计科目

为了反映固定资产的价值形成及其变化过程，企业一般对固定资产的核算应设置"固定资产""累计折旧""在建工程""工程物资""固定资产清理"等科目。

1) "固定资产"科目

核算企业固定资产原始价值的增减变化和结存情况，属于资产类科目。借方登记企业增加的固定资产原始价值，贷方登记企业减少的固定资产原始价值，期末借方余额，反映企业期末固定资产的账面原始价值。企业应当设置"固定资产登记簿"和"固定资产卡片"，按固定资产的类别和项目进行明细分类核算。

2) "累计折旧"科目

核算固定资产的累计折旧，属于资产类科目，也是固定资产的备抵调整科目。贷方登记企业计提的固定资产折旧额，借方登记处置固定资产转出的累计折旧额，期末贷方余额，反映企业现有固定资产的累计折旧额。

3) "在建工程"科目

核算企业进行基建、更新改造等在建工程发生的支出，属于资产类科目。借方登记企业各项在建工程的实际支出，贷方登记在建工程达到预定可使用状态后转作固定资产的实际工程成本，期末借方余额表示尚未完工的在建工程的实际成本。

4)"工程物资"科目

核算企业为在建工程准备的各种物资的成本,属于资产类科目。借方登记企业购入工程物资的实际成本;贷方登记领用工程物资的实际成本,期末借方余额,反映企业为在建工程准备的各种物资的成本。

5)"固定资产清理"科目

核算企业因出售、报废、毁损、对外投资、非货币性资产交换、债务重组等原因转入清理的固定资产价值以及在清理过程中发生的清理费用和清理收益,属于资产类科目。借方登记转出的固定资产账面价值、清理过程中应支付的相关税费及其他费用,贷方登记出售固定资产获得的价款、残料价值和变价收入。期末借方余额,反映企业尚未清理完毕的固定资产清理净损失;期末贷方余额,反映企业尚未清理完毕的固定资产清理净收益。固定资产清理完成时,借方登记转出的清理净收益,贷方登记转出的清理净损失,结转清理净损失、净收益后,该科目无余额。企业应按照被清理的固定资产项目设置明细账,进行明细核算。

此外,企业固定资产、在建工程、工程物资发生减值的,还应当设置"固定资产减值准备""在建工程减值准备""工程物资减值准备"等科目进行核算。

5.1.2　固定资产增加的核算

(1) 外购的固定资产

企业外购的固定资产,应按实际支付的购买价款、相关税费、使固定资产达到预定可使用状态前所发生的可归属于该项资产的运输费、装卸费、安装费和专业人员服务费等,作为固定资产的取得成本。其中,相关税费不包括按照现行增值税制度规定,可以从销项税额中抵扣的增值税进项税额。

1) 购入不需安装的固定资产

企业作为一般纳税人,购入不需安装的机器设备、管理设备等不动产时,此类固定资产按实际支付的买价、包装费、运杂费、交缴的有关税费等,借记"固定资产"科目,取得增值税专用发票,借记"应交税费——应交增值税(进项税额)"科目,贷记"银行存款"、"应付账款"等科目。

【例 5-1】某企业购入不需要安装的设备一台,取得增值税专用发票注明的价款为 50 000 元,增值税额 8 000 元,另支付运杂费 2 000 元,包装费 800 元,款项由银行存款支付。企业的账务处理如下:

借:固定资产　　　　　　　　　　　　　　　　　　52 800
　　应交税费——应交增值税(进项税额)　　　　　 8 000
　　贷:银行存款　　　　　　　　　　　　　　　　60 800

2) 购入需要安装的固定资产

企业作为一般纳税人,购入需要安装的动产时,应在购入的固定资产取得成本的基础上加上安装调试成本作为入账成本。此类固定资产按实际支付的买价、包装费、运杂费、交缴的有关税金等,借记"在建工程"科目,按购入固定资产时可抵扣的增值税进项税额,借记"应交税费——应交增值税(进项税额)"科目,贷记"银行存款""应付账款"等科目;按安装时发生的安装调试费用,借记"在建工程"科目,贷记"银行存款"等账户;耗用了本单位的材料或人工的,应按承担的费用,借记"在建工程"科目,贷记"原材料"、"应付职工薪酬"等科目。安装完成达到预定可使用状态时，按其实际成本（包括买价、包装费、运杂费、税金、安装费等）由"在建工程"科目转入"固定资产"科目，借记"固定资产"科目，贷记"在建工程"科目。

【例 5-2】某企业购入一台需要安装的设备。取得的增值税专用发票上注明的设备买价为 80 000 元，增值税额为 12 800 元，设备的价款、税款已由银行存款支付，设备运达企业，交付安装，安装设备时，用银行存款支付安装费并取得增值税专用发票，注明安装费 20 000 元，增值税率 16%，增值税税额 3 200 元。企业的账务处理如下。

① 支付设备价款、税金时：

借：在建工程　　　　　　　　　　　　　　　　　　80 000
　　应交税费——应交增值税（进项税额）　　　　　12 800
　　贷：银行存款　　　　　　　　　　　　　　　　92 800

② 支付安装费用时：

借：在建工程　　　　　　　　　　　　　　　　　　20 000
　　应交税费——应交增值税（进项税额）　　　　　 3 200
　　贷：银行存款　　　　　　　　　　　　　　　　23 200

③ 设备安装完毕达到预定可使用状态时：

借：固定资产　　　　　　　　　　　　　　　　　 100 000
　　贷：在建工程　　　　　　　　　　　　　　　 100 000

（2）建造的固定资产

企业生产经营所需的固定资产，除了外购等方式取得外，还经常根据生产经营的特殊需要利用自有的人力、物力条件自行建造，即称之为自制、自建固定资产。企业自行建造固定资产，应当按照建造该项资产达到预定可使用状态前所发生的必要支出，作为固定资产的成本。在建工程按其实施的方式不同可分为自营工程和出包工程两种。

1）自营工程

企业自行组织工程物资采购，自行组织施工人员施工的建筑工程或者安装工程。固定资产，应按建造过程中发生的全部支出确定其成本，包括所消耗的材料费、人工费、其他费用和缴纳的有关税费等。其核算主要通过"工程物资"和"在建工程"科目进行。企业购入为工程准备的物资和设备时，按增值税专用发票上注明的价款，借记"工程物资"科目，按增值税专用发票上注明的增值税进项税额的 60%（当期可抵扣的进项税额），借记"应交税费——应交增值税（进项税额）"科目，其余进项税额的 40%（本月起第十三个月可抵扣的进项税额），借记"应交税费——待抵扣进项税额"科目，贷记"银行存款""应付账款"等科目；自营工程领用物资和设备时，借记"在建工程"科目，贷记"工程物资"科目。自营工程中发生的其他费用，按实际发生额，借记"在建工程"科目，贷记"银行存款"等有关科目。自营工程竣工达到预定可使用状态，验收交付使用时，按实际发生的成本，借记"固定资产"科目，贷记"在建工程"科目。

【例 5-3】某企业采用自营方式建造仓库一处，购入为工程准备的各种专用物资 200 000 元，增值税专用发票上注明税款为 32 000 元，用银行存款支付价款与税金；购入物资全部用于工程建造；另领用企业生产用的原材料，实际成本 30 000 元，相关的增值税进项税额为 5 100 元；支付工程人员工资 50 000 元。工程达到预定可使用状态并交付使用。企业有关账务处理如下。

① 购入工程物资时：

借：工程物资	200 000
应交税费——应交增值税（进项税额）	19 200
——待抵扣进项税额	12 800
贷：银行存款	232 000

② 工程领用工程物资时：

借：在建工程	200 000
贷：工程物资	200 000

③ 工程领用原材料时：

借：在建工程	4 800
贷：原材料	30 000
应交税费——应交增值税（进项税额转出）	4 800

④ 支付工程人员工资时：

借：在建工程	50 000
贷：应付职工薪酬	50 000

⑤ 工程达到可使用状态并交付使用时：

借：固定资产——仓库	284 800
贷：在建工程	284 800

2）出包工程

企业采用出包方式进行的自制、自建固定资产工程，其工程的具体支出在承包单位核算，在这种方式下，"在建工程"科目实际反映企业与承包单位的价款结算情况，企业将与承包单位结算的工程价款作为工程成本，通过"在建工程"科目核算。企业按合理估计的发包工程进度和合同规定向建造承包商结算的进度款，并由对方开具增值税专用发票，注明价款，借记"在建工程"科目，按增值税专用发票上注明的增值税进项税额的60%（当期可抵扣的进项税额），借记"应交税费——应交增值税（进项税额）"科目，其余进项税额的40%（本月起第十三个月可抵扣的进项税额），借记"应交税费——待抵扣进项税额"科目，按实际支付的金额，贷记"银行存款"等科目；工程完工达到预定可使用状态时，按实际发生的全部支出，借记"固定资产"科目，贷记"在建工程"科目。

【例5-4】某企业将一幢厂房的工程出包给某建筑公司承建，按规定先预付工程价款80 000元并取得增值税专用发票，税率10%，增值税税额8 800元；工程完工后，收到承包单位的有关工程结算单据和增值税专用发票，补付工程款60 000元，增值税额6 600元，工程完工经验收后交付使用。企业的账务处理如下。

① 支付工程款时：

借：在建工程	80 000
应交税费——应交增值税（进项税额）	4 800
——待抵扣进项税	3 200
贷：银行存款	88 000

② 补支付工程款时：

借：在建工程	60 000
应交税费——应交增值税（进项税额）	3 600
——待抵扣进项税	2 400
贷：银行存款	66 000

③ 工程达到预定可使用状态，完工交付时：

借：固定资产	140 000
贷：在建工程	140 000

3）投资者投入的固定资产

企业对投资者投资转入的固定资产，应按投资各方确认的价值，一方面反映本企业固定资产的增加，借记"固定资产"科目；另一方面反映投资者投资额的增加，贷记"实收资本"或"股本"科目。

【例 5-5】A 公司收到 B 公司投入的设备一台，B 公司记录的该设备的账面原价为 200 000 元，已提折旧 80 000 元；A 公司接受投资时，双方同意按原固定资产的净值确认投资额。A 公司的账务处理如下：

借：固定资产	120 000
贷：实收资本	120 000

4）接受捐赠的固定资产

企业对接收捐赠的固定资产，是企业的利得，应作为企业的营业外收入处理。接受捐赠固定资产的入账价值按捐赠方是否提供有关凭据分别处理。捐赠方提供了有关凭据的，按凭据上标明的金额加上应支付的相关税费，作为固定资产的成本，如果捐赠方未提供有关凭据，则按其市场价值或同类、类似固定资产的市价，加上由企业负担的运输费、保险费、安装调试费等作为固定资产成本。

【例 5-6】A 公司接受 B 公司捐赠的机器一台，根据捐赠设备的发票及报关单等有关单据确定入账价值为 8 万元。根据有关原始凭证，编制会计分录如下：

借：固定资产	80 000
贷：营业外收入——捐赠利得	80 000

5.1.3 固定资产折旧

（1）固定资产折旧概述

1）固定资产折旧的概念

固定资产折旧是指固定资产由于损耗而减少的价值。固定资产在使用过程中，由于磨损和其他经济原因而逐渐转移的价值。这部分转移的价值以折旧费用的形式计入成本费用中，并从企业营业收入中得到补偿，转化为货币资金。

本质上，折旧是一种费用，只不过这一费用没有在计提期间付出实实在在的货币资金，但这种费用是前期已经发生的支出，而这种支出的收益在资产投入使用后的有效使用期内实现，无论从权责发生制，还是从收入与费用配比的原则讲，计提折旧都是必要的，否则，不提折旧或不正确地计提折旧，都将错误地计算企业的产品成本、损益。

2）影响固定资产折旧的因素

影响固定资产折旧的因素包括固定资产原值、预计净残值、预计使用年限和折旧方法。企业应合理地确定固定资产预计使用年限和预计净残值，并选择合理的折旧方法，按管理权限，经股东大会或董事会，或经理（厂长）会议或类似机构批准，作为计提折旧的依据。同时，按照法律、行政法规的规定报送有关各方备案。一经确定不得随意改变，如需变更，仍然应当按照上述程序，经批准后报送有关各方备案，并在会计报表附注中予以说明。

① 固定资产原值。企业确定的固定资产应计提折旧总额，为固定资产原值减去预计净残值后的金额。因此，固定资产原值是计提固定资产折旧的基础。

② 固定资产的净残值。是指预计固定资产报废时可以收回的残值收入扣除预计清理费用后的差额。企业应根据固定资产的性质和消耗方式合理确定固定资产的预计净残值。

③ 固定资产的使用年限。固定资产的使用年限是在充分考虑其有形损耗和无形损耗的基础上确定的经济使用年限。固定资产使用年限的长短直接影响固定资产各期应计提的折旧额。

④ 固定资产的折旧方法。是指各期固定资产折旧额的计算方法。不同的折旧方法会使各期的折旧额发生差异，但在固定资产的有效使用期内所计提的折旧总额不变。

3）计提固定资产折旧的范围

除下列情况外，企业应对所有固定资产计提折旧：

① 已提足折旧仍继续使用的固定资产；

② 按规定单独作价入账的土地。

计提固定资产折旧时，应注意以下几点：

① 已达到预定使用状态的固定资产，如果尚未办理竣工决算的，应当按照估计价值暂估入账，并计提折旧；待办理了竣工决算手续后，再按照实际成本调整原来的暂估价值，同时调整原已计提的折旧额。

② 处于更新改造过程而停止使用的固定资产，因已转入在建工程，因此不计提折旧，待更新改造项目达到预定可使用状态转为固定资产后，再按重新确定的折旧方法和该项固定资产尚可使用年限计提折旧。

③ 企业应按月提取折旧，在计提当月的折旧时，应以月初应计提折旧的固定资产原值为依据。当月增加的固定资产，当月不提折旧，从下月起计提折旧；当月减少的固定资产，当月照提折旧，从下月起不提折旧。固定资产提足折旧后，不管能否继续使用，均不再提取折旧；提前报废的固定资产，也不再补提折旧。

（2）固定资产折旧方法

固定资产折旧方法很多，但企业应当根据固定资产所含经济利益预期实现方式选择年限平均法、工作量法、年数总和法或双倍余额递减法四种方法。折旧方法一经选定，不得随意变更。如需变更，应当在会计报表附注中予以说明。

1）年限平均法

年限平均法又称直线法，是将固定资产的折旧额均衡地分摊到各期的一种方法。采用这种方法计算的每期折旧额是等额的。其计算公式如下：

$$年折旧率 =（1-预计净残值率）\div 预计使用寿命$$

$$月折旧率 = 年折旧率 \div 12$$

【例 5-7】某企业有一厂房，原价为 800 000 元，预计可使用 25 年，预计净残值率为 4%。该厂房的折旧率和折旧额的计算如下：

年折旧率＝(1－4％)÷25＝3.84％
月折旧率＝3.84％÷12＝0.32％
月折旧额＝800 000×0.32％＝2 560 元
预计净残值＝800 000×4％＝32 000 元

2）工作量法

工作量法是指按固定资产在整个使用期间所提供的工作量为基础来计算折旧额的一种方法。他以每一单位工作量耗费的固定资产价值相等为前提。其计算公式如下：

单位工作量折旧额＝固定资产原值×(1－预计净残值率)÷预计总工作量

【例5-8】 某企业有一设备，账面原值为 500 000 元，规定的预计净残值率为 5％，预计运转工作总量为 100 000 小时，该月实际完成工时为 240 小时。则该设备月折旧计算如下：

单位工作量折旧额＝[500 000×(1－5％)÷100 000]＝4.75(元/小时)
设备月折旧额＝4.75×240＝1 140 元

3）加速折旧法

加速折旧法也称快速折旧法或递减折旧法，其特点是在固定资产有效使用年限的前期多提折旧，后期则少提折旧，从而相对加快折旧的速度，以使固定资产成本在有效使用年限加快得到补偿。加速折旧法的依据是效用递减，即固定资产的效用随着其使用寿命的缩短而逐渐降低。因此，当固定资产处于较新状态时，效用高，产出也高，而维修费用较低，所取得的现金流量也大，这样，按照配比原则，折旧费用应当呈递减的趋势。加上科技的进步，固定资产更新的周期越来越短，为了减少风险，在固定资产使用的早期也应多提折旧，以尽早收回投资，减少固定资产的无形损耗带给企业的损失。目前我国规定的加速折旧方法有年数总和法和双倍余额递减法。

① 年数总和法，又称年限合计法，是将固定资产的原值减去预计净残值后的余额乘以一个逐年递减的分数计算每年的折旧额。这个分数的分子代表固定资产尚可使用的年数，分母代表使用年数的逐年数字总和。计算公式如下：

$$年折旧率＝\frac{预计使用寿命－已使用年限}{预计使用寿命×(预计使用寿命＋1)/2}×100\%$$

或者：

$$年折旧率＝\frac{尚可使用年限}{预计使用寿命的年数总和}×100\%$$

年折旧额＝(固定资产原价－预计净残值)×年折旧率

【例5-9】 某企业某项固定资产的原值为 200 000 元，预计使用年限为 5 年，预计净残值为 2 000 元。采用年数总和法计算的各年折旧额如下：

第一年应提折旧额＝(200 000－2 000)×5/15＝66 000 元
第二年应提折旧额＝(200 000－2 000)×4/15＝52 800 元
第三年应提折旧额＝(200 000－2 000)×3/15＝39 600 元
第四年应提折旧额＝(200 000－2 000)×2/15＝26 400 元
第五年应提折旧额＝(200 000－2 000)×1/15＝13 200 元

5 年后，固定资产折余价值为 2 000 元。

② 双倍余额递减法，双倍余额递减法是指在不考虑固定资产净残值的情况下，根据每期期初固定资产原价减去累计折旧后的余额和双倍的直线法折旧率计算固定资产折旧的一种方法。计算公式如下：

$$年折旧率=\frac{2}{预计使用寿命}\times 100\%$$

$$年折旧额＝每个折旧年度年初固定资产账面净值\times 年折旧率$$

$$月折旧额＝年折旧额\div 12$$

采用双倍余额递减法不考虑固定资产的残值收入，一般应当在其固定资产折旧年限到期以前两年内，将固定资产净值扣除预计净残值后的余额平均摊销。

【例5-10】某公司有机器设备一台，原值50万元，预计可使用年限为5年，预计净残值率4%。采用双倍余额递减法，则该机器设备的每年折旧额计算如下：

年折旧率＝2/5×100%＝40%

第一年应提折旧额＝500 000×40%＝200 000元

第二年应提折旧额＝(500 000－200 000)×40%＝120 000元

第三年应提折旧额＝(500 000－320 000)×40%＝72 000元

从第四年起改用年限平均法计提折旧。

第四、五年应提折旧额＝[(500 000－200 000－120 000－72 000)－20 000]/2＝44 000元

（3）固定资产折旧的核算

固定资产计提折旧时，应以月初可提取折旧的固定资产账面原值为依据。企业各月计算提取折旧时，可以在上月计提折旧的基础上，对上月固定资产的增减情况进行调整后计算当月应计提的折旧额。

企业按月计算出的折旧额，计提的折旧应当记入"累计折旧"科目，并根据使用地点和用途不同，记入相应账户的成本费用。生产部门正常使用固定资产计提的折旧额，应借记"制造费用"科目；行政管理部门正常使用固定资产计提的折旧额，应借记"管理费用"科目；销售部门正常使用固定资产计提的折旧额，应借记"销售费用"科目；工程正常使用固定资产计提的折旧额，应借记"在建工程"科目等，贷记"累计折旧"账户。

【例5-11】某企业2017年1月份各部门应分配固定资产折旧额为：生产车间100 000元，管理部门80 000元，销售部门40 000元。该企业应编制会计分录如下：

借：制造费用　　　　　　　　　　　　　　　　100 000
　　管理费用　　　　　　　　　　　　　　　　 80 000
　　销售费用　　　　　　　　　　　　　　　　 40 000
　　贷：累计折旧　　　　　　　　　　　　　　220 000

5.1.4 固定资产后续支出的核算

（1）固定资产后续支出的概念

固定资产后续支出，是指企业固定资产在使用期间为保持其使用价值和提高其使用效能所发生的支出。固定资产取得后，在其使用过程中通常会发生一些后续支出。这些支出有的是正常的维护及修理活动所造成的，有的则可能是因固定资产的增加或改良而造成的。在日常核算中，企业固定资产支出，应判断固定资产取得后所发生的后续支出是资本

化还是费用化。

（2）资本化的后续支出

与固定资产有关的后续支出，如果使可能流入企业的经济利益超过了原先的估计，比如，延长了固定资产的使用寿命，或者使产品质量实质性提高，或者使产品成本实质性降低，则应当计入固定资产账面价值，其增记金额不应超过该固定资产的可收回金额。

企业固定资产的改良支出应予资本化，计入固定资产的账面价值。固定资产的改良，就是固定资产的改建、扩建。企业为固定资产发生的支出符合下列条件之一者应确认为改良支出：①固定资产的使用年限延长；②固定资产的生产效能提高；③使产品质量提高；④使生产成本降低；⑤使产品品种、性能、规格等发生良好的变化；⑥企业经营管理环境或条件改善。

对固定资产的改良支出，应当计入固定资产的账面价值，其增记金额不应超过该固定资产的可收回金额。固定资产改建、扩建工程一般按其账面价值先通过"在建工程"科目核算，然后加上由于改建、扩建而使该项资产达到可使用状态前发生的改良支出，再减去变价收入，形成改良后固定资产的原值，转入"固定资产"科目。改良完成时，还应根据固定资产改良的具体情况重新确定其折旧年限及折旧率。

【例 5-12】某企业对一幢厂房进行改扩建，该厂房账面原值为 280 万元，已提折旧 33.18 万元，预计使用年限 30 年，净残值率为 5%，采用年限平均法计提折旧，年折旧额为 5.53 万元。厂房改扩建采用出包方式，按合同预付扩建总价款 60 万元的 70%，其余待竣工验收合格时付清。企业的账务处理如下。

1）转入改良工程时：

借：在建工程　　　　　　　　　　　　　2 468 200
　　累计折旧　　　　　　　　　　　　　　331 800
　　贷：固定资产　　　　　　　　　　　　　　　2 800 000

2）预付工程款时：

借：在建工程　　　　　　　　　　　　　420 000
　　贷：银行存款　　　　　　　　　　　　　　　420 000

3）工程完工交付使用，付清工程款时：

借：在建工程　　　　　　　　　　　　　180 000
　　贷：银行存款　　　　　　　　　　　　　　　180 000

借：固定资产　　　　　　　　　　　　　3 068 200
　　贷：在建工程　　　　　　　　　　　　　　　3 068 200

（3）费用化的后续支出

与固定资产有关的后续支出，如果不可能使流入企业的经济利益超过原先的估计，则应在发生时确认为费用。

固定资产修理费用，应当直接计入当期费用。资产在使用过程中会不断地发生有形损耗，为了维持固定资产的正常运转和使用，使它一直处于良好的工作状态，就必须进行必要的维护和维修，发生固定资产维护支出只是确保固定资产的正常工作状态，它并不延长固定资产的使用年限或提高其预计的服务技能，不会导致固定资产未来经济利益的增加。因此，固定资产大、中、小修理支出，应在发生时一次性直接计入当期损益，按实际发生的数额，借记有关成本费用科目，贷记"银行存款"等科目。

【例 5-13】 某企业管理部门的车辆委托汽车修理厂进行经常性修理，支付修理费 5 000 元，用银行存款转账支付。企业的账务处理如下。

借：管理费用　　　　　　　　　　　　　　　　　　　5 000
　　贷：银行存款　　　　　　　　　　　　　　　　　　5 000

5.1.5　固定资产处置的核算

（1）固定资产处置的概念

固定资产的处置即固定资产的终止确认，具体包括出售、报废、毁损、以非货币性交易换出、投资转出等。企业在生产经营过程中，对那些不适用或不需用的固定资产，可以出售转让。对那些由于使用而不断发生磨损直至最终报废，或由于技术进步等原因发生提前报废，或由于遭遇自然灾害等非常损失发生毁损的固定资产应及时进行清理。对于上述事项进行会计处理时，应当按照规定程序办理有关手续，结转固定资产的账面价值，计算有关的清理收入、清理费用、残料价值及清理的净损益等。

（2）固定资产处置的核算

企业处置固定资产，一般应通过"固定资产清理"科目进行核算，包括固定资产的出售、报废、毁损、以非货币性交易换出、无偿转出等。具体会计核算包括以下环节：

1）固定资产转入清理。将投入清理固定资产的净值，借记"固定资产清理"科目，按已提折旧，借记"累计折旧"科目，按已计提的减值准备，借记"固定资产减值准备"科目，按固定资产的账面原价，贷记"固定资产"科目。

2）发生清理费用。固定资产清理过程中发生的清理费用（如支付清理人员的工资等），借记"固定资产清理"科目，贷记"银行存款"或"应付职工薪酬"等科目。

3）出售收入或残料入库。企业收回出售固定资产的价款、报废的固定资产的变价收入或残料估价入库等，借记"银行存款"、"原材料"等科目，贷记"固定资产清理"科目。

4）确定或收回保险赔款及过失人赔款。企业计算出或收到应由保险公司或过失人员赔偿的毁损报废固定资产的损失时，借记"其他应收款"科目，贷记"固定资产清理"科目。

5）转销固定资产清理净损益。固定资产清理形成的净收益或净损失，区别不同情况进行账务处理：属于生产经营期间正常的处理损失，借记"营业外支出——非流动资产处置损失"科目，贷记"固定资产清理"科目；属于自然灾害等非正常原因造成的损失，借记"营业外支出——非常损失"科目，贷记"固定资产清理"科目。如为贷方余额，借记"固定资产清理"科目，贷记"营业外收入——非流动资产处置利得"科目。

【例 5-14】 某企业出售旧厂房一幢，该厂房账面原价为 450 000 元，已提折旧 80 000 元，出售时发生清理费用 5 000 元，收到厂房变价收入 430 000 元（应缴税费略）。企业的账务处理如下。将厂房转入清理时：

借：固定资产清理　　　　　　　　　　　　　　　　　370 000
　　累计折旧　　　　　　　　　　　　　　　　　　　 80 000
　　贷：固定资产　　　　　　　　　　　　　　　　　　450 000

支付清理费用时：

借：固定资产清理　　　　　　　　　　　　　　　　　　　　　5 000
　　贷：银行存款　　　　　　　　　　　　　　　　　　　　　　　5 000
收到变价收入时：
借：银行存款　　　　　　　　　　　　　　　　　　　　　　　430 000
　　贷：固定资产清理　　　　　　　　　　　　　　　　　　　　430 000
结转清理净收益时：
借：固定资产清理　　　　　　　　　　　　　　　　　　　　　55 000
　　贷：营业外收入——非流动资产处置利得　　　　　　　　　　55 000

5.1.6　固定资产清查

企业应当定期或者至少每年年末对固定资产进行清查盘点，以保证固定资产核算的真实性，充分发掘企业现有固定资产的潜力。在固定资产清查过程中，若发现盘亏、盘盈的固定资产，应当填制固定资产盘盈盘亏报告表。清查固定资产的损益，应当及时查明原因，并按照规定程序报批处理。

(1) 固定资产的盘盈

企业在财产清查中盘盈的固定资产，应当作为重要的前期差错进行会计处理。企业在财产清查中盘盈的固定资产，在按管理权限报经批准处理前，应先通过"以前年度损益调整"科目核算。盘盈的固定资产，应按重置成本确定其入账价值，借记"固定资产"科目，贷记"以前年度损益调整"科目。

(2) 固定资产的盘亏

盘亏的固定资产在未批准前，按盘亏固定资产账面价值，借记"待处理财产损益"科目；按已提折旧，借记"累计折旧"科目，按该项固定资产已计提的减值准备，借记"固定资产减值准备"科目，按固定资产的账面原价，贷记"固定资产"账户。经批准转销后，应转入"营业外支出"科目，或向有关责任人收回赔偿，借记"营业外支出"、"其他应收款"科目，贷记"待处理财产损益"科目。

【例5-15】某企业在财产清查中发现盘亏设备一台，其账面原价为50 000元，已提折旧30 000元。经批准，该盘亏的设备作营业外支出处理。企业的账务处理如下。

(1) 盘亏固定资产时：
借：待处理财产损益　　　　　　　　　　　　　　　　　　　20 000
　　累计折旧　　　　　　　　　　　　　　　　　　　　　　30 000
　　贷：固定资产　　　　　　　　　　　　　　　　　　　　　50 000

(2) 经批准转销时：
借：营业外支出　　　　　　　　　　　　　　　　　　　　　20 000
　　贷：待处理财产损益　　　　　　　　　　　　　　　　　　20 000

5.1.7　固定资产减值

(1) 固定资产减值的确认

固定资产发生损坏、技术陈旧或其他原因，导致其真实价值低于其账面价值，这种情况称为固定资产减值。企业的固定资产在使用过程中，由于存在有形损耗和无形损耗以及其他原因，发生资产价值的减值是必然的。对于已经发生的资产价值的减值如果不予以确认，必将导致虚夸资产的价值，这不符合真实性原则，也有悖于稳健原则。因此，企业应当在期末或者至少在每年年度终了,对固定资产逐项进行检查,合理预计可能发生的损失,对可能发生的固定资产减值损失计提减值准备。如发现存在下列情况,应当计算固定资产的可收回金额,以确定资产是否已经发生减值。

1)固定资产市价大幅度下跌,其跌幅大大高于因时间推移或正常使用而预计的下跌,并且预计在近期内不可能恢复。

2)企业所处经营环境,如技术、市场、经济或法律环境,或者产品营销市场在当期发生或在近期发生重大变化,并对企业产生负面影响。

3)同期市场利率等大幅度提高,进而很可能影响企业计算固定资产可收回金额的折现率,并导致固定资产可收回金额大幅度降低。

4)固定资产陈旧过时或发生实体损坏等。

5)固定资产预计使用方式发生重大不利变化,如企业计划终止或重组该资产所属的经营业务、提前处置资产等情形,从而对企业产生负面影响。

6)其他有可能表明资产已发生减值的情况。

如果固定资产的可收回金额低于其账面价值,企业应当按可收回金额低于账面价值的差额计提固定资产减值准备,并计入当期损益。固定资产减值准备应按单项计提。

(2)固定资产减值的账务处理

在会计实务中,如果固定资产的可收回金额低于其账面价值,企业应当按可收回金额的差额计提固定资产减值准备,企业应当设置"固定资产减值准备"科目。该科目属于资产类账户,其贷方登记计提的固定资产减值准备,借方登记处置固定资产而结转的减值准备,期末余额在贷方,反映企业已提取但尚未转销的固定资产减值准备。资产发生减值损失时,减记的金额计入当期损益,借记"资产减值损失——计提的固定资产减值准备"科目,同时,计提相应的资产减值准备,贷记"固定资产减值准备"科目。"固定资产减值准备"科目是固定资产净值的备抵调整科目,在资产负债表上作为固定资产的减项单独列示。固定资产减值损失一经确认,在以后会计期间不得转回。

【例5-16】2016年12月31日,某公司的机械设备存在减值的迹象,经计算,该机器的可回收金额合计为400 000元,账面价值1 000 000元,以前年度未对该设备提过减值准备。由于该设备的可回收金额为400 000元,可回收金额低于账面价值,应按两者之间的差额600 000元计提固定资产减值准备。该公司账务处理如下:

借:资产减值损失——计提的固定资产减值准备　　　600 000
　　贷:固定资产减值准备　　　　　　　　　　　　　　600 000

5.2 无形资产的管理与核算

5.2.1 无形资产概述

(1)无形资产的概念及特征

无形资产指企业拥有或控制的没有实物形态的可辨认非货币性资产。企业为了进行生产商品、提供劳务、出租给他人,或为管理的目的而持有的资产。

无形资产一般具有以下特征:

1)无形资产不具有实物形态。无形资产是一种特殊的经济资源,它往往以知识的形态存在于企业中,并不直接作用于劳动对象,而以特殊的方式在企业经营中发挥作用,为企业带来超额收益。不具有实物形态是无形资产区别于固定资产及其他有形资产的主要标志。需要指出的是,某些无形资产的存在是依赖于实物载体,但这并没有改变无形资产本身不具有实物形态的特性。

2) 具有可辨认性。这是无形资产确认的基本条件。判定一项非货币性资产是否具有可辨认性,取决于该项资产能否具备下列条件之一:①能够从企业中分离并能单独或者与相关合同、资产或负债一起用于出售、转移、授予许可、租赁或者交换;②源自合同性权利或其他法定权利,无论这些权利是否可以从企业或其他权利和义务中转移或者分离。

3) 无形资产属于非货币性长期资产。无形资产区别于货币性资产的特征,就在于它属于非货币性资产。无形资产又属于长期资产,主要是因为它能超过企业的一个经营周期为企业创造经济利益。因而企业为取得无形资产发生的支出为资本性支出。它的价值将在各个受益期逐期摊销。当一项无形资产不能给企业带来经济效益时,就不再具有任何价值,应予以撤销。

(2) 无形资产的内容

会计核算中涉及的无形资产一般包括专利权、非专利技术、商标权、土地使用权、著作权、专营权等。

1) 专利权。是指国家专利主管机关依法授予发明创造专利申请人对其发展创造在法定期限内所享有的专有权利,受法律保护,其他任何人未经持有者同意,不得利用该项专利进行生产或出售使用该项专利制造产品。包括发明专利权、实用新型专利权、外观设计专利权。它是政府对发明者在某一产品的造型、配方、结构、制造工艺或程序的发明创造上给予其制造、使用和出售等方面的专门权利。专利权是允许其持有者独家使用或控制某项发明的特权,但它不一定保证能给持有者带来经济利益,有的专利可能无经济价值或具有很小的经济价值;有的专利可能会被另外更有经济价值的专利所淘汰。所以,企业不应将其所拥有的一切专利权都予以资本化,作为无形资产来管理和核算。只有那些能给企业带来较大经济价值的,并且企业为此花费了支出的专利,才能作为无形资产管理和核算。这种专利一般可以降低成本,或者提高产品质量,或者将其转让出去而获得转让收入等。

2) 非专利技术。也称为专有技术,它是指发明人垄断的、未公开的、具有实用价值的先进技术、资料、技能、经验、知识等的总和。主要包括三方面:工业专有技术,商业(贸易)专有技术,管理专有技术。企业的非专利技术,有些是自己开发研究的,有些是根据合同规定从外部购入的。如果是企业自己开发研究的,由于其研究可能成功,应将符合规定的开发支出资本化条件的,确认为无形资产;也可能失败,对其所发生的研究、开发费用等,出于谨慎性原则和简化核算的考虑,一般可将其全部列作当期费用处理,不作为无形资产核算。对于从外部购入的非专利技术,应将实际发生的支出予以资本化,作为无形资产核算。

3) 商标权。商标是用来辨认特定的商品或劳务的标记。商标权是指企业专门在某种指定的商品或产品上,使用特定的名称、标记或图案的权利。经国家商标局核准注册的商标为注册商标,受法律保护。

企业自创商标并将其注册登记,花费一般不大,是否将其本金化并不重要。能够给拥有者带来获利技能的商标,往往是通过多年的广告宣传和其他传播商标名称的手段,以及客户的信赖等树立起来的。但是，往往很难确定广告支出中有多少形成了商标权价值。因此，广告费无论其数额大小都不能作为商标权的成本入账，而是在发生时直接作为费用计入当期损益。如果企业购买他人的商标，一次性支出费用较大的，可以将其资本化，作为无形资产管理。

4）土地使用权。土地使用权是指经国家批准，企业在一定期间内对国有土地享有开发、利用、经营的权利。根据我国《土地管理法》的规定，我国土地实行公有制，任何单位和个人不得侵占、买卖或者以其他形式非法转让。国有土地可以依法转让，企业取得土地使用权，应将取得时发生的支出资本化，作为土地使用权的成本，作为无形资产入账核算。

5）著作权，也称为版权。它是指著作权人（公民、法人）对其著作依法享有出版、发行等方面的专有权利。著作权可以转让、出售或者赠予。著作权包括发表权、署名权、修改权、保护作品完整权、使用权和获得报酬权等。著作人依法取得的著作权通常支出金额较小，会计上一般不需将其资本化为无形资产，只有从外界购入的著作权才将其所花费的成本资本化为无形资产进行核算。

6）特许经营权，也称为专营权。指企业由政府有关部门授权其在某一地区经营或销售某种特定商品的权利，或是一家企业接受另一家企业使用其商标、商号、技术秘密等的权利。前者是由政府机构授权，准许企业使用或在一定地区享有经营某种业务的特权，如水、电、邮电通信等专营权，烟草专卖权等。后者是指企业间依照签订的合同，有期限或无期限使用另一家企业的某些权利，如专卖店或连锁店等，它是一种纯企业行为。会计上的特许权主要是指后一种情况。只有支付了费用取得的特许经营权才能作为无形资产入账。

5.2.2 无形资产的核算

（1）无形资产的确认和计量

1）无形资产的确认

无形资产的确认是指将符合无形资产确认条件的项目，作为企业的无形资产加以记录并将其列入企业资产负债表的过程。无形资产在满足以下两个条件时，企业才能加以确认：

① 该资产产生的经济利益很可能流入企业；

② 该资产的成本能够可靠地计量。

也就是说，某个项目要确认为无形资产，首先必须符合无形资产的定义，其次还要符合以上两个条件。

符合无形资产定义的重要表现之一就是企业能够控制该无形资产产生的经济利益。这虽是企业一般资产所具有的特征，但对于无形资产来说，显得尤其重要。一般来说，如果企业有权获得某项无形资产产生的经济利益，则说明企业控制了该无形资产产生的经济利益。具体表现为企业拥有该无形资产的法定所有权，或企业与他人签订了协议，使得企业相关权利受到法律的保护。比如，企业自行研制的专利技术通过申请依法取得后在一定期限内便拥有了该专利的法定所有权。又如，企业与其他企业签订合约，允许其在一定时期内使用其拥有的商标权。由于合约的签订，使商标使用权受让方的相关权利受到法律的保护。

2）无形资产的计量

无形资产计量采用历史成本原则，即企业的无形资产在取得时，应按取得时的实际成本计量。不同方式下取得的无形资产，其成本也不尽相同。

① 购入的无形资产，按实际支付的价款作为实际成本入账。

② 自行研究开发的无形资产，按符合资本化条件的开发成本和达到预定用途前的支出作为无形资产的实际成本入账。

③ 投资者投入的无形资产，按投资各方确定的价值作为实际成本。但是，企业为首次发行股票而接受投资者投入的无形资产，应以该无形资产在投资方的账面价值作为实际成本。

④ 债务重组取得的无形资产，接受无形资产的公允价值加上应支付的相关税费，作为无形资产的入账价值。

⑤ 以非货币性交易换入的无形资产，不涉及补价，以换出资产的公允价值加上应支付的相关税费作为实际成本。如涉及补价的，按以下规定确定换入无形资产的实际成本：A. 收到补价的，按换出资产的公允价值加上应支付的相关税费减去补价后的余额，作为实际成本；B. 支付补价的，按换出资产的公允价值加上应支付的相关税费和补价，作为实际成本。

⑥ 接受捐赠的无形资产，应按以下规定确定其实际成本：A. 捐赠方提供了有关凭据的，按凭据上标明的金额加上应支付的相关税费，作为实际成本。B. 捐赠方没有提供有关凭据的，按如下顺序确定其实际成本：同类或类似无形资产存在活跃市场的，按同类或类似无形资产的市场价格估计的金额，加上应支付的相关税费，作为实际成本。同类或类似无形资产不存在活跃市场的，按该接受捐赠的无形资产的预计未来现金流量现值，作为实际成本。

（2）无形资产的核算

1）无形资产核算应设置的会计科目

为了正确核算企业无形资产的取得、摊销、处置等情况，应设置"无形资产""累计摊销"等科目。

"无形资产"科目核算企业持有的无形资产成本。该科目属于资产类科目，其借方登记企业购入、自行创造、接受捐赠等各种取得无形资产的成本，贷方登记企业向外单位投资转出、出售无形资产的成本以及分期摊销的无形资产成本等，期末余额在借方，反映企业现有无形资产的成本。在"无形资产"科目下，应按无形资产的项目设置明细科目，进行明细核算。

"累计摊销"科目属于"无形资产"的调整科目，类似于"累计折旧"科目相对于"固定资产"科目，核算企业对使用寿命有限的无形资产计提的累计摊销，贷方登记企业计提的无形资产摊销，借方登记处置无形资产转出无形资产的累计摊销，期末贷方余额，反映企业无形资产的累计摊销额。

2）无形资产的取得

① 企业购入的无形资产。企业外购的无形资产成本包括卖价、相关税费以及直接归属于使该项资产达到预定用途所发生的其他支出。借记"无形资产"科目，取得增值税专用发票，借记"应交税费——应交增值税（进项税额）"科目，贷记"银行存款"等科目。

【例5-17】某企业购入某产品的专有技术，价款为10 000元，取得增值税专用发票注明税款1 600元，发生其他相关费用2 000元，价款已用银行存款付讫。企业的账务处理如下：

借：无形资产——专有技术　　　　　　　　　　　　　　　12 000
　　应交税费——应交增值税（进项税额）　　　　　　　　 1 600
　　贷：银行存款　　　　　　　　　　　　　　　　　　　　　　13 600

② 企业自行研发取得的无形资产。企业自行研发的无形资产，花费时间长，成功性难确定，为此将无形资产的研发过程分为研究阶段和开发阶段。对开发项目研究阶段的支出，应当在发生时计入当期损益，根据研究过程中消耗的材料费用、直接参与开发人员的工资及社保费用等，借记"研发支出——费用化支出"科目，贷记"原材料"、"应付职工薪酬"等科目，月终时，按归集的费用化研发支出，借记"管理费用"科目，贷记"研发支出——费用化支出"科目。对开发项目开发阶段的支出，根据研究过程中消耗的材料费用、直接参与开发人员的工资及社保费用等，满足资本化条件的，借记"研发支出——资本化支出"科目，贷记"原材料""应付职工薪酬"等科目。当研发项目达到预期用途，可以确认为无形资产。根据该项目归集的资本化支出，借记"无形资产"科目，贷记"研发支出——资本化支出"科目。

【例5-18】某企业从本年初起研究开发一项新技术——A技术，至年末研究成功，共发生研发费用30万元。其中发生材料消耗15万元，研发人员工资及社保费10万元，支付差旅费等费用5万元。于同年8月进入开发阶段，共发生费用50万元，其中材料消耗20万元，研发人员工资及社保费20万元，支付其他费用10万元。至本年末该项目已满足转为无形资产的条件，并办理了专利申请手续。根据资料，企业的账务处理如下：

1) 发生研究费用时：

借：研发支出——费用化支出（A技术）　　　　　　　　　300 000
　　贷：银行存款　　　　　　　　　　　　　　　　　　　　　　 50 000
　　　　原材料　　　　　　　　　　　　　　　　　　　　　　　150 000
　　　　应付职工薪酬　　　　　　　　　　　　　　　　　　　　100 000

2) 将研究费用转作管理费用：

借：管理费用　　　　　　　　　　　　　　　　　　　　　300 000
　　贷：研发支出——费用化支出（A技术）　　　　　　　　　　300 000

3) 发生开发费用时：

借：研发支出——资本化支出（A技术）　　　　　　　　　500 000
　　贷：银行存款　　　　　　　　　　　　　　　　　　　　　　100 000
　　　　原材料　　　　　　　　　　　　　　　　　　　　　　　200 000
　　　　应付职工薪酬　　　　　　　　　　　　　　　　　　　　200 000

4) 将开发费用确认为无形资产：

借：无形资产——A技术　　　　　　　　　　　　　　　　500 000
　　贷：研发支出——资本化支出（A技术）　　　　　　　　　　500 000

③ 投资者投入的无形资产。投资人以无形资产向企业投资时，按投资各方确定的价值作为实际成本，借记"无形资产"科目，贷记"实收资本"科目或"股本"科目。

【例5-19】某企业收到A公司的一项非专利技术投资,投资双方确认的价值为20 000元。企业的账务处理如下:

借:无形资产——非专利技术　　　　　　　　　　　　20 000
　　贷:实收资本　　　　　　　　　　　　　　　　　　　　20 000

④ 企业以非货币性交易取得的无形资产及接受捐赠的无形资产,可比照固定资产的会计处理方法进行核算。

3)无形资产的摊销

无形资产属于企业的长期资产,其使用期限超过一个会计年度,能在较长的时间里给企业带来效益,随着时间的延长,具有价值的权利会终结或消失。因此,为取得无形资产而发生的支出属于资本性支出,应该把这一支出在其有效的使用期限内摊入成本费用中,这一过程称为无形资产的摊销。使用时间不确定的无形资产不应摊销。

使用寿命有限的无形资产进行摊销时,一般不考虑无形资产的净残值。自可供使用当月起开始摊销,处置当月不再摊销。摊销方法包括年限平均法(直线法)、生产总量法。企业应当按月对无形资产进行摊销,摊销额一般计入当期损益。摊销其价值时,借记"管理费用"、"其他业务成本""生产成本""制造费用"等科目,贷记"累计摊销"科目。无形资产的摊销期限一经确定,不应任意变更。

【例5-20】某企业购入一项专利权,入账价值为60 000元,法律规定有效年限为10年。企业的账务处理如下:

每月摊销额=60 000÷10÷12=500(元/月)

借:管理费用——无形资产摊销　　　　　　　　　　　500
　　贷:累计摊销——专利权　　　　　　　　　　　　　　　500

4)无形资产的处置

企业处置无形资产,应当将取得的价款扣除该无形资产账面价值以及出售相关税费后的差额作为营业外收入或营业外支出进行会计处理。

① 无形资产出售。无形资产出售即转让无形资产的所有权。企业出售无形资产时,按实际取得的转让收入扣除应支付的相关税费,借记"银行存款"科目,按计提摊销,借记"累计摊销"科目,按无形资产的账面余额,贷记"无形资产"科目,按应支付的相关税费及其他费用,贷记"应交税费""银行存款"等科目,按其差额,贷记"营业外收入——非流动资产处置利得"科目或借记"营业外支出——非流动资产处置损失"科目,已计提无形资产减值准备的,还应同时结转减值准备,借记"无形资产减值准备"科目。

【例5-21】某企业将其拥有的一项专利权出售,取得收入4 000 000元,开出增值税专用发票注明税款640 000元,该专利权的摊余价值为3 500 000元,累计摊销额为1 750 000元。企业的账务处理如下:

借:银行存款　　　　　　　　　　　　　　　　　4 640 000
　　累计摊销　　　　　　　　　　　　　　　　　　1 750 000
　　贷:无形资产——专利权　　　　　　　　　　　　　3 500 000
　　　　应交税费——应交增值税(销项税)　　　　　　　640 000
　　　　营业外收入——非流动资产处置利得　　　　　2 250 000

② 无形资产转销。无形资产具有很大的不确定性，可能会出现未满预计受益年限而提前丧失其价值。应将其账面价值予以转销，计入当期损益。借记"营业外支出"科目，按已计提的无形资产摊销，借记"累计摊销"科目，按无形资产账面余额，贷记"无形资产"科目。

（3）无形资产减值

资产负债表日，企业应当对无形资产的账面价值进行检查。在检查中如果发现企业持有的有使用寿命的某项无形资产已被其他新技术所替代，使其为企业创造经济利益的技能受到重大不利影响；某项无形资产的市价在当期大幅度下跌，在剩余摊销年限内预期不会恢复；存在其他足以表明某项无形资产已经减值的证据时，应当对该项无形资产进行减值测试。企业持有的使用寿命不确定的无形资产，无论是否存在减值迹象，每年都应当进行减值测试。企业以无形资产的销售净值与预期该项无形资产在持续使用和使用年限结束时进行处置产生的预计未来现金流量的现值较高者作为无形资产的可收回金额，当可收回金额低于无形资产账面价值时，应确认无形资产减值损失。根据确认的减值损失，借记"资产减值损失——计提的无形资产减值准备"科目，贷记"无形资产减值准备"科目。

"无形资产减值准备"是资产类科目，核算企业无形资产的减值准备。贷方登记计提的无形资产减值准备，借方登记处置无形资产而结转的减值准备，期末贷方余额反映企业已经计提尚未转销的无形资产减值准备。本科目可按资产项目进行明细分类核算。企业无形资产减值损失一经确认，在以后年度中不得转回。

【例 5-22】 某公司对持有的无形资产进行检查，发现上年购入的一项专利市价大幅下跌。经测试，该项专利可收回金额为 20 万元。而该项专利的账面价值为 28 万元，累计摊销为 2.5 万元。该公司会计处理如下：

无形资产减值损失＝（280 000－25 000）－200 000＝55 000 元

借：资产减值损失——计提的无形资产减值准备　　　　55 000
　　贷：无形资产减值准备——××专利　　　　　　　　　　55 000

5.3　长期待摊费用的管理与核算

5.3.1　长期待摊费用的概述

（1）长期待摊费用的概念

长期待摊费用是指企业发生的摊销期限在 1 年以上（不含 1 年）的各项费用，如经营租入固定资产的改良支出等。

（2）长期待摊费用的特征

长期待摊费用虽然也列入资产项目，但它与其他资产相比较有很大的不同，表现在：

1）长期待摊费用本身没有价值，不能用于转让，不能清偿债务。

2）长期待摊费用在本质上是一种费用，只是由于支出数额较大，需要分期摊销而已。

5.3.2　长期待摊费用的核算

（1）长期待摊费用核算应设置的会计科目

企业应设置"长期待摊费用"科目对此类项目进行核算。该科目属于资产类科目，用于核算企业已经支出，但摊销期限在 1 年以上（不含 1 年）的各项费用，包括固定资产修理支出、租入固定资产的改良支出以及摊销期限在1年以上的其他待摊费用。借方登记发生的长期待摊费用，贷方登记按期摊销的金额，期末借方余额反映企业尚未摊销完毕的长期待摊费用，本科目可按费用项目进行明细核算。

(2) 长期待摊费用的会计核算

1) 长期待摊费用的计提

企业发生的长期待摊费用，借记"长期待摊费用"科目，贷记"原材料"、"银行存款"等有关科目。

2) 长期待摊费用的摊销

摊销长期待摊费用，借记"管理费用""销售费用"等科目，贷记"长期待摊费用"科目。

① 已提足折旧的固定资产的改建支出，按照固定资产预计尚可使用年限分期摊销。从定义可以看出，改扩建一般情况下是可以延长资产使用寿命的。对于"已提足折旧的固定资产"而言，《小企业会计准则》规定是不能对折旧年限进行调整的，所以只能通过长期待摊费用核算，并在固定资产预计尚可使用年限内分期摊销。

② 经营租入固定资产的改建支出，按照合同约定的剩余租赁期限分期摊销。承租方只在协议规定的期限内拥有对该资产的使用权，因而对以经营租赁方式租入的固定资产发生的改建支出，不能计入固定资产成本，只能计入长期待摊费用，在协议约定的租赁期内平均分摊。

③ 符合税法规定的固定资产大修理支出，按照固定资产尚可使用年限分期摊销。

A. 修理支出达到取得固定资产时的计税基础50%以上；

B. 修理后固定资产的使用年限延长2年以上。

符合以上两项条件的大修理支出，在发生时，借记"长期待摊费用"科目，贷记"原材料"、"银行存款"等科目；该支出在固定资产尚可使用年限内进行摊销，借记"相关资产的成本"或者"当期损益"科目，贷记"长期待摊费用"科目。

④ 其他长期待摊费用，自支出发生月份的次月起分期摊销，摊销年限不得少于3年。

【例5-23】企业自行对经营租入发电设备进行大修理，经核算共发生大修理支出24 000元，修理间隔期为4年。作会计分录如下：

借：长期待摊费用——大修理支出　　　　　　　　　　24 000
　　贷：银行存款　　　　　　　　　　　　　　　　　　24 000

上述大修理费用按修理间隔期4年平均摊销，每月摊销500元。分录如下：

借：管理费用　　　　　　　　　　　　　　　　　　　　500
　　贷：长期待摊费用——大修理支出　　　　　　　　　　500

【引例分析】

公司应编制会计分录如下：

1) 购入进行安装时

借：在建工程　　　　　　　　　　　　　　　　　　22 000 000
　　应交税费——应交增值税（进项税额）　　　　　3 520 000
　　贷：银行存款　　　　　　　　　　　　　　　　25 520 000

2) 安装时发生的费用

借：在建工程 1 020 000
　　贷：库存商品 1 000 000
　　　　应付职工薪酬 20 000

3）设备投入使用

借：固定资产 23 020 000
　　贷：在建工程 23 020 000

设备预计使用 10 年，期末净残值 100 000 元，年折旧额＝（23 020 000－100 000）/10＝2 292 000 元，截至 2015 年已计提折旧额＝2 292 000×8＝1 833 600 元；

4）资产转入清理

借：固定资产清理 4 684 000
　　累计折旧 18 336 000
　　贷：固定资产 23 020 000

5）发生清理费用

借：固定资产清理 20 000
　　贷：银行存款 20 000

6）出售资产，收到价款

借：银行存款 5 800 000
　　贷：固定资产清理 5 000 000
　　　　应交税费——应交增值税（销项税额） 800 000

出售固定资产的利得＝5 000 000－468 400－20 000＝296 000 元

7）结转出售资产利得

借：固定资产清理 296 000
　　贷：营业外收入——非流动资产处置利得 296 000

本 章 习 题

名词解释：

1. 固定资产。
2. 固定资产减值。
3. 固定资产折旧。
4. 无形资产。
5. 长期待摊费用。

单项选择题：

1. 企业采用出包方式构建固定资产，按合同规定预付的工程款应通过（　　）账户核算。

　　A. 预付账款　　　B. 应付账款　　　C. 固定资产　　　D. 在建工程

2. 盘盈的固定资产，应借记"固定资产"科目，贷记科目是（　　）。

　　A. 待处理财产损益　　　　　　B. 以前年度损益调整
　　C. 其他应付款　　　　　　　　D. 营业外收入

3. 企业出售设备一台，原价 160 000 元，已提折旧 45 000 元，出售该资产时发生各种清理费用3 000元，不含税售价113 000元，适用增值税税率为10%，该资产出售净收益为（　　）元。

　　A. -5 650　　　　B. -10 000　　　　C. -5 000　　　　D. -10 650

4. 下列各项固定资产中，应该将折旧金额计入"管理费用"科目的是（　　）。

　　A. 研发部门用于技术开发的机器设备

　　B. 生产车间闲置的固定资产

　　C. 已提足折旧仍旧在使用的机器设备

　　D. 以经营方式出租的机器设备

5. 采用"年限平均法"计算应提折旧不需要考虑的因素是（　　）。

　　A. 规定的折旧的年限　　　　　　B. 固定资产的原值

　　C. 实际净残值　　　　　　　　　D. 预计净残值率

6. 下列不属于无形资产的是（　　）。

　　A. 商誉

　　B. 自行研发的非专利技术

　　C. 通过购买方式取得的著作权

　　D. 企业取得将用于建造厂房的土地使用权

7. 企业自行研发无形资产的研发支出，在实际发生时计入的科目是（　　）。

　　A. 无形资产　　　B. 管理费用　　　C. 研发支出　　　D. 累计摊销

8. 无形资产的后续支出一般计入（　　），其他准则要求计入资产成本的除外。

　　A. 主营业务成本　　B. 营业外支出　　C. 管理费用　　　D. 销售费用

9. 下列各项中，应计入长期待摊费用的是（　　）。

　　A. 生产车间固定资产日常修理支出

　　B. 生产车间固定资产更新改造支出

　　C. 经营租赁方式租入固定资产改良支出

　　D. 融资租赁方式租入固定资产改良支出

多项选择题：

1. 下列属于固定资产的有（　　）。

　　A. 厂房、办公楼

　　B. 使用期限超过1年，单位价值在2 000元以上的物品

　　C. 使用期限超过1年的机器

　　D. 使用期限超过2年，单位价值在1 000元以上的物品

　　E. 土地使用权

2. 下列有关固定资产会计处理的表述中，正确的有（　　）。

　　A. 固定资产盘亏产生的损失计入管理费用

　　B. 计提减值准备后的固定资产以扣除减值准备后的账面价值为基础计提折旧

　　C. 一般纳税企业购入的生产设备支付的增值税不计入固定资产成本

　　D. 对于固定资产均应按照确定的方法计提折旧

　　E. 季节性停用的固定资产不停止计提折旧

3. "固定资产清理"科目借方登记的项目有（　　）。

A. 转入清理的固定资产账面价值
B. 固定资产处置时的变价收入
C. 结转的清理净收益
D. 结转的清理净损失
E. 固定资产的减值

4. 属于加速折旧的折旧方法有( )。
A. 年限平均法
B. 工作量法
C. 双倍余额递减法
D. 年数总和法
E. 账面价值与可收回金额孰低法

5. 影响固定资产折旧金额的因素主要有( )。
A. 固定资产原值
B. 固定资产减值准备
C. 固定资产使用寿命
D. 固定资产预计净残值
E. 固定资产的类别

6. 计提固定资产折旧应借记的会计科目可能有( )。
A. 制造费用
B. 销售费用
C. 管理费用
D. 其他业务成本
E. 短期负债

7. 下列属于有期限的无形资产有( )。
A. 专利权
B. 商标权
C. 商誉
D. 专有技术
E. 有偿取得土地使用权

8. 下列关于无形资产会计处理的表述中，不正确的有( )。
A. 内部研发项目开发阶段的支出应全部确认为无形资产
B. 无形资产均应确定预计使用年限并分期摊销
C. 计提减值后的无形资产价值恢复时应转回原无形资产减值损失
D. 出售无形资产时支付的增值税不影响无形资产的处置损益
E. 出售无形资产，应当将取得的价款与该无形资产账面价值的差额计入当期损益

9. 长期待摊费用包括( )。
A. 筹建费
B. 经营租入固定资产改良支出
C. 股票发行费（净支出）
D. 采取待摊方式的固定资产大修理支出
E. 领用生产工具一批，摊销期为2年

判断题：
1. 企业"固定资产"账户核算的固定资产，其所有权均属于企业。 （ ）
2. 固定资产不同的折旧方法会改变固定资产应计提的折旧总额。 （ ）
3. 企业以经营租赁方式租入的固定资产发生的改良支出，应计入"固定资产"单独核算。 （ ）
4. 已全额计提减值准备的固定资产不再计提折旧。 （ ）

5. 企业在计提固定资产折旧时，对于当月增加的固定资产当月照提折旧，当月减少的固定资产当月不提折旧。（　　）

6. 企业的商誉应作为无形资产入账。（　　）

7. 企业无形资产不论是外购的，还是自创的，都是受法律保护的。（　　）

8. 企业出售无形资产取得的净收益，应计入其他业务收入。（　　）

9. 企业自行研发无形资产，研究阶段的支出应费用化，计入当期损益。（　　）

10. 企业以经营租赁方式租入的固定资产发生的改良支出，企业应通过"固定资产"科目核算。（　　）

综合题：

1. 固定资产的核算。

资料：A公司2017年6月计提固定资产折旧共78 000元，6月发生固定资产增减业务如下：

1）6月12日，购入一台不需安装的B设备，原价220 000元，该设备预计使用10年，预计净残值率为4%；

2）6月28日，一台经营性租出的C设备因租赁期满按期收回，转为不需用固定资产，该设备在用时每月计提折旧2 560元；

3）7月25日，投资者投入一台D设备，双方确认的入账价值为100 000元，该设备预计使用5年，预计净残值率为4%。

要求：

1）对B、D设备分别计算其每月应计提折旧额（采用年限平均法）；

2）计算7月份应计提固定资产折旧额；

3）假设在用的固定资产中，生产车间使用率占70%，厂部管理部门占25%，经营性出租占5%，按此比例计提折旧的会计分录。

2. 无形资产的核算。

A企业发生有关无形资产的经济业务如下：

1）从技术市场购入一项专利权，买价300 000元，注册费、律师费等120 000元，价款均以存款支付。该项专利权购入后立即投入使用。

2）接受B公司以某项商标权向本公司投资，双方协商确认价值150 000元。该项商标权正式投入使用。

3）企业自行研制专利权取得成功，并已申请取得专利权。本月发生开发费用共计90 000元，其中领用库存原材料50 000元，应付人员工资30 000元，以存款支付其他相关费用10 000元。专利登记费20 000元，律师费用40 000元，以存款支付。该项专利已投入使用。

4）企业出租商标权取得收入40 000元存入银行，以存款支付出租无形资产的相关费用10 000元。

5）C公司数年前欠本企业销售款160 000元（账面余额），该项债权已提坏账准备5 000元，现商定以专利权抵偿这一债务。本企业以存款支付C公司补价款11 000元，并以存款支付登记过户费、律师费等6 000元。

要求：根据上述经济业务编制有关会计分录。

6 往来核算岗位的业务处理

【知识目标】
1. 理解企业采购成本的构成。
2. 掌握购货方的账户设置。
3. 理解销售收入的确认。
4. 掌握销货方的账户设置。

【技能目标】
1. 能对企业采购经济业务进行分析并记账。
2. 能对企业销售经济业务进行分析并记账。

【案例导入】
1. 小李是某公司的会计人员，本月公司购入材料一批，材料进价为130 000元，购入过程中发生运费600元，保险费250元，材料采购人员差旅费300元，材料入库时的搬运费150元，材料入库后因生产原因需要转运其他仓库发生的搬运费100元。小王将全部支出131 400元作为这批材料的购入成本。小李的处理正确吗？材料采购成本应包括哪些内容？

2. 小李在会计核算时，遇到以下几个问题：
1) A公司主要生产销售服装，本月服装销售取得收入为200 000元。
2) A公司把一批不需用的做衣布料卖给了其他服装企业，取得收入50 000元。
3) A公司又把一套闲置的制衣设备卖出去了，取得净收入30 000元。
请问这三种收入有什么不同？又是如何核算的？

6.1 购货方的业务核算

6.1.1 企业供应过程核算内容

企业在开始制造产品进行生产时，必须要准备充足的材料物资，以保证生产的顺利进行。那么企业首先从采购材料物资入手。在采购中，按计划实施采购任务，合理调整原材料占用资金和库存问题，强调节约观念和采购信息准确的观念。主要有与供应单位订货业务、支付货款业务、支付运费、支付与采购相关费用、材料物资采购成本计算以及办理相关验收手续等业务，备生产车间或管理部门领用。这也是企业供应过程的第一个阶段，在这个过程中要核算和监督材料的买价和采购费用、采购成本。企业在组织供应过程的核算中，要加强采购业务的管理，杜绝营私舞弊，用合理的价格采购物美价廉的材料。在实际工作中，有招投标形式采购、政府采购形式等。

材料采购成本构成是：材料采购成本＝买价＋相关采购费用

第一，买价，根据发票上注明价款计算。

第二，相关采购费用，一般包括采购过程中的各项费用，即运输费、保险费、仓储费、包装费、装卸费和途中的合理损耗、入库前的挑选整理费用。

第三，购入材料负担的税金。

主要采购业务类型：

1) 材料已购入、同时支付材料货款和采购费用（钱货两清）；
2) 材料办理入库手续、结转材料采购成本；
3) 材料已购进、但材料货款暂未支付或支付商业（银行）承兑汇票；
4) 用预付款购进材料；
5) 预付购进材料货款；
6) 支付应付未付材料货款。

6.1.2 企业供应过程核算需设置的账户

(1) "在途物资"账户

属资产类科目，核算企业采用实际成本（或进价）进行材料（或商品）日常核算。计算确定材料采购实际成本。借方核算材料买价和相关费用，贷方核算已验收入库按实际成本转入"原材料"账户的借方数额，期末一般没有余额。如有借方余额，表示期末尚未到达或尚未验收入库的在途材料的实际成本。本科目应当按照供应单位进行明细核算。

(2) "原材料"账户

属资产类科目，核算企业库存的各种材料（包括原料及主要材料、辅助材料、外购半成品、修理用备件、包装材料、燃料等）的计划成本或实际成本。材料办理验收入库增加时，借记本科目；材料因领用等原因而减少时，贷记本科目；本科目的期末借方余额，反映企业库存材料的计划成本或实际成本数额。企业应当按照材料的存放地点（仓库）、材料的类别、数量、品种和规格等进行明细核算。

(3) "应付账款"账户

属负债类科目，核算企业因购买材料、商品和接受劳务供应等经营活动应支付的款项。因购入材料、商品和接受劳务应付未付款时，贷记本科目；偿还所欠款时，借记本科目；期末余额一般在贷方表示尚未归还的欠款。本科目按不同的债权人进行明细核算。

(4) "预付账款"账户

属资产类账户，本科目核算企业按照购货合同规定预付给供应单位的款项。预付款项情况不多，如业务量少，可将预付的款项直接计入"应付账款"科目的借方，本科目应按照供应单位进行明细核算。因购货而预付的款项，借记本科目；贷记"银行存款"。收到所购物资时，应计入购入物资成本金额，借记"物资采购"或"原材料""库存商品"等科目，按可抵扣的增值税额，借记"应交税费——应交增值税（进项税金）"科目；按应付金额，贷记本科目。补付的款项，借记本科目，贷记"银行存款"科目；退回多付的款项，借记"银行存款"科目，贷记本科目。本科目期末借方余额，反映企业预付的款项，如期末为贷方余额，反映企业尚未补付的款项。

(5) "应付票据"账户

属负债类科目，核算企业购买材料、商品和接受劳务供应等而开出、承兑的商业汇票，包括银行承兑汇票和商业承兑汇票。开出、承兑商业汇票时，贷记本科目；用存款支付汇票款时，借记本科目；本科目期末贷方余额，反映企业尚未到期的商业汇票的票面金额。支付银行承兑汇票的手续费记入"财务费用"科目。

(6)"应交税费"账户

属负债类科目,本科目核算企业按照《税法》规定计算应缴纳的各种税费,包括增值税、消费税、营业税、所得税、资源税、土地增值税、城市维护建设税、房产税、土地使用税、车船使用税、教育费附加、矿产资源补偿费等。计提应交而未交的税费,贷记本科目;实际支付税费时,借记本科目;本科目期末贷方余额,反映企业应交但尚未缴纳的税费;期末如为借方余额,反映企业多交或尚未抵扣的税金。本科目应当按照应交税费的税种进行明细核算。

6.1.3 企业供应过程会计核算

(1)材料采购、税金、验收

实际工作中,税务局要对企业划分为一般纳税人企业和小规模纳税人企业,其在会计核算业务时不同。

【例6-1】6月4日,A木零件加工厂,属小规模纳税人企业,从B磨具厂购入磨料一批,取得增值税专用发票,价款10 000元,税款1 600元,共计11 600元,以银行存款支付,材料已到并验收入库(假设企业按实际成本法核算,下同)。

由于A木零件加工厂是小规模纳税人,增值税款不能抵扣,需把增值税税款计入成本中。一方面"在途物资"增加,应记借方;另一方面通过银行存款支付,记"银行存款"贷方。本企业根据增值税发票、磨料入库验收单,编制会计分录如下:

借:在途物资——磨料　　　　　　　　　　　　　　　　　11 600
　　贷:银行存款　　　　　　　　　　　　　　　　　　　　　　11 600
借:原材料——磨料　　　　　　　　　　　　　　　　　　11 600
　　贷:在途物资——磨料　　　　　　　　　　　　　　　　　11 600

【例6-2】6月5日,A柴油机股份有限公司,向B钢铁厂购入灰口铁40吨,已取得增值税专用发票,价款为54 000元,税款为9 180元。货款暂欠,灰口铁在运输途中。

业务发生后,材料尚未收到,应在"在途物资"科目借方核算,增值税单独核算在"应交税费"科目借方;货款未付,即"应付账款"增加,记贷方。本企业根据增值税发票,编制如下会计分录:

借:在途物资——原料(灰口铁)　　　　　　　　　　　　　54 000
　　应交税费——应交增值税(进项税)　　　　　　　　　　 8 640
　　贷:应付账款——B钢铁厂　　　　　　　　　　　　　　　　62 640

【例6-3】6月7日,A柴油机股份有限公司,从B钢铁厂购入无缝钢20吨,已取得增值税专用发票,价款为49 000元,税款为7 840元,共计56 840元。货款用银行存款支付10 000元;其余货款给B钢铁厂开具银行承兑汇票一张,货已收到。

业务发生后,材料没有验收入库,应在"在途物资"科目借方核算,增值税款在"应交税费"科目借方核算;银行存款支付部分货款,即"银行存款"减少,记贷方;另其余货款开具商业汇票,用"应付票据"科目核算,记贷方。本企业根据增值税发票、银行承兑汇票(存根)、银行电汇单,编制如下会计分录:

借:在途物资——原料(无缝钢)　　　　　　　　　　　　　49 000
　　应交税费——应交增值税(进项税)　　　　　　　　　　 7 840
　　贷:银行存款　　　　　　　　　　　　　　　　　　　　　10 000

应付票据——B 钢铁厂　　　　　　　　　　　　　　　　　　　　46 840

　　需要说明的是企业应设置"应付票据备查账簿",用来登记商业汇票的种类、号数和出票日期、到期日、票面余额、交易合同号和收款人姓名或单位名称以及付款日期和金额等资料。应付票据到期结清时,应当在备查账簿内逐笔注销。

　　【例 6-4】6 月 8 日,A 柴油机股份有限公司,向 B 煤炭有限公司预付 50 000 元货款。欲购 100 吨煤炭,用银行存款支付。

　　一方面增加"预付账款"记借方,另一方面"银行存款"减少记贷方。本企业根据银行电汇单回单、业务申请单,编制会计分录:

　　　借:预付账款——B 煤炭　　　　　　　　　　　　　　　　　　50 000
　　　　贷:银行存款　　　　　　　　　　　　　　　　　　　　　　50 000

　　【例 6-5】6 月 7 日,A 柴油机股份有限公司,用银行存款支付上月欠 B 钢铁厂货款,金额为 63 180 元。

　　一方面减少"应付账款"记借方;另一方面减少"银行存款"记贷方。本企业根据业务申请单、银行电汇单回单,编制如下会计分录:

　　　借:应付账款　　　　　　　　　　　　　　　　　　　　　　　63 180
　　　　贷:银行存款　　　　　　　　　　　　　　　　　　　　　　63 180

　　(2) 材料采购成本计算

　　在采购过程中,发生的各种采购费用,如果能分辨出应由哪种材料负担,就直接计入该种材料的采购成本。但是在实际工作中,经常有同时采购两种或两种以上材料的情况,那么,要想合理分配采购费用,准确计算每种材料采购成本,就要采用一定的分配方法,然后按这一分配标准分别在各种材料之间进行分配。

　　一般常用的分配标准有按材料采购重量进行分配;如果材料计量单位不一致时,则采用材料的买价标准进行费用的分配。即:

$$\text{分配率} = \frac{\text{采购费用总额}}{\text{材料的总重量(或总买价)}} \times 100\%$$

　　　某种材料应分摊的采购费用 = 该种材料的采购重量(或买价) × 分配率

　　【例 6-6】6 月 8 日,A 柴油机股份有限公司支付运输灰口铁、无缝钢运输费 4 200 元,用转账支票支付。

　　一方面采购费用增加,应分别记入采购成本中,根据【例 6-2】【例 6-3】采购重量利用公式计算,另一方面企业银行存款减少。企业根据运输发票、支票存根,编制会计分录:

$$\text{分配率} = \frac{4200}{60} = 70(\text{元}/\text{吨})$$

　　　　灰口铁应分担费用 = 40 × 70 = 2 800 元
　　　　无缝钢应分担费用 = 20 × 70 = 1 400 元

　　　借:在途物资——原材料(灰口铁)　　　　　　　　　　　　　2 800
　　　　　在途物资——原材料(无缝钢)　　　　　　　　　　　　　1 400
　　　　贷:银行存款　　　　　　　　　　　　　　　　　　　　　　4 200

　　【例 6-7】6 月 10 日 A 柴油机股份有限公司,向 B 煤炭有限公司购 50 000 元煤炭,货已收到。取得增值税发票，发票列明单价450元，数量100吨，价款45 000元，增值税7 200元，运输费5 300元，不足款用电汇结算方式支付。

接续【例6-4】业务，一方面煤炭没有验收，应增加"在途物资"记借方；"应交税费"记贷方；另一方面运费应记入煤炭成本；预付账款不足，其余从银行账户支付。企业根据运输发票、电汇回单，编制如下会计分录：

借：在途物资——燃料（煤炭） 50 300
　　应交税费——增值税（进项税） 7 200
　　贷：银行存款 7 500
　　　　预付账款——七台河煤炭 50 000

【例6-8】6月15日，A公司将灰口铁、煤炭和无缝钢验收入库，计算并结转采购成本。

在采购结束后，做入库验收时，要计算购买煤炭、灰口铁和无缝钢的全部支出，根据企业原材料、燃料入库单，编制如下会计分录：

借：原材料——原料（灰口铁） 56 800
　　原材料——原料（无缝钢） 50 400
　　原材料——燃料（煤炭） 50 300
　　贷：在途物资——原料（灰口铁） 56 800
　　　　在途物资——原料（无缝钢） 50 400
　　　　在途物资——燃料（煤炭） 50 300

在材料采购中，如果采购时没有办理入库，或采购时的相关费用没有计算，也没有分摊到某种材料中，那么，就用"在途物资"账户核算，一旦办理完验收入库手续时，保管员就具有保管责任，会计就在"原材料"账户中核算，则由"在途物资"账户转到"原材料"账户。如在购买材料时直接入库，也可以不在"在途物资"账户中核算，直接就在"原材料"账户中进行核算。

6.2 销货方的业务核算

销售过程是产品价值的实现过程。在这一过程中，一方面企业要将库存商品及时销售给购货单位；另一方面要按照销售价格向购货单位收取货款。销售过程的核算主要包括企业销售产品所取得的销货款项；结转已销产品的生产成本；销售过程中为销售产品而发生的费用，如广告费、包装费、运输费、保险费、展览费等；企业在销售产品时，按国家《税法》规定的税率计算缴纳各种销售税金（包括消费税、增值税、城市维护建设税、资源税和教育费附加）。

因此，企业销售过程经济业务核算主要包括确认和记录实现的收入、计算和结转销售成本、支付销售费用和计算税金及附加。

6.2.1 销售过程需要设置账户

（1）"主营业务收入"账户

属损益类账户，核算企业确认的销售商品、提供劳务等主营业务形成的收入。其贷方登记销售产品实现的销售收入，借方登记本期发生的销售退回应冲减的销售收入以及期末应将本科目的余额转入"本年利润"账户的余额，该账户期末结转后应无余额。一般按商品种类设置明细分类账户并进行明细核算。

(2) "应收账款"账户

属资产类账户。核算企业因销售商品，提供劳务等经营活动应收取的款项。其借方登记实际发生的各种应收账款（包括代购货单位垫付的包装费、运杂费），其贷方登记已经收回、转销或改用商业汇票方式结算的应收账款，期末借方余额反映尚未收回的应收账款。企业在非销售活动中产生的应收款项，如应收的赔款、罚款、存出保证金以及各种垫付款项等，不属于应收账款，应作为"其他应收款"核算。一般按债务单位或个人设置明细账户。

(3) "应收票据"账户

属于资产类账户，用来核算企业因销售产品、提供劳务等而收到的商业汇票（包括银行承兑汇票和商业承兑汇票），其借方登记企业收到商业汇票的面值，贷方登记企业因商业汇票到期收回票款或背书转让等情况而减少的商业汇票面值，期末余额在借方，反映企业持有的尚未到期的商业汇票面值。企业应设置应收票据备查簿，逐笔登记每一应收票据的种类、号码、出票日期、票面金额、交易合同号和付款人、承兑人等详细资料，应收票据到期结清票款后，应在备查簿内逐笔注销。

(4) "预收账款"账户

属于负债类账户，用来核算企业按照合同规定预收的款项，其贷方登记预收购货单位的货款和购货单位补付的货款，借方登记向购货单位发出产品销售实现的货款和退回补付的货款，该账户月末余额一般在贷方，表示预收购货单位的货款。一般按照预收单位设置明细账户。一般预收款发生不多时，可记入"应收账款"科目核算。

(5) "主营业务成本"账户

属损益类账户，核算企业确认销售商品、提供劳务等主营业务收入时应结转的成本，其借方登记从库存商品账户转入的已销产品的生产成本，贷方登记期末本账户的余额转入"本年利润"账户的销售成本，期末结转后本账户无余额。一般按商品种类设置明细账户并进行明细核算。

(6) "其他业务收入"账户

属损益类账户，核算企业确认的除主营业务活动以外的其他经营活动实现的收入，包括出租固定资产、出租无形资产、出租包装物和商品、销售材料、投资性房地产取得的租金收入、用材料进行非货币性交换（具有商业实质且公允价值能够可靠计量的情况下）或债务重组采用公允价值确认收入，可按其他业务收入种类进行明细核算。企业确认实现其他业务收入时，贷记本账户；期末，将本账户余额转入"本年利润"账户时，借记本账户；期末结转后本账户应无余额。

(7) "其他业务成本"账户

属损益类账户，核算企业确认的除主营业务活动以外的其他经营活动所发生的支出，包括销售材料的成本、出租固定资产的累计折旧、出租无形资产的累计摊销、出租包装物的成本或摊销额、采用成本模式计量的投资性房地产的累计折旧或累计摊销等。可按其业务成本的种类进行明细核算。企业确认发生其他业务成本时，借记本账户；期末，将本账户余额转入"本年利润"账户时，贷记本账户；结转后本账户无余额。

(8)"税金及附加"账户

属损益类账户,核算企业经营活动发生的消费税、城市维护建设税、资源税和教育费附加等相关税费。房产税、车船使用税、土地使用税、印花税在"管理费用"科目核算,但与投资性房地产相关的房产税、土地使用税在本科目核算。企业按规定计算确定与经营活动相关的税费时,借记本科目;期末,将本科目余额转入"本年利润"科目时,贷记本科目;结转后本科目无余额。

(9)"销售费用"账户

属损益类账户,核算企业销售商品和材料、提供劳务的过程中发生的各种费用,包括保险费、包装费、展览费和广告费、商品维修费、预计产品质量保证损失、运输费、装卸费等以及为销售本企业商品而专设的销售机构(含销售网点、售后服务网点等)的职工薪酬、业务费、折旧费等经营费用。企业发生的与专设销售机构相关的固定资产修理费用等后续支出,也在本账户核算,本账户可按费用项目进行明细核算。企业在销售商品过程中发生各种经营费用时,借记本账户;期末,将本账户余额转入"本年利润"账户,结转后本账户无余额。

6.2.2 工业企业销售过程会计核算

(1)主营业务销售核算

销售主营产品的业务过程中,如货款不能及时收回,企业通过"应收账款"核算;如按合同预收订货款,企业通过"预收账款"核算;企业对应收款项及时催收。同时计算销售环节应缴纳的税金;还要支付销售过程中发生的费用等。

1)企业销售商品、提供劳务,收到货款时,账务处理如下:

借:银行存款
　贷:主营业务收入
　　　应交税费——应交增值税(销项税额)

2)企业销售商品、提供劳务,形成应收账款时,账务处理如下:

借:应收账款
　贷:主营业务收入
　　　应交税费——应交增值税(销项税额)
　　　银行存款

3)收回应收账款时,账务处理如下:

借:银行存款
　贷:应收账款

4)企业销售产品、提供劳务等而收到商业汇票时,账务处理如下:

① 借:应收票据
　　贷:主营业务收入
　　　　应交税费——应交增值税(销项税额)
　　　　银行存款

② 到期收回商业汇票

借:银行存款
　贷:应收票据

③ 票据贴现
借：银行存款
　　财务费用
　　　贷：应收票据
④ 票据转让
借：原材料
　　应交税费——应交增值税（进项税额）
　　　贷：应收票据
应付与实付的差额计入：银行存款（借或贷）

【例6-9】6月28日A柴油机股份有限公司，销售给B水泵厂S26型柴油机5台，销售单价为50 000元，增值税为40 000元。货款已全部收到。

一方面企业收到货款，增加银行存款，另一方面实现销售，记"主营业务收入"贷方，增加企业增值税（销项税），即：（250 000×16％＝40 000），记"应交税费"贷方。企业根据增值税发票（记账联），银行进账单，编制会计分录：

借：银行存款　　　　　　　　　　　　　　　　　　　290 000
　　贷：主营业务收入　　　　　　　　　　　　　　　250 000
　　　　应交税费——应交增值税（销项税）　　　　　 40 000

【例6-10】6月29日A柴油机股份有限公司，销售给B拖拉机厂Z25型柴油机10台，销售单价为40 000元，增值税为64 000元。货款尚未收到。

一方面企业未收到货款，增加企业应收账款，另一方面实现销售，记"主营业务收入"贷方，增加企业增值税（销项税）即：（400 000×16％＝64 000），记"应交税费"贷方。企业根据增值税发票，编制会计分录：

借：应收账款——B拖拉机厂　　　　　　　　　　　　464 000
　　贷：主营业务收入　　　　　　　　　　　　　　　400 000
　　　　应交税费——应交增值税（销项税）　　　　　 64 000

【例6-11】6月29日A柴油机股份有限公司，根据合同，预收B矿厂订货款80 000元。款已存入账户。

收到订货款，一方面增加企业负债，记"预收账款"贷方；另一方面增加企业银行存款记"银行存款"借方。企业根据合同、订货款收据、银行收款单，作会计分录：

借：银行存款　　　　　　　　　　　　　　　　　　　 80 000
　　贷：预收账款——B矿厂　　　　　　　　　　　　　 80 000

【例6-12】6月30日A柴油机股份有限公司，本月应缴纳印花税为395元。

企业负担的印花税，一方面记"管理费用"借方；另一方面记"银行存款"贷方。企业根据税收缴款书，编制会计分录：

借：管理费用　　　　　　　　　　　　　　　　　　　　　395
　　贷：银行存款　　　　　　　　　　　　　　　　　　　395

【例6-13】6月27日A柴油机股份有限公司，经销售部门人员策划广告内容，进行制作广告，用支票支付B广告公司广告费4 500元。

为销售发生的广告费，一方面增加企业销售费用，记"销售费用"借方，另一方面开出支票即减少企业银行存款，记"银行存款"贷方。企业根据广告费发票、支票存根，编制会计分录：

借：销售费用　　　　　　　　　　　　　　　　　　　　　　　　　4 500
　　贷：银行存款　　　　　　　　　　　　　　　　　　　　　　　　4 500

【例 6-14】2016 年 8 月 31 日 A 柴油机股份有限公司对外销售一批材料，收到 B 单位签发并承兑的期限为 6 个月票面利率 10%、面值为 60 000 元的带息商业汇票一张。

① 收到票据时，作会计分录如下：

借：应收票据　　　　　　　　　　　　　　　　　　　　　　　　　60 000
　　贷：其他业务收入　　　　　　　　　　　　　　　　　　　　　　51 724
　　　　应交税费——应交增值税（销项税额）　　　　　　　　　　　8 276

② 年度终了，计提票据利息 2 000 元（60 000×10%×4/12）。作会计分录如下：

借：应收票据　　　　　　　　　　　　　　　　　　　　　　　　　2 000
　　贷：财务费用　　　　　　　　　　　　　　　　　　　　　　　　2 000

③ 2017 年 2 月 28 日票据到期收回货款时的会计处理为：

应计利息＝60 000×10%×2/12＝1 000 元
应收金额＝60 000＋2 000＋1 000＝63 000 元

根据银行收账通知，作会计分录如下：

借：银行存款　　　　　　　　　　　　　　　　　　　　　　　　　63 000
　　贷：应收票据　　　　　　　　　　　　　　　　　　　　　　　　62 000
　　　　财务费用　　　　　　　　　　　　　　　　　　　　　　　　1 000

5）应收票据贴现的核算

贴现，指汇票持有人将未到期的汇票背书后送交银行，银行按汇票到期值扣除贴现利息后的金额付款给持票人的行为。可见，票据贴现实质上是融通资金的一种方式。

① 不带息汇票的贴现

$$贴现收入＝汇票面值－贴现利息$$

$$贴现利息＝票据面值×贴现率×贴现天数÷360$$

$$贴现天数＝贴现日至票据到期日的实际天数－1$$

如果承兑人在异地，贴现天数的计算应另加 3 天的划款天数。

企业持未到期的无息商业汇票向银行贴现，会计处理为：

借：银行存款（扣除贴现息后的净额）
　　财务费用（贴现利息）
　　贷："应收票据"或"短期借款"

② 带息汇票的贴现

带息汇票贴现收入的计算方法如下：

$$贴现收入＝汇票到期值－贴现利息$$

$$贴现利息＝汇票到期值×贴现率×贴现天数÷360$$

【例 6-15】某公司于 2016 年 5 月 8 日将 9 月 5 日到期、面值为 200 000 元期限为 6 个月的不带息商业汇票一张到银行贴现,贴现率为12%。该公司与承兑企业在同一票据交换区域内。

① 计算贴现天数该票据到期日为9月5日,其贴现天数:120天(24+30+31+31+5-1=120)。

② 计算贴现收入

$$贴现利息 = 200\,000 \times 12\% \times 120 \div 360 = 8\,000 元$$

$$贴现收入 = 200\,000 - 8\,000 = 192\,000 元$$

③ 如果票据到期,债务人不能按时还款,根据协议,公司不负有还款责任的,则企业在取得贴现款时,编制会计分录如下:

借:银行存款　　　　　　　　　　　　　　192 000
　　财务费用　　　　　　　　　　　　　　　8 000
　贷:应收票据　　　　　　　　　　　　　200 000

④ 如果票据到期,债务人不能按时还款,根据协议公司负有还款责任的,则应编制会计分录如下:

借:银行存款　　　　　　　　　　　　　　192 000
　　财务费用　　　　　　　　　　　　　　　8 000
　贷:短期借款　　　　　　　　　　　　　200 000

⑤ 如果上例中商业汇票为带息票据,票面利率为10%。

$$票据到期值 = 200\,000 \times (1 + 10\% \times 6 \div 12) = 210\,000 元$$

$$贴现利息 = 210\,000 \times 12\% \times 120/360 = 8\,400 元$$

$$贴现收入 = 210\,000 - 8\,400 = 201\,600 元$$

作会计分录如下:
借:银行存款　　　　　　　　　　　　　　201 600
　贷:应收票据(或短期借款)　　　　　　200 000
　　　财务费用　　　　　　　　　　　　　1 600

6) 商业折扣和现金折扣对入账价值的影响

所谓商业折扣,就是在实际销售商品或提供劳务时,从价目单的报价中扣减部分款项,以扣减后的金额作为发票价格,是企业为促进销售而在商品标价上给予的扣除。

所谓现金折扣,就是企业为了鼓励顾客在一定期限内及早偿还货款而从发票价格中让渡给顾客一定数额的款项,是向债务人提供的债务扣除。现金折扣的条件通常用一定形式的"术语"来表示,如"2/10,1/20,n/30"(信用期限为30天;如果在10天内付款可享受2%的现金折扣;如果在20天内付款可享受1%的现金折扣)。在这种情况下,当应收账款入账时,客户是否能享受到现金折扣还是个未知数,故应收账款的入账金额就是发票的实际金额,即尚未享受现金折扣前的金额(按总价法入账)。现金折扣于实际发生时确认为当期财务费用。

【例6-16】A柴油机股份有限公司2016年12月1日向B公司赊销商品100件,每件原价1000元,由于是批量销售,A公司同意给B公司20%的商业折扣,增值税率为16%

现金折扣条件为 2/10，1/20，n/30（不考虑增值税）；B 公司 12 月 9 日支付了全部款项。则做出确认收入和收款的相关会计处理如下：

① 借：应收账款——B 公司　　　　　　　　　　　　　　92 800
　　　贷：主营业务收入　　　　　　　　　　　　　　　　80 000
　　　　　应交税费——应交增值税（销项税额）　　　　　13 600
② 借：银行存款　　　　　　　　　　　　　　　　　　　91 200
　　　财务费用　　　　　　　　　　　　　　　　　　　 1 600
　　　贷：应收账款　　　　　　　　　　　　　　　　　　92 800

（2）其他业务销售的核算

企业除主营业务的购销活动以外，还要发生其他一些经营业务，主要有材料销售、技术转让、固定资产和包装物出租等。通过其他业务收入和其他业务成本核算。

【例 6-17】6 月 27 日，A 柴油机股份有限公司，销售给 B 电工厂 10 吨煤炭，销售单价为 700 元，计货款 7 000 元，增值税 1 120 元，款已存银行。

销售煤炭是企业其他收入，记"其他业务收入"贷方。增值税增加，记"应交税费"贷方，银行存款增加，记"银行存款"借方。企业根据增值税发票（记账联），银行进账单，作会计分录：

借：银行存款　　　　　　　　　　　　　　　　　　　　8 120
　　贷：其他业务收入　　　　　　　　　　　　　　　　　7 000
　　　　应交税费——应交增值税（销项税）　　　　　　　1 120

（3）结转已销商品成本

产品销售成本，根据已销产品的全部生产制造成本，即：销售数量和单位产品生产制造成本乘积求得。单位产品生产制造成本（库存商品）计算，可根据先进先出法、移动加权平均法、月末一次加权平均法、个别计价法计算确定。

本企业使用月末一次加权平均法计算。即：以当月全部进货数量加上月初存货数量作为权数，去除当月全部进货成本加上月初存货成本，计算出存货的加权平均单位成本，以此为基础计算当月发出存货的成本和期末存货的成本的一种方法。其余方法待以后在专业会计中学习。

【例 6-18】6 月 30 日，A 柴油机股份有限公司，根据全月销售情况，根据"库存商品"明细账表 6-1、表 6-2，作会计分录：

库存商品　明细分类账　　　　　　　　　　　　　　　　　表 6-1

产品或编号：库存商品—S26 型柴油机　　　　　　　　　　　第 170 页

2016 年		凭证号数	摘要	借　方			贷　方			余　额		
月	日			数量	单价	金额	数量	单价	金额	数量	单价	金额
6	1	4	入库	10	32 000	320 000				10	32 000	320 000
6	30	23	入库	2	32 011.97	64 023.94				12	32 002	384 023.94
6	30	24	出库				5	32 002	160 010	7	32 002	224 013.96

库存商品　明细分类账　　　　　　　　　　　　　　　　　　　　　　表 6-2

产品或编号：库存商品—Z25 型柴油机　　　　　　　　　　　　　　　第 180 页

2016 年		凭证号数	摘要	借方			贷方			余额		
月	日			数量	单价	金额	数量	单价	金额	数量	单价	金额
6	1	4	入库	20	24 000	480 000				20	24 000	480 000
6	30	23	入库	3	24 074.02	72 222.06				23	24 009.65	552 222.06
6	30	25	出库				10	24 009.65	240 096.5	13	24 009.65	312 125.45

采用月末一次加权平均法计算：求出单位成本和销售成本。根据成本结算单作会计分录如下：

S26 型柴油机平均单价 $= \dfrac{320\ 000 + 64\ 023.94}{10 + 2} = 32\ 002$ 元

S26 型柴油机销售成本 $= 5 \times 32\ 002 = 160\ 010$ 元

Z25 型柴油机平均单价 $= \dfrac{480\ 000 + 72\ 222.06}{20 + 3} = 24\ 009.65$ 元

Z25 型柴油机销售成本 $= 10 \times 24\ 009.65 = 240\ 096.50$ 元

借：主营业务成本　　　　　　　　　　　　　　　　160 010
　　主要业务成本　　　　　　　　　　　　　　　　240 096.50
　贷：库存商品　　　　　　　　　　　　　　　　　160 010
　　　库存商品　　　　　　　　　　　　　　　　　240 096.5

【例 6-19】6 月 30 日，A 柴油机股份有限公司，根据全月原材料销售情况，根据"原材料"明细账如下：

原材料　明细分类账　　　　　　　　　　　　　　　　　　　　　　表 6-3

产品或编号：原材料—煤炭　　　　　　　　　　　　　　　　　　　第 50 页

2016 年		凭证号数	摘要	借方			贷方			余额		
月	日			数量	单价	金额	数量	单价	金额	数量	单价	金额
6	15	13	入库	100	450	45 000				100	450	45 000
6	15	15	出库				40	450	18 000	60	450	27 000
6	30	31	出库				10	450	4500	50	450	22 500

本月采购一次煤炭，所以价格没有变化，领用、销售使用采购时价格计算，求出销售材料成本。根据成本结算单，作会计分录：

借：其他业务成本　　　　　　　　　　　　　　　　45 000
　贷：原材料——燃料（煤炭）　　　　　　　　　　45 000

6.2.3　应收款项减值的核算

无法收回的应收款（即坏账），会给企业带来损失。因此在资产负债表日，企业应对应收款项的账面价值进行检查，有客观证据表明其发生减值的，应当确认减值损失，计提坏账准备。

《企业会计准则》规定，企业应采用备抵法核算坏账损失。备抵法是指按期估计坏账损失计入当期损益，并提取坏账准备金；实际发生坏账损失时冲减坏账准备金，并转销相应的应收款项。

(1) 应收款项减值核算的账户设置

1) 设置"坏账准备"账户

借方登记实际发生的坏账损失和冲减多提的坏账准备，贷方登记当期计提的坏账准备金和已确认的坏账又收回，余额在贷方表示已计提的坏账准备金。

2) 设置"资产减值损失"账户

借方登记资产预计发生减值和增加资产减值损失的金额，贷方登记资产价值得以恢复和减少资产减值损失的金额。

3) 具体账务处理步骤

① 坏账准备的计提

借：资产减值损失
　　贷：坏账准备

② 冲减多提准备金

借：坏账准备
　　贷：资产减值损失

③ 应收款项作坏账转销（确认坏账损失）

借：坏账准备
　　贷：应收账款

④ 已确认的坏账又收回

借：应收账款
　　贷：坏账准备

也可以直接按照实际收回的金额，借记"银行存款"，贷记"坏账准备"。

(2) 应收款项减值的核算

【例 6-20】 2016 年 12 月 31 日，A 公司对应收 B 公司的账款进行减值测试。应收账款余额为 100 000 元，已提坏账准备 40 000 元，A 公司根据 B 公司的资信情况确定按应收账款期末余额的 10% 提取坏账准备。则 A 公司 2016 年末提取坏账准备的会计分录为：

借：资产减值损失　　　　　　　　　　　　　　　　60 000
　　贷：坏账准备　　　　　　　　　　　　　　　　　　60 000

【例 6-21】 2014 年 12 月 31 日，A 公司应收 B 公司款项的余额为 2 000 000 元，经过对其进行减值测试，根据 B 公司的资信情况确定按应收款项的 5‰ 计提坏账准备。假设 A 公司对 B 公司应收款项的坏账准备账户期初无余额。

2015 年 12 月 31 日，A 公司对 B 公司应收款项的余额为 2 200 000 元，经过对其进行减值测试，根据 B 公司的资信情况确定按应收款项的 5‰ 计提坏账准备。

2016 年 12 月 31 日，A 公司对 B 公司应收款项的余额为 1 800 000 元，经过对其进行减值测试，根据 B 公司的资信情况确定按应收款项的 5‰ 计提坏账准备。

2014 年 12 月 31 日 A 公司对 B 公司应收款项计提坏账准备时，根据坏账准备计提表编制会计分录如下：

借:资产减值损失——坏账损失   10 000
　　贷:坏账准备   10 000

2015年12月31日,A公司对B公司应收款项计提坏账准备时。根据坏账准备计提表编制会计分录如下:

借:资产减值损失——坏账损失   1 000
　　贷:坏账准备   1 000

2016年12月31日,A公司对B公司应收款项计提坏账准备时。根据坏账准备计提表,编制会计分录如下:

借:坏账准备   2 000
　　贷:资产减值损失——坏账损失   2 000

坏账准备计提表　　　　　　　　　　　　　　　　　表6-4
年　月　日　　　　　　　　　　　　　　　单位:

账户名称	期末余额	计提比例	应提取金额	期初余额	补提金额

2017年5月1日,A公司对B公司的应收款项发生了3 000元的坏账损失;2017年11月1日,A公司已经确认并转销的对B公司的应收款项又收回2 000元;2017年12月31日,A公司对B公司应收款项的余额为2 000 000元,经过对其进行减值测试,根据B公司的资信情况确定按应收款项的10‰计提坏账准备。

2017年5月1日,A公司确认坏账损失时,根据坏账损失确认通知单,编制会计分录如下:

借:坏账准备   3 000
　　贷:应收账款——B公司   3 000

2017年11月1日,A公司已经确认并转销的对B公司的应收款项又收回时,根据已核销坏账收回通知单、银行进账单(收账通知联),编制会计分录如下:

借:应收账款——B公司   2 000
　　贷:坏账准备   2 000

同时:

借:银行存款   2 000
　　贷:应收账款——B公司   2 000

2017年12月31日,A公司对B公司应收款项计提坏账准备时。根据坏账准备计提表,编制会计分录如下:

借:资产减值损失——坏账损失   12 000
　　贷:坏账准备   12 000

【引例分析】

1. 小李分析采购成本不正确。材料采购的成本主要由材料买价和采购费用两部分构成。具体包括:材料的买价、运费、运输途中的合理损耗、入库前的挑选和整理费用、购入材料应负担的税金和其他费用。

对于本月购入材料成本应包括材料进价、发生的运费、保险费、材料入库时发生的搬运费用。

本月计入材料的成本＝130 000＋600＋250＋150＝131 000元。

(1) 销售服装取得的收入是主营业务收入。
(2) 卖出不需用的做衣布料取得的收入为其他业务收入。
(3) 卖出闲置的制衣设备取得的净收入为营业外收入。

本 章 习 题

单项选择题：

1. 2015年9月10日，某企业与客户签订销售合同并预收货款55 000元，9月20日商品发出，增值税专用发票上注明价款为50 000元，增值税额为8 500元，当月发出商品的同时收到货款，该企业应确认的商品销售收入金额为（　　）元。

　　A. 50 000　　　　B. 3 500　　　　C. 58 500　　　　D. 55 000

2. 2015年12月31日，某公司应收账款账面余额为1 200万元，预计未来现金流量现值为600万元。计提坏账准备前，企业坏账准备贷方科目余额为350万元，不考虑其他因素，当日该企业应计提的坏账准备为（　　）万元。

　　A. 250　　　　　B. 600　　　　　C. 350　　　　　D. 1 200

3. 2014年9月1日，甲公司赊销给乙公司一批商品，售价为10000元，增值税为1700元，约定的现金折扣条件为：3/10，2/20，n/30，假定计算现金折扣不考虑增值税因素。2014年9月16日，甲公司收到乙公司支付的款项，则甲公司实际收到的金额是（　　）元。

　　A. 11 466　　　　B. 11 400　　　　C. 11 500　　　　D. 11 700

4. 甲公司为增值税一般纳税人，适用的增值税税率为16%，9月3日，甲公司向乙公司销售商品600件，每件标价3 000元（不含增值税），实际成本为2 500元。约定甲公司给予乙公司10%的商业折扣，当日商品发出，符合收入确认条件，9月18日，甲公司收到货款，不考虑其他因素，甲公司应确认的商品销售收入（　　）元。

　　A. 1 895 400　　B. 1 500 000　　C. 1 800 000　　D. 1 620 000

5. 甲、乙公司均为增值税一般纳税人，适用的增值税税率为16%。2013年3月2日，甲公司向乙公司赊销商品一批，商品标价总额为200万元（不含增值税）。由于成批销售，乙公司应享受10%的商业折扣，销售合同规定的现金折扣条件为2/10，1/20，n/30。假定计算现金折扣时不考虑增值税。乙公司于3月9日付清货款，甲公司收到的款项为（　　）万元。

　　A. 230　　　　　B. 210.6　　　　C. 214　　　　　D. 207

6. A公司本年度委托B商店代销一批零配件，代销价款300万元。本年度收到B商店交来的代销清单，代销清单列明已销售代销零配件的80%，A公司收到代销清单时向B商店开具增值税发票。B商店按代销价款的5%收取手续费。该批零配件的实际成本为180万元。则A公司本年度应确认的销售收入为（　　）万元。

　　A. 60　　　　　B. 240　　　　　C. 300　　　　　D. 68.4

7. 某企业月初原材料借方余额为20万元，材料成本差异借方余额为0.2万元，当月入库材料计划成本为60万元，材料成本差异为节约1.8万元。当月领用材料计划成本为45万元，结存材料的实际成本为（　　）万元。

　　A. 35.7　　　　B. 33.4　　　　C. 35　　　　D. 34.3

8. 增值税一般纳税人购入农产品，收购发票上注明买价100 000元，按规定的增值税进项税额扣除率为13％，另支付入库前挑选整理费500元，入账价值是（　　）元。

　　A. 87 500　　　B. 113 000　　　C. 113 500　　　D. 100 500

9. 小规模纳税人购买原材料发票上价格为100万元，增值税16万元，另支付保险费1万元，则原材料的入账成本为（　　）万元。

　　A. 117　　　　B. 118　　　　C. 101　　　　D. 100

10. 结转确实无法支付的应付账款，账面余额转入（　　）。

　　A. 管理费用　　B. 财务费用　　C. 其他业务收入　　D. 营业外收入

11. 下列各项中不计入存货采购成本的是（　　）。

　　A. 负担的运输费用　　　　　　B. 支付的进口关税
　　C. 入库后的仓储费　　　　　　D. 入库前整理挑选费

多项选择题：

1. 下列各项中，应在坏账准备借方登记的有（　　）。

　　A. 冲减已计提的减值准备　　　B. 收回前期已核销的应收账款
　　C. 核销实际发生的坏账损失　　D. 计提坏账准备

2. 下列各项中，关于收入确认表述正确的有（　　）。

　　A. 销售折让发生在收入确认之前的，销售收入应按扣除销售折让后的金额确认
　　B. 已确认收入的商品发生销售退回，除属于资产负债表日后事项外，一般均在发生时冲减当期销售收入
　　C. 采用预收款方式销售商品，应在款项全部收妥并发出商品时确认收入
　　D. 采用托收承付方式销售商品，应在发出商品时确认收入

3. 下列各项中，关于商品销售收入确认的表述正确的有（　　）。

　　A. 相关成本不能可靠计量的，不确认收入
　　B. 销售收入的确认条件不满足，但纳税义务已经发生，相应的收入应予以确认
　　C. 同一笔销售业务的收入和成本应在同一会计期间确认
　　D. 销售折让发生在确认销售收入之前的，应按扣除销售折让后的金额确认销售收入

4. 下列各项中，应计入销售费用的有（　　）。

　　A. 销售产品发生的商业折扣
　　B. 销售商品过程中发生的商品维修费
　　C. 出租包装物的摊销
　　D. 结转随同商品出售但不单独计价的包装物成本

5. 下列各项中，属于工业企业其他业务收入的有（　　）。

　　A. 出售辅料取得的收入
　　B. 出售单独计价的包装物取得的收入
　　C. 出售设备取得的收入

D. 出租包装物取得的收入

6. 某企业为增值税一般纳税人，开出银行承兑汇票购入原材料一批并支付银行承兑手续费。下列各项中，关于该企业采购原材料的会计处理，表述正确的有（　　）。
A. 支付的运输费计入材料成本
B. 支付的可以抵扣的增值税进项税额计入材料成本
C. 支付的原材料价款计入材料成本
D. 支付的票据承兑手续费记入财务费用

7. 下列各项中，属于让渡资产使用权收入的有（　　）。
A. 持有债券取得的利息
B. 从被投资公司取得的现金股利
C. 转让商标使用权收取的使用费
D. 出租办公楼收取的租金

8. 某企业原材料采用计划成本法核算，下列各项中，该企业应在"材料成本差异"科目贷方登记的有（　　）。
A. 入库原材料的成本超支差异
B. 发出原材料应负担的成本节约差异
C. 入库原材料的成本节约差异
D. 发出原材料应负担的成本节约差异

判断题：

1. 企业销售商品已确认收入但货款尚未收到。在资产负债表日得知客户资金周转困难无法收回货款，该企业应冲减已确认的商品销售收入。（　　）
2. 销售商品相关的已发生或将发生的成本不能合理估计的，企业在收到货款时确认为收入。（　　）
3. 企业在商品售出后，即使仍然能够对售出商品实施有效控制，也应确认商品销售收入。（　　）
4. 销售商品相关的已发生或将发生的成本，不能合理估计的，企业在收到货款时确认为收入。（　　）
5. 企业发出商品但未确认销售收入发出商品时，应借记"发出商品"科目，贷记"库存商品"科目。
6. 企业提供劳务结果不能可靠估计，已发生劳务成本预计全部不能补偿，则不确认劳务收入。（　　）

综合题：

1. 完成采购业务的核算。

资料：A公司发生一系列经济业务如下：

1）从B公司购入甲材料2 000千克，单价100元，买价共计200 000元，发生运杂费2 000元，发票账单已经到达，货款和运费已通过银行支付。但材料尚未到达，不考虑增值税。

2）向C公司购入乙材料7 000千克，单价50元，支付增值税56 000元，代垫运杂费2 500元，材料已运到企业并验收入库，但货款尚未支付。

3）向 D 公司预付丙材料款 105 600 元，以银行存款支付。

4）收到 D 公司发来的丙材料 6 000 千克，每千克 15 元，共计 90 000 元，增值税进项税额 15 300 元，代垫运杂费 300 元，总计 105 600 元。

5）向 E 公司购入丁材料 1 500 千克，单价 20 元，买价 30 000 元，支付增值税 4 800 元，同时还向该公司购入甲材料 1 000 千克，单价 100 元，买价 100 000 元，支付增值税 16 000 元，两种材料共同承担运费 3 500 元，按重量比例分配运费，上述材料的成本和相关费用均以商业汇票支付，材料尚未运到企业。

6）从 E 公司购入的两种材料已验收入库，结转其实际采购成本。

要求：编制会计分录。

2. 完成销售业务的核算。

资料：A 公司发生一系列经济业务如下：

1）A 公司销售给 B 公司甲产品 60 件，每件售价 220 元，货款共 13 200 元，增值税专用发票上注明的增值税款为 2 112 元。货已发出，货款及增值税款尚未收到。

2）A 公司对外销售乙产品 150 件，每件售价 200 元，开出增值税专用发票货款 30 000 元，增值税款 4 800 元。货款及增值税款已收到并存入银行。

3）A 公司收到 C 公司预付乙产品货款 16 000 元，存入银行。

4）A 公司向 C 公司发出乙产品 100 件，价款 20 000 元，增值税 3 200 元。C 公司已预付 16 000 元，差额款 7 400 元已经收到，并存入银行。

5）A 公司 7 月 31 日，结转销售甲、乙两种产品的实际生产成本。乙销售数量 250 件，单位成本 90 元，共计 22 500 元；甲产品销售数量 60 件，单位成本 100 元，共计 6 000 元。

6）A 公司对外销售一批材料，增值税专用发票上注明价款 15 600 元，增值税款 2 496 元，对方以商业汇票支付货款及增值税款。

7）所售材料的成本为 9 600 元。结转材料的销售成本。

8）A 公司本月销售的乙产品属于消费税的征收范围，按规定应交消费税 15 000 元，应交城建税 938 元，应交教育费附加 402 元。

9）A 公司以银行存款支付销售机构水电费 5 800 元。

10）A 公司以银行存款支付广告费 6 000 元。

要求：编制会计分录。

3. 掌握产品销售过程业务的核算。

资料：A 公司 2016 年 1 月的经济业务如下：

1）1 月 8 日企业销售甲产品 30 件，每件售价 220 元，按规定计算应交增值税 1 056 元，价税合计 7 722 元，已收到存入银行。

2）1 月 12 日企业销售乙产品 26 件，每件售价 180 元，按规定计算应交增值税 48.8 元，商品已发出，款项已收到存入银行。

3）1 月 28 日企业又销售甲产品 10 件，每件售价 220 元，按规定计算应交增值税 352 元，商品已经发出，款项 2 552 元已收存银行。

4）企业以银行存款支付销售产品的广告费 600 元。

5）月末计算并结转已售产品的销售成本。

甲产品销售成本＝40×90＝3600元；乙产品销售成本＝26×85＝2 210元。

6）企业出售甲材料5吨，价款30 000元，增值税4 800元，价税合计34 800元存入银行。

7）结转出售甲材料的成本15 000元。

要求：根据以上业务编制会计分录。

7 企业成本岗位的业务处理核算

【知识目标】
1. 知道成本核算目标。
2. 熟知成本核算流程。
3. 知道工业企业成本核算对象。
4. 掌握工业企业成本核算方法。
5. 掌握工业企业成本核算需设置会计科目和账户。
6. 能准确计算工业企业成本各环节内容。
7. 能准确计算工业企业总成本和单位成本。

【技能目标】
1. 能编制工业企业成本会计分录。
2. 能根据会计分录登记有关账户。
3. 会计算总成本和单位成本。

【案例导入】
2015年12月，A电子产品公司参加在上海举办的产品招标会，在参加会议之前董事长、财务部经理和主管招标人员共同分析和测算，也了解其他公司竞标的信息。所以该公司有了较大把握，果然，由于成本优势较为明显，所以一举中标。但2016年3月合同履行完毕，该公司会计主管和成本会计进行详细计算，计算结果出乎财务经理的预料，计算结果竟然显示该合同亏本，后来经财务经理调查，发现由于公司平时成本核算较为混乱，导致账面无法核算产品的真正实际成本，成本会计主管提供的成本测算结果远低于公司实际产品的成本。准确计算成本不容忽视。

7.1 企业成本核算认知

7.1.1 企业成本核算项目

工业企业成本核算项目：
1) 直接材料，包括在生产经营中直接用于产品生产或有助于产品形成的原材料、辅助材料、备品配件、外购半成品、燃料、动力、包装物以及其他直接材料。
2) 直接人工，包括直接从事产品生产人员的工资、奖金、津贴和补贴。
3) 其他直接支出，包括直接用于产品生产的其他支出。
4) 制造费用，包括生产车间和辅助车间为组织和管理生产所发生的各项费用，如车间管理人员工资、车间房屋建筑物和机器设备的折旧费、租赁费、维修费、机物料消耗、水电费、办公费等。

由于工业企业生产经营过程分为三个阶段，在这三个阶段中都会发生各种耗费，因此都有成本计算问题,所以成本计算在工业企业中又分为供应阶段材料采购成本的计算、生产阶段生产成本的计算和销售阶段产品销售成本的计算。但由于生产阶段生产耗费的多样性和生产过程的复杂性,使生产成本的计算较之其他两个阶段成本计算要复杂得多,所以典型的成本计算是指产品成本的计算,本章也是以生产制造产品为计算重点。

7.1.2 生产产品成本核算流程

生产产品成本核算流程:
1) 材料成本核算会计对本月各部门材料领用进行单据记账制单,核算当月材料消耗成本。
2) 车间统计人员进行完工工时日报、完工工时产量、消耗标准等统计表进行上报。
3) 总账会计进行日常各部门费用报销,提供各生产部门发生的各种费用。
4) 固定管理员提供本月变动情况,总账会计进行计提折旧,提供制造费用——折旧费。
5) 工资核算会计进行本月工资发放计提,提供各生产部门的直接人工、间接人工费用。
6) 成本核算各部门当月原材料消耗,和其他成本资料进行成本计算,得出半成品的成本。
7) 材料成本核算进行产成品成本分配,半成品仓库的半成品加工成本。
8) 材料成本核算进行单据记账(主要是半成品仓库的半成品的入库、出库成本)。
9) 进行半成品仓库的期末处理、制单工作。
10) 成本核算各部门当月原材料消耗,和其他成本资料进行成本计算,得出产成品的成本。

7.1.3 工业企业成本核算账务处理程序主要步骤

工业企业成本核算账务处理程序主要步骤:
1) 根据原始凭证及其他有关资料编制材料、工资费用分配表。
2) 根据原始凭证及耗用材料、工资等费用分配表登记有关明细账。
3) 编制辅助生产费用分配表。
4) 根据辅助生产费用分配表登记有关明细账。
5) 编制制造费用分配表。
6) 根据制造费用分配表登记有关明细账。
7) 将完工产品成本转入产成品明细账。
8) 已销售产品成本转产品销售成本明细账。

7.2 生产费用归集与分配

7.2.1 生产费用归集的会计处理

(1) 实际成本法下原材料领用核算

实际成本法,是材料采用实际成本核算时,材料的收发及结存,无论总分类核算还是明细分类核算,均按照实际成本计价。

企业购进的原材料由于产地、价格和运输费用的不同,因此各批购进原材料的单价成本往往各异,则对发出原材料的价值,就需要采用合理的计算方法来予以确定。根据《企业会计准则》对原材料的计价可选择个别计价法、先进先出法、加权平均法、移动加权平均法。企业可以采用不同方法加计,但一经确定后,不得随意改变。

使用的会计科目有"原材料""在途物资"等,"原材料"科目的借方、贷方及余额均以实际成本计价。采用实际成本核算,日常反映不出材料成本是节约还是超支,从而不能反映和考核物资采购业务的经营成果。因此这种方法通常适用于材料收发业务较少的企业。

1) 个别计价法

个别计价法是指对库存和发出的每一特定存货或每一批特定存货的个别成本或每一批成本加以认定的一种方法。其计算公式如下:

发出存货的实际成本 = Σ各批(次)存货发出数量 × 该批次存货实际进货单价

采用个别计价法,对每件或每批购进的原材料应分别存放,并分户登记原材料明细分类账。对每次领用的原材料,应在领料单上注明购进的件别或批次,便于按照该件或该批原材料的实际单价计算或耗用金额。

优点:计算发出存货的成本和期末存货的成本比较合理、准确。缺点:实务操作的工作量繁重,困难较大。适用于容易识别、存货品种数量不多、单位成本较高的存货计价。例如珠宝、名画等贵重物品,具体参见表7-2。

2) 先进先出法

先进先出法是指根据先入库先发出的原则,对于发出的原材料,以先入库原材料的单价计价,从而计算发出原材料成本的方法。

采用先进先出法计算发出原材料成本的具体做法是:先按第一批入库原材料的单价计算发出原材料的成本,领发完毕后,再按第二批入库原材料的单价计算,以此类推。若领发的原材料属于前后两批入库的,单价又不同时,就分别需要用两个单价计算。

采用先进先出法由于期末结存原材料金额是根据近期入库原材料成本计价的,其价值接近于市场价格,并能随时结转发出原材料的实际成本。但每次发料要根据先入库的单价计算,工作量较大,一般适用于收发料次数不多的原材料。

3) 加权平均法

加权平均法是指在一个计算期内综合计算原材料的加权平均单价,再乘以发出原材料数量,从而计算发出原材料成本的方法。其计算公式如下:

$$加权平均单价 = \frac{期初结存原材料金额 + 本期收入原材料金额}{期初结存原材料数量 + 本期收入原材料数量}$$

$$本月发出存货的成本 = 本月发出存货的数量 \times 存货单位成本$$

在日常工作中,由于加权平均单价往往不能整除,计算的结果必然会产生尾差,为了保证期末原材料成本的准确性,可以先计算期末结存原材料金额,然后倒算耗用原材料成本,其计算公式如下:

$$期末结存原材料成本金额 = 期末结存原材料数量 \times 加权平均单价$$

发出原材料成本 = 期初结存原材料金额 + 本期收入原材料金额 − 期末结存原材料金额

采用加权平均法计算发出原材料的成本较为均衡,计算的工作量较小,但计算成本工作必须在月末进行,工作量较为集中,一般适用于前后单价相差幅度较大,且在月末结转其发出成本的原材料。

4）移动加权平均法

移动加权平均法是指以各次收入的数量和金额与各次收入前结存的数量和金额为基础，计算出平均单价，再进而计算发出原材料成本的方法。其计算公式如下：

$$平均单价 = \frac{本次收入前原材料结存金额 + 本次原材料收入金额}{本次收入前原材料结存数量 + 本次原材料收入数量}$$

移动加权平均法计算发出原材料的成本最为均衡，能随时结出发出原材料的成本。但每次原材料入库后几乎都要重新计算平均单价，工作量很大，一般适用于前后单价相差幅度较大的原材料。

【例 7-1】A 公司 5 月份有关"原材料—燃料—柴油"的资料见表 7-1。

本月柴油期初结存和收发记录　　　　　　　　　　表 7-1

计量单位：升

2016		业务号数	期　　初			购　　进			发出数量	盘亏数量
月	日		数量	单价	金额	数量	单价	金额		
5	1	（略）	2 000	5.10	10 200					
	8								1 000	
	12					2 000	5.16	10 320		
	16								2 000	
	18					1 000	5.18	5 180		
	25								1 000	
	31									

1）采用个别计价法计算发出原材料成本，见表 7-2。

原材料明细分类账　　　　　　　　　　表 7-2

原材料名称：柴油　　　　　　　　　　　　　　　　计量单位：升

2016 年		凭证号数	摘要	购　入			发　出			结　存		
月	日			数量	单价	金额	数量	单价	金额	数量	单价	金额
5	1		上年结转							2 000	5.10	10 200
	8		领用				1 000	5.10	5 100	1 000	5.10	5 100
	12		购进	2 000	5.16	10 320				1 000	5.10	5 100
										2 000	5.16	10 320
	16	（略）	领用				2 000	5.16	10 320	1 000	5.10	5 100
	18		购进	1 000	5.18	5 180				1 000	5.10	5 100
										1 000	5.18	5 180
	25		领用				1 000	5.18	5 180	1 000	5.10	5 100
	31											
	31		本月合计	3 000		15 500	4 000		20 600	1 000	5.10	5 100

原材料柴油发出成本＝5 100＋10 320＋5 180＝20 600元

2）采用先进先出法计算发出原材料成本，见表7-3。

原材料明细分类账 表7-3

原材料名称：柴油　　　　　　　　　　　　　　　　　　计量单位：升

2016年		凭证号数	摘要	购入			发出			结存		
月	日			数量	单价	金额	数量	单价	金额	数量	单价	金额
5	1		上年结转							2 000	5.10	10 200
	8		领用				1 000	5.10	5 100	1 000	5.10	5 100
	12		购进	2 000	5.16	10 320				1 000	5.10	5 100
										2 000	5.16	10 320
	16		领用				1 000	5.10	5 100	1 000	5.16	5 160
		(略)					1 000	5.16	5 160			
	18		购进	1 000	5.18	5 180				1 000	5.16	5 160
										1 000	5.18	5 180
	25		领用				1 000	5.16	5 160	1 000	5.18	5 180
	31											
	31		本月合计	3 000		15 500	4 000		20 520	1 000	5.18	5 180

原材料柴油发出成本＝5 100＋5 100＋5 160＋5 160＝20 520元

3）采用加权平均法计算发出原材料成本，见表7-4。

原材料明细分类账　　　　　　　　　　　　　　　　表7-4

原材料名称：柴油　　　　　　　　　　　　　　　　　计量单位：升

2016年		凭证号数	摘要	购 入			发 出			结 存		
月	日			数量	单价	金额	数量	单价	金额	数量	单价	金额
5	1		上年结转							2 000	5.10	10 200
	8		领用				1 000			1 000		
	12		购进	2 000	5.16	10 320				3 000		
	16		领用				2 000			1 000		
	18	(略)	购进	1 000	5.18	5 180				2 000		
	25		领用				1 000			1 000		
	31		结转							1 000	5.14	5 140
	31		本月合计	3 000		15 500	4 000	5.14	20 560	1 000	5.14	5 140

$$加权平均单价＝\frac{10\,200＋10\,320＋580}{2\,000＋2\,000＋1\,000}＝5.14元$$

期末结存原材料柴油金额＝1 000×5.14＝5 140元

发出原材料柴油成本＝10 200＋10 320＋5 180－5 140＝20 560元

4）采用移动加权平均法计算发出原材料成本，见表7-5。

原材料明细分类账

表 7-5

原材料名称：柴油　　　　　　　　　　　　　　　　　　　　计量单位：升

2016年		凭证号数	摘要	购入			发出			结存		
月	日			数量	单价	金额	数量	单价	金额	数量	单价	金额
5	1		上年结转							2 000	5.10	10 200
	8		领用				1 000	5.10	5 100	1 000	5.10	5 100
	12		购进	2 000	5.16	10 320				3 000	5.14	15 420
	16	（略）	领用				2 000	5.14	10 280	1 000	5.14	5 140
	18		购进	1 000	5.18	5 180				2 000	5.16	10 320
	25		领用				1 000	5.16	5 160	1 000	5.16	5 160
	31		结转							1 000	5.16	5 160
	31	本月合计		3 000		15 500	4 000		20 540	1 000	5.16	5 160

$$5月12日原材料柴油平均单价 = \frac{5\ 100 + 10\ 320}{1\ 000 + 2\ 000} = 5.14 元$$

$$5月18日原材料柴油平均单价 = \frac{5\ 140 + 5\ 180}{1\ 000 + 1\ 000} = 5.16 元$$

本期原材料柴油成本 = 5 100 + 10 280 + 5 160 = 20 540 元

通过以上原材料领用四种方法计算结果表明，计算结果都相差不多，所以对原材料成本影响不大。企业可选择其中任何一种或两种方法来计算原材料领用成本。

（2）计划成本法下原材料领用核算

原材料采用计划成本核算时，材料的收发及结存，无论总分类核算还是明细分类核算，均按照计划成本计价。

计划成本法主要用于原材料品种、规格较多，核算工作量较大的企业。为了简化核算手续，并加强对原材料采购部门经营业绩的考核，对原材料采用计划成本法核算，通过实际成本与计划成本对比,以促使原材料采购部门节省采购支出,降低采购成本。所以适用于材料收发业务较多并且计划成本资料较为健全、准确的企业。

使用的会计科目有"原材料""材料采购""材料成本差异"等。材料实际成本与计划成本的差异,通过"材料成本差异"科目核算。月末,计算本月发出材料应负担的成本差异并进行分摊,根据领用材料的用途计入相关资产的成本或者当期损益,从而将发出材料的计划成本调整为实际成本。

采用计划成本法必须事先制定每一品种规格原材料的计划成本,原材料计划成本通常由企业采购部门会同财会部门共同制定,制定的计划成本力求接近实际,在年度内一般不作调整,以保持计划成本的相对稳定。

企业发出原材料时,一律采用计划成本计价,届时根据不同的用途借记"主营业务成本""生产成本""管理费用"等账户,贷记"原材料"账户。期末再将发出原材料的计划成本调整成为实际成本。调整的方法是将期末的材料成本差异在已发出原材料和期末结存原材料之间进行分摊,其计算公式如下:

$$材料成本差异率 = \frac{期初结存材料成本差异 + 本期收入材料成本差异}{期初结存原材料计划成本 + 本期收入原材料计划成本} \times 100\%$$

本期发出原材料应分摊的材料成本差异 = 发出原材料的计划成本 × 材料成本差异率

计算的结果若是正数,表示实际成本大于计划成本,是超支;若是负数,表示实际成本小于计划成本,是结余。无论是超支还是结余,均借记"主营业务成本""生产成本""管理费用"等账户,贷记"材料成本差异"账户。超支用蓝字表示,结余用红字表示。

【例 7-2】A 公司原材料采用计划成本计价,原材料账户期初余额为 168 000 元,材料成本差异账户期初为贷方余额 3 680 元,本月原材料账户借方发生额为 86 000 元,材料成本差异借贷方相抵后,贷方净发生额为 2 568 元,本月生产部门领用的原材料为 56 000 元,管理部门领用原材料为 4 660 元,摊销本月份发出原材料的成本差异。计算结果如下:

月份有关"原材料—燃料—柴油"的资料见表 7-1。

$$材料成本差异率 = \frac{-3\ 680 - 2\ 568}{168\ 000 + 86\ 000} \times 100\% = -2.46\%$$

生产部门应分摊的材料成本差异 = 56 000 × (−2.46%) = −1 377.60 元
管理部门应分摊的材料成本差异 = 4 660 × (−2.46%) = −114.64 元

根据计算的结果,作会计分录如下:

借:生产成本	1 377.60
借:管理费用	114.64
贷:材料成本差异	1 492.24

7.2.2 企业生产过程核算需设置的账户

(1)"生产成本"账户

属成本类账户,核算企业进行工业性生产发生的各项生产费用,包括生产各种产品(包括产成品、自制半成品等)、自制材料、自制工具、自制设备等。

企业应当按照基本生产成本和辅助生产成本进行明细核算。基本生产成本应当分别按照基本生产车间和成本核算对象（如产品的品种、类别、订单、批别、生产阶段等）设置明细账（或成本计算单）。企业发生各项直接的生产费用，生产成本增加，借记本科目（基本生产成本、辅助生产成本）；企业各生产车间为基本生产车间、企业管理部门和其他部门提供的劳务和产品，月末按一定的分配标准分配给各收益对象。借记本科目（基本生产成本）；企业已经生产完成并已验收入库，应将完工产品的"生产成本"结转入"库存商品"科目；本科目期末借方余额。

（2）"制造费用"账户

属成本类账户，核算企业生产车间、部门为生产产品和提供劳务而发生的各项间接费用，本科目按照不同的生产车间、部门和费用项目进行明细核算。车间发生的材料消耗、固定资产折旧、办公费、水电费、修理费、季节性停工损失等，借记本科目。期末，将本科目归集的间接费用，在受益产品之间分配并结转入"生产成本"科目时，贷记本科目；除季节性的生产型企业外，本科目期末应无余额。

（3）"应付职工薪酬"账户

属负债类账户，核算企业根据有关规定应付给职工的各种薪酬。企业按规定从净利润中提取的职工奖励及福利基金，也在本科目核算。本科目可按"工资""职工福利""社会保险费""住房公积金""工会经费""职工教育经费""非货币性福利""辞退福利""解除职工劳动关系补偿"等进行明细核算。当企业计算确认应付的职工薪酬时，贷记本科目；当企业实际支付职工薪酬时，借记本科目；本科目期末贷方余额，反映企业应付的职工薪酬的结余。

（4）"累计折旧"账户

属资产类账户，用来核算企业对固定资产计提的累计折旧，企业应按固定资产的类别或项目进行明细核算。企业按月计提固定资产折旧，贷记本科目；如固定资产发生减少，要注销固定资产原值的同时，转销相应的累计折旧，借记本科目；本科目期末贷方余额，反映企业固定资产的累计折旧额。

（5）"管理费用"账户

属损益类账户，核算企业为组织和管理企业生产经营所发生的管理费用，包括企业的董事会和行政管理部门在企业的经营管理中发生的或者应由企业统一负担的公司经费（包括行政管理部门职工薪酬、修理费、物料消耗、低值易耗品摊销、办公费和差旅费等）、工会经费、董事会费（包括董事会津贴、会议费、差旅费）、中介费、业务招待费、房产税、车船使用税、土地使用税、印花税、技术转让费、矿产资源补偿费、研究费用、排污费、诉讼费、筹建期间内发生的开办费等。借记本科目，贷方登记期末转入"本年利润"的数额，期末无余额。商品流通企业管理费用发生不多的，可并到"销售费用"科目使用。本科目按照费用项目进行明细核算。

（6）"库存商品"账户

属资产类账户，核算企业库存的各种商品的实际成本（或进价）或计划成本（或售价），包括库存成品、外购商品、存放在门市部准备出售的商品、发出展览的商品以及寄存在外的商品等。接受来料加工制造的代制品和为外单位加工修理的代修品，在制造和修理完成验收入库后，视为同企业的产成品，也通过本科目核算。本科目可按库存商品的种类、品种和规格等进行明细核算。企业产品完工入库时，借记本科目；确认销售或减少库存商品时，贷记本科目；本科目期末借方余额，反映企业库存商品的实际成本（或进价）或计划成本（或售价）。

(7)"材料成本差异"账户

属资产类账户，它是"原材料"账户的调整账户，用以反映原材料的实际成本与计划成本的差异。原材料购进验收入库时，实际成本大于计划成本，记入借方；实际成本小于计划成本，以及分摊发出原材料的成本差异时，记入贷方；期末余额若在借方，表示库存原材料的实际成本大于计划成本的差异；期末余额若在贷方，则表示库存原材料的实际成本小于计划成本的差异。

7.2.3 企业生产制造产品的成本计算举例

按企业生产计划安排产品生产，进入生产阶段，根据领用材料部门不同，分为生产耗用的材料和管理所耗用材料两类。生产耗用的材料又分产品直接耗用和车间一般耗用。

(1) 原材料领用和归集

产品直接耗用的材料费用叫直接材料费用，在"生产成本——直接材料——××材料"借方核算。

生产车间一般性耗用的材料费用，先记入"制造费用"账户，月末归集所有各项制造费用按标准分配生产车间所生产的各个产品中。转入"生产成本"账户。

厂部行政管理部门一般耗用，记入"管理费用"账户；销售部门耗用，记入"销售费用"账户。以下例题采用实际成本法进行核算。

【例7-3】A柴油机制造有限公司，加工车间领用材料进行生产，见表7-6。

材料汇总表（领用单）　　　　　　　　　　表7-6

领用部门：加工车间　　　2016年6月15日　　　编号：5064221

项　　目	灰口铁	无缝钢	合　计
S26柴油机	13 500	24 500	
Z25柴油机	27 000	24 500	51 500
车间基本耗用	2 700		2 700
	43 200	49 000	

主管：崔×× 　 会计：刘×× 　 验收：王×× 　 保管：张×× 　 制单：张××

领用材料一方面增加企业生产柴油机成本记入"生产成本"账户借方，增加车间基本耗用记入"制造费用"借方；另一方面原材料减少（消耗）记入"原材料"账户贷方。企业根据材料领用单进行会计核算如下：

借：生产成本——S26柴油机　　　　　　　　　　　38 000.00
借：生产成本——Z25柴油机　　　　　　　　　　　51 500.00
借：制造费用　　　　　　　　　　　　　　　　　　2 700.00
　　贷：原材料——原料——灰口铁　　　　　　　　43 200.00
　　贷：原材料——原料——无缝钢　　　　　　　　49 000.00

【例7-4】A柴油机制造有限公司，加工车间、公司管理部门领用燃料，见表7-7。

燃料汇总表（领用单）

表 7-7

领用部门：加工车间　　　　　2016 年 6 月 15 日　　　　　编号：5064223

项　目	煤炭	重量	合计
S26 柴油机	5 030	10 吨	5 030
Z25 柴油机	10 060	20 吨	10 060
公司管理部门消耗	5 030	10 吨	5 030
合计	20 120	40 吨	20 120

主管：崔××　　会计：刘××　　验收：王××　　保管：张××　　制单：张××

领用燃料一方面增加企业生产柴油机成本记入"生产成本"账户借方，管理部门领用增加"管理费用"记入借方；另一方面原材料燃料减少（消耗）记入"原材料"账户贷方。企业根据燃料领用单进行会计核算如下：

借：生产成本——S26 柴油机　　　　　　　　　　　　　5 030.00
借：生产成本——Z25 柴油机　　　　　　　　　　　　　10 060.00
借：管理费用　　　　　　　　　　　　　　　　　　　　5 030.00
　　贷：原材料——燃料——煤炭　　　　　　　　　　　20 120.00

（2）人工费用归集

人工费用按用途分为生产用人工费用和经营管理人工费用两部分。生产用人工费用又分直接生产产品人工和车间管理人工。凡为直接生产产品人工支付的所有报酬，叫直接人工费用，记入"生产成本"——××产品账户借方，同时记入有关明细账。如企业采取计件工资，可直接记入生产成本。

在生产多种产品时，有时发生的人工工时涉及几种产品，那么，就要按工时标准分配人工费用到相应生产的各个产品成本中，转入"生产成本"账户。分配标准与采购费用的分配方法基本相同。

对车间管理人员发生的人员费用，不能直接记入某个产品，要先通过"制造费用"账户归集，月末按标准分配到每个产品成本中。转入"生产成本"账户。

对经营管理人员费用，分为企业管理人员的所有报酬和销售人员的所有报酬。分别记入"管理费用"账户和"销售费用"账户。

【例 7-5】2016 年 6 月 10 日，A 柴油机制造有限公司根据工资管理人员计算，工资总额为 26 300 元，其中，生产柴油机工人工资 19 800 元，车间管理人员工资 2 600 元，公司管理人员 3 900 元。出纳员用现金支票提取工资款，工资总额为 26 300 元。

出纳员刘某携带工资手册（劳动局办理取得），到公司开户银行提取现金，一方面增加企业库存现金（备发工资），另一方面减少企业银行存款。企业根据现金支票存根作会计分录如下：

借：库存现金　　　　　　　　　　　　　　　　　　　26 300.00
　　贷：银行存款　　　　　　　　　　　　　　　　　26 300.00

【例 7-6】2016 年 6 月 10 日，A 柴油机制造有限公司，将工资发放给职工。

提取工资款 26 300 元，一般当天提取当天发放，财务部门库存现金按规定限额保存，不能超出。一方面减少现金；另一方面减少应付职工工资款，记"应付职工薪酬"账户借方。企业根据表7-8所示发放职工工资，作会计处理如下：

2016年6月份工资发放表　　　　　　　　　　　　　　　　表 7-8

单位：元

部　门	姓　名	实发工资	领款员签字	备　注
办公室	崔××	1 500	崔××	
财务部	沈××	900	沈××	
财务科	刘××	800	刘××	
设备科	周××	700	周××	
合计		**3 900**		
车间	王××	900	王××	
车间	张××	800	张××	
车间	白××	900	白××	
合计		**2 600**		
加工车间	魏××	1 000	魏××	工时 820 小时
加工车间	刘××	4 000	刘××	
加工车间	杨××	3 000	杨××	
加工车间	李××	3 000	李××	工时 460 小时
加工车间	董××	3 600	董××	
加工车间	肖××	2 600	肖××	
加工车间	应××	2 600	应××	
合计		**19 800**		
总计		**26 300**		

主管：崔××　　　劳资：徐××　　　会计：刘××　　　制单：刘××

借：应付职工薪酬——应付工资　　　　　　　　　　26 300.00
　　贷：库存现金　　　　　　　　　　　　　　　　　　　26 300.00

【例7-7】2016年6月30日，A柴油机制造有限公司计提本月工资，其中生产S26柴油机工时820小时；生产Z25柴油机工时460小时。按工时计算应分摊工资额。

一方面根据公司计算工资数额，生产柴油机工人工资增加生产成本，记入"生产成本"账户的借方，并按工时分摊生产产品工资费用；车间管理人员工资先归集到制造费用，记入"制造费用"借方，待以后分配到生产成本账户；公司管理人员工资增加管理费用，记入"管理费用"借方；另一方面计提工资使用"应付职工薪酬"账户记贷方。企业根据工资分配表7-8、表7-9作会计分录如下：

$$直接人工费用分配率 = \frac{19800}{820+460} = 15.468 \, 元$$

生产S26柴油机直接人工费用 $= 820 \times 15.468 = 12\,684.37$ 元

生产 Z25 柴油机直接人工费用 =460×15.468=7 115.63 元

2016 年 6 月工资分摊表 表 7-9

项　目	工资总额	备　注
S26 柴油机	12 684.37	
Z25 柴油机	7 115.63	
加工车间	2 600.00	
行政部门	3 900.00	
合　　计	26 300.00	

审核：沈×× 　　　制表：刘××

借：生产成本——S26 柴油机　　　　　　　　　　12 684.37
借：生产成本——Z25 柴油机　　　　　　　　　　7 115.63
借：制造费用　　　　　　　　　　　　　　　　　2 600.00
借：管理费用　　　　　　　　　　　　　　　　　3 900.00
　贷：应付职工薪酬——应付工资　　　　　　　　26 300.00

【例 7-8】2016 年 6 月 30 日，A 柴油机制造有限公司根据工资总额计提职工福利费。根据职工福利费分配表 7-10 所示计提。职工福利费计提比例为 14%，作会计分录如下：

职工福利费分配表　　　　　表 7-10
2016 年 6 月　　　　　　　　　　单位：元

项　目	工资总额	计提比率	应计提福利费	备　注
S26 柴油机	12 684.37	14%	1 775.81	
Z25 柴油机	7 115.63	14%	996.19	
车间管理人员	2 600	14%	364	
公司行政人员	3 900	14%	546	
	26 300	14%	3 682	

审核：沈×× 　　　制表：刘××

职工福利费依据工资总额，一般按 14% 比率计提，记入各个相关成本和费用账户的借方。贷方记"应付职工薪酬"账户。职工福利费一般用于集体福利、职工困难补贴、医疗补贴等方面。余额一般在贷方，表示职工福利费余额。企业根据职工福利费计提表作会计分录如下：

借：生产成本——S26 柴油机　　　　　　　　　　1 775.81
借：生产成本——Z25 柴油机　　　　　　　　　　996.19
借：制造费用　　　　　　　　　　　　　　　　　364.00
借：管理费用　　　　　　　　　　　　　　　　　546.00
　贷：应付职工薪酬——应付福利费　　　　　　　3 682.00

【例 7-9】2016 年 6 月 18 日，A 柴油机制造有限公司用银行存款支付车间用水费用 960 元，公司行政管理部门用水费用 360 元。

一方面公司银行存款减少1320元，记"银行存款"贷方；另一方面使制造费用、管理费用增加，分别记"制造费用"和"管理费用"账户。企业根据水费发票和银行支票存根作会计分录如下：

  借：制造费用   960.00
  借：管理费用   360.00
   贷：银行存款   1 320.00

（3）机器设备磨损的核算

机器设备在使用时，其价值随使用磨损而逐渐地减少，即折旧。机器设备在会计上归到固定资产科目管理，所以固定资产折旧形成费用叫折旧费。企业要按固定资产的原始价值和规定的折旧率，按月计算折旧费用，计入产品生产成本或期间费用中。

【例7-10】2016年6月30日，A柴油机制造有限公司按规定计提本月固定资产折旧3 650元，其中加工车间固定资产折旧额2 460元，公司行政管理部门固定资产折旧额1 190元。

一方面反映加工车间折旧费增加记"制造费用"借方，公司行政管理部门固定资产折旧费增加记"管理费用"；另一方面反映固定资产价值减少，累计折旧增加，记"累计折旧"贷方。企业根据表7-11所示固定资产计提折旧表作会计分录如下：

固定资产折旧计算表   表7-11
2016年6月30日   单位：元

部门	设备名称	数量/台	年限	折旧率	折旧额
加工车间	计算机	2	5	20%	1 678
加工车间	打印机	2	5	20%	782
管理部门	计算机	1	5	20%	780
管理部门	打印机	1	5	20%	410
合计					3 650

主管：崔××   会计：刘××   设备科：刘××   制单：刘××

  借：制造费用   2 460.00
  借：管理费用   1 190.00
   贷：累计折旧——计算机   2 458.00
   贷：累计折旧——打印机   1 192.00

（4）制造费用归集和分配

生产车间为组织和管理生产而发生的各项费用，是生产产品的组成部分，月末将所发生的所有制造费用，按照"制造费用"账户归集，采用一般按生产工时、生产工人工资、机器工时等分配率公式，分摊结转到各个产品成本中。转入"生产成本"账户。分配率公式如下：

$$分配率 = \frac{制造费用总额}{各产品的分配标准数量之和}$$

某种产品应分担的制造费用＝该产品的分配标准数量×分配率

【例7-11】 2016年6月30日，A柴油机制造有限公司将本月发生的制造费用进行归集，然后分配到生产成本中，见表7-12。

科目名称　制造费用

表7-12

户名与编号：　　　　　　　　2016年6月30日

2016年		凭证号	摘要	借方				合计	贷方	余额
月	日			耗材	工资	折旧	水电费			
6	15	14	耗材	2 700				2 700		2 700
6	20	18	工资		2 600			2 600		5 300
6	25	19	福利费		364			364		5 664
6	28	20	水电费				960	960		6 624
6	30	21	折旧			2 460		2 460		9 084

根据本月制造费用明细账所记录发生额为9084元。根据分配率公式计算，本题用生产工时进行分配结转。根据表7-13所示制造费用分配表作会计分录如下：

$$分配率 = \frac{9084}{820+460} = 7.097$$

生产S26柴油机＝820×7.097＝5819.54元

生产Z25柴油机＝460×7.097＝3264.62元

制造费用　分配表

表7-13

2016年6月30日　　　　　　　　　　　　　　　　单位：元

产品名称	制造费用总额	生产工时/小时	分配率/%	分配额
生产S26柴油机		820	7.097	5 819.54
生产Z25柴油机		460	7.097	3 264.62
合计	9084.00	1 280	7.097	9 084.16

主管：张×× 　　　　核算员：耿×× 　　　　制表：王××

借：生产成本——S26柴油机　　　　　　　　　　5 819.54
借：生产成本——Z25柴油机　　　　　　　　　　3 264.62
　贷：制造费用　　　　　　　　　　　　　　　　9 084.16

7.3　完工产品的结转

月末要归集本月生产产品的全部成本，一般包括月初在产品成本、本月发生生产费用。应采用一定方法在本月完工产品与月末在产品之间进行分配，计算本月完工产品成本与月末在产品成本。计算完工产品单位成本和总成本。将"生产成本"账户归集后，结转到"库存商品"账户，生产过程核算工作结束。求出完工产品总成本和单位成本公式如下：

本月完工产品成本＝月初在产品成本＋本月发生的生产费用－月末在产品成本

$$本月完工产品单位成本 = \frac{本月完工产品成本}{本月完工产品产量}$$

【例 7-12】2016 年 6 月 30 日，A 柴油机制造有限公司生产 S26 柴油机生产 Z25 柴油机已全部入库，没有在产产品。（该企业按实际成本法核算）

月末计算生产产品成本，计算总成本和单位成本。办理产成品入库手续。企业生产成本减少，增加了库存商品，生产阶段结束，由"生产成本"账户贷方，转到"库存商品"账户借方。企业根据表 7-14 所示加工车间成本计算单、表 7-15 所示商品入库单作会计分录如下：

加工车间　成本计算单　　　　　　　　　　表 7-14

部门：加工车间　　　2016 年 6 月 30 日　　　　　单位：元

生产产品名称	计量单位	规格	数量	单位成本	总成本
柴油机	台	26	2	32 011.97	64 023.94
柴油机	台	25	3	24 074.02	72 222.06
合　　计					136 246

负责人：张×× 　　核算员：耿×× 　　制表：王××

柴油机库存商品　入库单　　　　　　　　　表 7-15

部门：加工车间　　　2016 年 6 月 30 日　　　　编号：083026

产品名称	规格型号	单位	数量	单价/元	金额
柴油机	S26	台	2	32 011.97	64 023.94
柴油机	Z25	台	3	24 074.02	72 222.06

主管：崔×× 　会计：刘×× 　验收：王×× 　保管：张×× 　制单：张××

借：库存商品——S26 柴油机　　　　　64 023.94
借：库存商品——Z25 柴油机　　　　　72 222.06
　贷：生产成本——S26 柴油机　　　　64 023.94
　贷：生产成本——Z25 柴油机　　　　72 222.06

A 柴油机制造有限公司生产的柴油机 S26 总成本为 64 023.94 元，单位成本为 32 011.97 元；生产的柴油机 Z25 总成本为 72 222.06 元，单位成本为 24 074.02 元。

本 章 习 题

问答题：

1. 工业企业成本核算内容？

2. 工业企业成本核算项目？
3. 生产产品成本核算流程有哪些？
4. 工业企业成本核算账务处理程序主要步骤？
5. 生产制造过程使用哪些账户？
6. 实际成本法下原材料领用方法有哪些？
7. 计划成本法下原材料领用方法？

综合题：

1. 练习生产过程的核算。

资料：某工厂 2016 年 6 月份发生下列部分经济业务：

1）生产轴承零件领用下列材料：

材料领用单

2016 年 6 月 12 日 单位：元

材料名称	数量千克	单价	金额
A 材料	5 000	4	20 000
B 材料	10 000	10	100 000
C 材料	8 000	20	160 000
合 计			280 000

材料领用单

2016 年 6 月 14 日 单位：元

材料名称	数量千克	单价	金额
A 材料	1 000	4	4 000
B 材料	5 000	10	50 000
C 材料	4 000	20	80 000
合 计			134 000

2）从银行提取现金 36 400 元，用途为备发工资。

3）用库存现金支付职工工资 36 400 元。

4）生产螺丝领用上述材料。

5）本月份发生水电费 6 000 元，其中生产轴承耗用 3 000 元，生产螺丝耗用 1 500 元，基本生产车间耗用 1 000 元，企业管理部门耗用 500 元。

6）结转本月职工工资额 20 000 元，其中：生产轴承工人工资 20 000 元；生产螺丝工人工资 6 000 元；车间管理人员工资 7 400 元；企业行政管理人员工资 3 000 元。

7）按本月工资总额的 14% 提取职工福利费。

要求：根据上述经济业务编制会计分录。

2. 练习生产过程的核算。

资料：A 工厂 2016 年 9 月份发生下列经济业务：

1）假设本月发生的制造费用为 24 600 元，那么将制造费用在甲、乙产品之间按生产工时比例进行分配：生产甲产品为 2 800 工时，生产乙产品 3 200 工时，计算分配结果填入下表，并转入生产成本账户。

制造费用分配表

(2016 年 9 月)

产品名称	分配标准（生产工时）	分配率	应分配的费用
甲产品			
乙产品			
合　计			

2）结转本月完工产品的生产成本，已知各产品入库数量及实际成本资料如下：

产品名称	数量	单位成本	总成本
甲产品	200 台	400 元	80 000 元
乙产品	300 台	600 元	180 000 元

要求：根据以上资料分别编制会计分录。

3. 练习生产过程的核算以及产成品的计算。

资料：H 工厂发生下列经济业务：

1）H 工厂 2016 年 5 月 1 日 "生产成本——甲产品" 明细账余额 18 000 元，其中直接材料 10 000 元，直接人工 8 000 元，制造费用 4 000 元；"生产成本——乙产品" 明细账余额 8 000 元，其中直接材料 5 000 元，直接人工 3 000 元，制造费用 1 500 元。

2）5 月 6 日用银行存款支付本月份电费 10 000 元。

3）5 月 10 日用银行存款支付本月份电话费 1 200 元。

4）5 月 17 日从银行提取工资款 36 800 元。

5）5 月 17 日以现金发放本月职工工资 36 800 元。

6）5 月 16 日采购员王某借差旅费 3500 元，用现金支付。

7）5 月 20 日采购员王某报销差旅费 3100 元，退回现金 400 元。

8）5 月 30 日汇总本月仓库发出材料如下表：

原材料出库单

单位：元

用　途	A 材料		B 材料		合　计
	数量（千克）	金额	数量（千克）	金额	
甲产品	5 000	107 200	2 500	40 000	100 000
乙产品	6 000	72 000	4 000	64 000	136 000
车间一般耗用	1 500	18 000	200	3 200	21 200
行政部门耗用	500	6 000			6 000
合　计	13 000	156 000	6 700		263 200

9）5 月 30 日计提本月固定资产折旧 14 000 元，其中生产车间固定资产折旧 10 000 元，企业行政管理部门固定资产折旧 4 000 元。

10）5 月 30 日结转本月职工工资 36 800 元，其中：生产甲产品工人工资 19 000 元，生产乙产品工人工资 10 500 元，车间管理人员工资 3 100 元，企业行政管理人员工

4 200 元。

11）5 月 30 日按工资总额 14% 计提职工福利费。

12）5 月 30 日按甲、乙产品生产工时比例，分配结转本月制造费用，其中甲产品生产工时为 3 000 小时，乙产品生产工时为 5 000 小时。

13）结转本月制造成本，并计算甲、乙两种产品成本，甲产品 900 台；乙产品 600 台。

要求：

1）根据上述资料编制会计分录。

2）根据上述资料登记"制造费用""生产成本"明细账，并计算完工产品的单位成本及总成本。

8 投资筹资岗位的业务处理

【知识目标】
1. 理解投资的含义和目标。
2. 知道投资分类和核算内容。
3. 掌握投资核算步骤和方法。
4. 掌握债务的概念和内容。
5. 熟知筹资的内容和要求。
6. 知道筹资核算方法。

【技能目标】
1. 能核算交易性金融资产编制记账凭证。
2. 能核算持有至到期投资编制记账凭证。
3. 能核算可供出售金融资产编制记账凭证。
4. 能核算长期股权投资编制记账凭证。
5. 能核算流动负债类业务编制记账凭证。
6. 能核算非流动负债编制记账凭证。

【案例导入】
2013年5月,某市审计署对某银行分行某办事处的审计中,发现贷款大户——A计算机厂有一笔150万的贷款列为损失类,并有45.6万元的表外欠息。银行信贷部门反映该计算机厂不承认此笔贷款,因此贷款本金和利息均无法收回。审计人员反复调查核实,终于查明原该地电子工业局局长潘某在担任该计算机厂厂长期间,利用职务之便假借计算机厂名义骗取、挪用银行贷款150万元。该地人民法院以挪用公款罪判处潘某有期徒刑6年。

该案例主要漏洞出现在哪?

8.1 投资的核算

8.1.1 投资概述

(1) 投资的概念

投资是企业在其主要经营业务以外,以现金、实物、无形资产或以购买股票、债券等有价证券方式向其他单位进行的投资,以期在未来获得投资收益的经济行为。

(2) 投资的分类

1) 按投资时间长短分为长期投资与短期投资

短期投资是指能够随时变现、持有时间不超过一年的有价证券投资及不超过一年的其他投资。具有投资风险小、变现能力强、收益率低等特点。短期投资有"交易性金融资产"科目来核算。

长期投资是指不准备随时变现、持有时间超过一年的有价证券投资及超过一年的其他投资。长期投资可以利用现金、实物、无形资产、有价证券等形式进行，具有投资风险大、变现能力差、收益率高等特点。长期投资主要有"持有至到期投资""可供出售金融资产""长期股权投资"科目。

2) 按投资形成的产权关系分为股权投资和债权投资

股权投资是指投资企业以购买股票、兼并投资、联营投资等方式向被投资企业进行的投资。投资企业拥有被投资企业的股权，股权投资形成被投资企业的资本金。股权投资根据投资方式的不同分为股票投资和项目投资；股票投资是指企业以购买公司股票的方式对其他企业进行的投资；项目投资是指企业以现金、实物资产、无形资产等方式对其他企业的投资。债权投资与股权投资相比具有投资收益小、风险小的特点。

3) 按投资方式不同分为实物投资与证券投资

实物投资又称直接投资，是指企业以现金、实物、无形资产等投入其他企业进行的投资。投资直接形成生产经营活动的能力并为从事某种生产经营活动创造必要条件。它具有与生产经营紧密联系、投资回收期较长、投资变现速度慢、流动性差等特点。实物投资包括联营投资、兼并投资等。

证券投资又称间接投资，是指以购买有价证券（如股票、债券等）的方式对其他企业进行的投资。投资证券按其性质分为三类：一是债券性证券。由发行企业或政府机构发行并规定还本付息的时间与金额的债务证书，包括国库券、金融债券和其他公司债券。二是权益性证券。表明企业拥有证券发行公司的所有权，如其他公司发行的普通股股票。三是混合性证券。指企业购买的优先股股票。优先股股票是介于普通股股票和债券之间的一种混合性有价证券。

8.1.2 交易性金融资产的核算

（1）金融资产概述

金融资产是指企业所拥有的以价值形态存在的资产，是一种索取实物资产的无形的权利。是一切可以在有组织的金融市场上进行交易、具有现实价格和未来估价的金融工具的总称。金融资产的最大特征是能够在市场交易中为其所有者提供即期或远期的货币收入流量。

《企业会计准则第22号——金融工具确认和计量》规定，金融资产是指企业的下列资产：

1) 现金；
2) 持有的其他单位的权益工具；
3) 从其他单位收取现金或其他金融资产的合同权利；
4) 在潜在有利条件下，与其他单位交换金融资产或金融负债的合同权利；
5) 将来需用或可用企业自身权益工具进行结算的非衍生工具的合同权利，企业根据该合同将收到非固定数量的自身权益工具；
6) 将来须用或可用企业自身权益工具进行结算的衍生工具的合同权利，但企业以固定金额的现金或其他金融资产换取固定数量的自身权益工具的衍生工具合同权利除外。其中，企业自身权益工具不包括本身就是在将来收取或支付企业自身权益工具的合同。

符合《企业会计准则第 22 号——金融工具确认和计量》的金融资产，企业在初始确认时就应按照管理者的意图、风险管理上的要求和资产的性质，将资产分为以下四类：

1) 以公允价值计量且其变动计入当期损益的金融资产，包括交易性金融资产和指定为以公允价值计量且其变动计入当期损益的金融资产；

2) 持有至到期投资；

3) 贷款和应收款项；

4) 可供出售金融资产。

上述四类资产中，交易性金融资产、应收账款在资产负债表流动资产中反映；持有至到期投资、可供出售金融资产是在非流动资产中反映；金融企业的贷款，要根据贷款本身时间的长短来进行判断。因为上述四类资产核算的具体要求不同，对资产负债表和利润表的影响不同，所以上述分类一经确定，不应随意变更。特别是第一类金融资产和后面的三类不能够相互重分类；后面的三类之间也不能随意重分类。后面三类金融资产之间可以重分类，但是要符合一定的要求，后面的相关会计核算还会涉及这个知识点。比如持有至到期投资，在符合条件的情况下，可以重分类为可供出售金融资产；可供出售金融资产也可以重分类为持有至到期投资，但是要符合一定的条件。

(2) 交易性金融资产概述

交易性金融资产主要是指企业为了近期内出售而持有的金融资产，例如，企业以赚取差价为目的从二级市场购入的股票、债券、基金等。交易性金融资产一般具有下列特征：投资的变现能力强；投资目的是为了利用生产经营过程的暂时闲置资金以获得一定的收益；近期内出售，回收金额不固定或不可确定。

(3) 交易性金融资产的核算

为了核算和监督交易性金融资产的取得、收取现金股利或利息、处置等业务，应设置下列会计科目：

1) "交易性金融资产"账户

它属于资产类科目，用来核算企业为交易目的所持有的债券投资、股票投资、基金投资等交易性金融资产的公允价值。企业持有的直接指定为以公允价值计量且其变动计入当期损益的金融资产，也在本科目核算。本科目应当按照交易性金融资产的类别和品种，分别在"成本"、"公允价值变动"等进行明细核算。其中：

① "交易性金融资产——成本"科目，反映交易性金融资产取得成本的增减变动和结余情况。借方登记交易性金融资产的取得成本（即取得时的公允价值）；贷方登记出售交易性金融资产时转出的成本；期末借方余额反映结余的交易性金融资产的取得成本。

② "交易性金融资产——公允价值变动"科目，反映企业持有的交易性金融资产在资产负债表日其公允价值的变动情况。借方登记交易性金融资产的公允价值高于账面余额的差额以及企业出售交易性金融资产时转出的公允价值变动金额；贷方登记交易性金融资产公允价值低于账面余额的差额以及企业出售交易性金融资产时转出的公允价值变动金额；期末如为借方余额，反映企业期末持有的交易性金融资产公允价值的净增加额；如为贷方余额，则反映企业持有的交易性金融资产公允价值的净减少额。

2) "公允价值变动损益"账户

它属于损益类科目，用来核算企业交易性金融资产公允价值变动形成的应计入当期损益的利得和损失。贷方登记期末企业持有的交易性金融资产的公允价值高于账面余额的差额和出售交易性金融资产时转出的公允价值变动金额；借方登记期末企业持有的交易性金融资产的公允价值低于账面余额的差额和出售交易性金融资产时转出的公允价值变动金额；期末应将本科目的余额转入"本年利润"科目，结转后本科目无余额。

3)"投资收益"账户

它属于损益类科目，用来核算企业对外投资所取得的收益或发生的损失。交易性金融资产的核算取得交易性金融资产时，应当按照公允价值计量入账，相关的交易费用应当直接计入当前损益。

① 企业取得交易性金融资产时，应当按其公允价值作为初始确认金额，借记"交易性金融资产——成本"科目，按发生的相关交易费用，借记"投资收益"科目，由于佣金和手续费取得的增值税专用发票，借记"应交税费——应交增值税（进项税额）"科目，已宣告但尚未发放的现金股利，借记"交易性金融资产——成本"科目。收到已宣告但尚未发放的现金股利，借记"其他货币资金——存出投资款"科目，贷记"投资收益"科目。

【例8-1】A企业3月1日从证券交易所购入B公司股票10 000股，准备短期持有，以每股5元购进，另以交易金额的3‰支付佣金，1‰缴纳印花税，取得佣金和印花税增值税专用发票，税率为6%，款项用银行存款支付，该股票以交易目的而持有。B公司于2月27日宣告将于3月20日分派现金股利，每股0.10元。

A. 取得股票，3月18日取得股票时，作会计分录如下：

借：交易性金融资产——成本——B股份　　　　　51 000.00
　　投资收益　　　　　　　　　　　　　　　　　　200.00
　　应交税费——应交增值税（进项税额）　　　　　12.00
　　贷：其他货币资金——存出投资款　　　　　　51 212.00

B. 3月20日收到分派的股利，作会计分录如下：

借：其他货币资金——存出投资款　　　　　　　1 000.00
　　贷：投资收益　　　　　　　　　　　　　　　1 000.00

② 交易性金融资产在持有期间，被投资单位已宣告未发放的现金股利，或在资产负债表日按分期付息、一次还本债券投资的票面利率计算的利息时，借记"应收股利"科目或"应收利息"科目，贷记"投资收益"科目。实际收到现金股利或债券利息时，借记"其他货币资金——存出投资款"或贷记"应收股利"科目或"应收利息"科目。

【例8-2】6月30日，A企业为交易目的而持有的B公司上月28日发行的债券100张，计面值120 000元，该债券系分期付息，到期一次还本，年利率8%，计提该债券本月份应收利息，作会计分录如下：

借：应收利息——B公司　　　　　　　　　　　　800.00
　　贷：投资收益　　　　　　　　　　　　　　　800.00

③ 交易性金融资产的期末计量，在资产负债表日，交易性金融资产以公允价值计量，企业应比较交易性金融资产的公允价值和账面余额，如果交易性金融资产的公允价值高于其账面余额，应按差额借记"交易性金融资产——公允价值变动"科目，贷记"公允价值变动损益"科目；如果交易性金融资产的公允价值低于其账面余额，则应按差额作相反的

会计分录。

【例 8-3】 A 公司持有 B 公司股票 10 000 股，3 月 31 日，该股票每股公允价值为 5.20 元，予以转账，作会计分录如下：

  借：交易性金融资产——公允价值变动——B 公司   2 000.00
    贷：公允价值变动损益——交易性金融资产   2 000.00

  4）企业出售交易性金融资产时，应按实际收到的金额，借记"银行存款""其他货币资金"等科目，按交易性金融资产的账面余额，贷记"交易性金融资产"科目，按其差额贷记或借记"投资收益"科目。同时，将原计入该金融资产的公允价值变动转出，借记或贷记"公允价值变动损益"科目，贷记或借记"投资收益"科目。

【例 8-4】 6 月 30 日，A 公司出售所持 B 公司股票 10 000 股，出售价格每股 5.50 元，按交易价格 3‰ 支付佣金，1‰ 缴纳印花税，收到净收益存入银行。查该股票明细账户余额"成本"为 50 000 元，"公允价值变动"为借方余额 2 000 元，作会计分录如下：

① 6 月 30 日，出售 B 公司股份，予以转账，作会计分录如下：

  借：其他货币资金——存出投资款   55 000.00
    贷：交易性金融资产——成本——B 公司股份   51 000.00
    贷：交易性金融资产——公允价值变动——B 公司   2 000.00
    贷：投资收益   2 000.00

② 将公允价值变动损益予以结转，作会计分录如下：

  借：公允价值变动损益——交易性金融资产   2 000.00
    贷：投资收益   2 000.00

8.1.3 持有至到期投资的核算

（1）持有至到期投资的概念

持有至到期投资的概念：持有至到期投资是指到期日固定、回收金额固定或可确定，且企业有明确意图和能力持有至到期的非衍生金融资产，是购买时到期时间在 1 年以上的长期投资。下列非衍生金融资产不应当划分为持有至到期投资：

1）初始确认时被指定为以公允价值计量且其变动计入当期损益的非衍生金融资产；

2）初始确认时被指定为可供出售的非衍生金融资产；

3）贷款和应收款项。

（2）持有至到期投资特征

1）到期日固定、回收金额固定或可确定

由于股票不存在固定的到期日，因此，持有至到期投资主要是指债券投资或债权性投资，不包括股票投资或权益性投资。债券投资有固定的到期日，持有期间或到期日可以收到金额固定的利息或本金。

2）有明确意图持有至到期

企业在取得相应投资时应当有明确的意图，即除非发生不可控事件，企业准备将该项投资持有至到期。如果企业在取得相应投资时，持有该项投资的期限不确定，或者在发生市场利率变化、流动性需求变化、替代投资机会及其投资收益率变化等情况下准备出售该项投资，那么，取得的相应投资不能划分为持有至到期投资。

存在下列情况之一的，表明企业没有明确意图将金融资产投资持有至到期：

① 持有该金融资产的期限不确定。

② 发生市场利率变化、流动性需要变化、替代投资机会及其投资收益率变化、融资来源和条件变化、外汇风险变化等情况时，将出售该金融资产。但是，无法控制、预期不会重复发生且难以合理预计的独立事项引起的金融资产出售除外。

③ 该金融资产的发行方可以按照明显低于其摊余成本的金额清偿。

④ 其他表明企业没有明确意图将该金融资产持有至到期的情况。

3）有能力持有至到期

企业在取得相应的投资时，应当有足够的财务资源支持企业可以将此次投资持有至到期。如果企业没有准备好足够的财务资源支持相应的投资可以持有至到期，或者企业受到法律法规限制难以将相应的投资持有至到期，那么，企业就没有能力将相应的具有固定期限的投资持有至到期，相应的投资在取得时也不能划分为持有至到期投资。

存在下列情况之一的，表明企业没有能力将具有固定期限的金融资产投资持有至到期：

① 没有可利用的财务资源持续地为该金融资产投资提供资金支持，以使该金融资产投资持有至到期。

② 受法律、行政法规的限制，使企业难以将该金融资产投资持有至到期。

③ 其他表明企业没有能力将具有固定期限的金融资产投资持有至到期的情况。

企业应当在资产负债表日对持有至到期投资的持有意图和持有能力进行评估。如果情况发生变化，应当对持有至到期投资重新进行分类。

（3）持有至到期投资的核算

1）"持有至到期投资"账户

属资产类科目，用来核算企业持有至到期投资的价值。应当按照持有至到期投资的类别和品种，分别在"成本""利息调整""应计利息"等科目进行明细核算。其中，"利息调整"实际上反映企业债券投资溢价和折价的相应摊销。

① 企业取得的持有至到期投资，应按该投资的面值，借记本科目（成本），按支付的价款中包含的已到付息期但尚未领取的利息，借记"应收利息"科目，贷记"银行存款"等科目，按其差额，借记或贷记本科目（利息调整）。

② 资产负债表日，持有至到期投资为分期付息、一次还本债券投资的，应按票面利率计算确定的应收未收利息，借记"应收利息"科目，按持有至到期投资摊余成本和实际利率计算确定的利息收入，贷记"投资收益"科目，按其差额，借记或贷记本科目（利息调整）。

持有至到期投资为一次还本付息债券投资的，应于资产负债表日按票面利率计算确定的应收未收利息，借记本科目（应计利息），持有至到期投资摊余成本和实际利率计算确定的利息收入。

收到取得持有至到期投资支付的价款中包含的已到付息期的债券利息，借记"银行存款"科目，贷记"应收利息"科目。

收到分期付息、一次还本持有至到期投资持有期间支付的利息，借记"银行存款"，贷记"应收利息"科目。

③ 出售持有至到期投资时，应按实际收到的金额，借记"银行存款"等科目，已计

提减值准备的,借记"持有至到期投资减值准备"科目,按其账面余额,贷记本科目(成本、利息调整、应计利息),按其差额,贷记或借记"投资收益"科目。

④ 本科目期末借方余额,反映企业持有至到期投资的摊余成本。

2)"持有至到期投资"的核算

① 按面值购进债券的核算

按面值购进债券时,按债券的面值和交易费用之和,借记"持有至到其投资——成本",贷记"银行存款"账户。

持有至到期投资应当按期计提利息,计提的利息按债券面值乘以票面利率计算。对于分期付息,到期还本的持有至到期投资,在计提利息时,借记:"应收利息"账户,贷记"投资收益"账户;对于到期一次还本付息的持有至到期投资,则借记"持有至到期投资——应计利息"账户,贷记"投资收益"账户。

【例 8-5】A 公司 6 月 30 日购进 B 公司 3 年期债券 150 张,每张面值 1 000 元,按面值购进该债券,年利率为 7%,到期一次还本付息。该债券准备持有至到期。

A. 6 月 30 日签发转账支票 150 150 元,支付 150 张债券的价款 150 000 元,并按交易金额 1‰支付佣金,作会计分录如下:

借:持有至到期投资——成本——B 公司债券　　　　　　150 150.00
　　贷:银行存款　　　　　　　　　　　　　　　　　　　　150 150.00

B. 7 月 31 日预计本月份该债券应收利息入账,作会计分录如下:

借:持有至到期投资——应计利息——B 公司债券　　　　　875.00
　　贷:投资收益　　　　　　　　　　　　　　　　　　　　　875.00

C. 3 年期满,6 月 30 日,收到债券本息计 181 500 元,其中已预计入账的应收利息为 30 625 元,作会计分录如下:

借:银行存款　　　　　　　　　　　　　　　　　　　　　181 500.00
　　贷:持有至到期投资——成本——B 公司债券　　　　　　150 150.00
　　贷:持有至到期投资——应计利息——B 公司债券　　　　 30 625.00
　　贷:投资收益　　　　　　　　　　　　　　　　　　　　　725.00

② 溢价购进债券的核算

企业溢价购进债券,是债券价格大于票面价值的差额。债券溢价受两方面因素的影响:一是受市场利率的影响。当债券的票面利率高于金融市场的通行利率,即市场利率时,债券就会溢价。二是受债券兑付期的影响,距兑付期越近,购买债券所支付的款项就越多,溢价额就越高。因此,溢价是为以后各期多得利息而预先付出的款项,在投资企业以后各期收到的利息中,还包括溢价购进时预先付出的款项,这部分多付出的款项在发生时应列入"持有至到期投资——利息调整"账户的借方,在确定各期利息收入时再进行摊销,以冲抵投资收益。利息调整额摊销的方法有直线法和实际利率法两种。直线法是指将债券的利息调整额按债券的期限平均摊销的方法。

"应收利息"账户属资产类账户,用以核算企业交易性金融资产、持有至到期投资、可供出售金融资产等应收取的利息。发生应收利息时,借记该科目,收到应收利息时,贷记该科目,期末余额在借方,表示企业尚未收回的利息。

【例 8-6】A 公司 9 月 30 日购进 B 公司 3 年期债券 300 张,每张面值 1 000 元,购进价格为每张1 028元，该债券年利率为9%，每年9月30日支付利息，该债券准备持有至到期。

A. 9月30日签发转账支票308 708.40元，支付300张债券的价款308 400元，并按交易金额1‰支付佣金，作会计分录如下：

借：持有至到期投资——成本——B公司债券　　　300 308.40
借：持有至到期投资——利息调整——B公司债券　　8 400.00
　　贷：银行存款　　　　　　　　　　　　　　　308 708.40

B. 10月31日，预计本月份该债券应收利息收入入账，用直线法摊销利息调整额，作会计分录如下：

借：应收利息——B公司债券　　　　　　　　　　　750.00
　　贷：持有至到期投资——利息调整——B公司债券　233.33
　　　　投资收益　　　　　　　　　　　　　　　　516.67

C. 第二年9月30日，收到B公司一年债券利息入账，作会计分录如下：

借：银行存款　　　　　　　　　　　　　　　　　9 000.00
　　贷：应收利息——B公司　　　　　　　　　　　8 250.00
　　　　持有至到期投资——利息调整——B公司债券　233.33
　　　　投资收益　　　　　　　　　　　　　　　　516.67

上题采用直线法来摊销利息调整额，该方法简单易行，工作量小，随着各期利息调整的摊销，企业投资额有了减少，而各期的投资收益却始终保持不变，因此反映的投资收益不够准确。为了更准确反映各期的投资收益，可以采用实际利率法。

实际利率法是指根据债券期初账面价值减去交易费用后，乘以实际利率确定各期的利息收入，然后将其与按票面利率计算的应计利息收入相比较，将其差额作为各期利息调整额的方法。

实际利率法计算摊销借方利息调整额，溢价购进债券的实际利息收入会随着债券账面价值的逐渐减少而减少，从而却使利息调整随之增加。计算方法见表8-1。

实际利率法利息调整表（借方余额）　（单位：元）　表8-1

付息期数	应收利息收入	实际利息收入	本期利息调整额	利息调整借方余额	债券账面价值（不含交易费用）
(1)	(2)=面值×票面利率(9%)	(3)=上期(6)×实际利率(8%)	(4)=(2)-(3)	(5)=上期利息调整余额-(4)	(6)=面值+(5)
购进债券				8 400.00	308 400.00
1	27 000.00	24 672.00	2 328.00	6 072.00	306 072.00
2	27 000.00	24 485.76	2 514.24	3 557.76	303 557.76
3	27 000.00	24 284.62①	3 557.76	0	300 000.00

注：①由于计算上尾差，因此24 284.62元是近似值。

【例8-7】 根据【例8-6】，如金融机构市场实际利率为8%，用实际利率法计算债券各期摊销的利息调整额见表8-1。

计算各年应收利息收入、实际利息收入和利息调整额。10月31日预计本月应收利息和利息调整时，用第一年利息除以 12 月计算。会计分录如下：

  借：应收利息——B 公司债券   750.00
   贷：持有至到期投资——利息调整——B 公司债券 194.00
   贷：投资收益   556.00

③ 折价购进债券的核算

企业折价购入债券，是因为债券的票面利率低于市场利率，投资企业按票面利率收到的利息将低于市场实际利率所得到的利息，因此，折价是为了补偿投资企业以后各期少收利息而预先少付的款项，少付的款项应在发生时列入"持有至到期投资——利息调整"账户贷方，在确定各期利息收入时，再进行摊销，这是投资收益的一部分。

【例 8-8】A 公司 3 月 31 日购进 B 公司 3 年期债券 200 张，每张面值 1 000 元，购进价格为每张 972 元，该债券年利率为 7％，每年 3 月 31 日支付利息，该债券准备持有至到期。

A. 3 月 31 日签发转账支票 194 594.40 元，支付 200 张债券的价款 194 400 元，并按交易金额 1‰支付佣金，作会计分录如下：

  借：持有至到期投资——成本——B 公司债券   200 194.40
   贷：持有至到期投资——利息调整——B 公司债券 5 600.00
   贷：银行存款   194 594.40

B. 4 月 30 日，预计本月份该债券应收利息收入入账，用直线法摊销利息调整额，作会计分录如下：

  借：应收利息——B 公司债券   1 166.67
  借：持有至到期投资——利息调整——B 公司债券 155.56
   贷：投资收益   1 322.23

C. 第二年 3 月 31 日，收到 B 公司一年债券利息入账，作会计分录如下：

  借：银行存款   14 000.00
  借：持有至到期投资——利息调整——B 公司债券 155.56
   贷：应收利息——B 公司   12 833.33
   贷：投资收益   1 322.23

上题是用直线法摊销贷方利息调整额。如果用实际利率法摊销贷方利息调整额，折价购进债券的实际利息收入会随着债券账面价值逐渐增加而增加，从而使利息调整额也随之逐期增加。其计算方法见表 8-2。

实际利率法利息调整表（贷方余额）（单位：元） 表 8-2

付息期数	应收利息收入	实际利息收入	本期利息调整额	利息调整借方余额	债券账面价值（不含交易费用）
(1)	(2)=面值×票面利率(7%)	(3)=上期(6)×实际利率(8%)	(4)=(3)-(2)	(5)=上期利息调整余额-(4)	(6)=面值-(5)
购进债券				5 600.00	194 400.00
1	14 000.00	15 552.00	1 552.00	4 048.00	195 952.00
2	14 000.00	15 676.16	1 676.16	2 371.84	197 628.16
3	14 000.00	15 810.25①	2371.84	0	200 000.00

注：①由于计算上尾差，因此 15 810.25 元是近似值。

【例8-9】根据【例8-8】,如金融机构市场实际利率为8%,用实际利率法计算债券各期摊销的利息调整额见表8-2。

计算各年应收利息收入、实际利息收入和利息调整额。4月30日预计本月应收利息和利息调整时,用第一年利息除以12月计算。会计分录如下:

借:应收利息——B公司债券　　　　　　　　　　　　　1 166.67
借:持有至到期投资——利息调整——B公司债券　　　　155.56
　贷:投资收益　　　　　　　　　　　　　　　　　　　1 322.23

④ 持有至到期投资减值的核算

企业要经常对持有至到期投资进行检查,如果发行方有严重财务困难,并有对方证据表明该持有至到期投资发生减值。应计提减值准备。按持有至到期投资账面价值与预计现金流量现值之间差额计算确认减值损失。

资产负债表日,持有至到期投资发生减值的,按应减记的金额,借记"资产减值损失"科目,贷记"持有至到期投资减值准备"科目。

"持有至到期投资减值准备"账户属资产类账户,也是"持有至到期投资"账户的抵减账户,用以核算企业持有至到期投资的减值准备。计提持有至到期投资减值准备时,记入贷方;当减值的持有至到期投资出售、重新分类和减值的金额恢复时,记入借方,期末余额在贷方,表示企业已计提但尚未转销的持有至到期投资减值准备。

【例8-10】A公司7月31日持有B公司去年6月20日溢价发行的3年期债券300张,每张面值1 000元,每年6月20日支付利息。账面价值投资成本为300 408.65元,利息调整为借方余额5 782元。B公司发生严重的财务困难,现1 000元面值的债券市场价仅1 000元,其交易费用为1‰,计提其减值准备,作会计分录如下:

持有至到期投资可收回金额 = 1 000 × 300 × (1 − 1‰) = 299 700 元
B公司债券减值损失值 = 300 408.65 + 5 782 − 299 700 = 6 490.65 元

借:资产减值损失——持有至到期投资减值损失　　　　6 490.65
　贷:持有至到期投资减值准备——B公司债券　　　　　6 490.65

已计提减值准备的持有至到期投资价值以后又得以恢复的,应在原已计提的减值准备金额内,按恢复增加的金额,借记"持有至到期投资减值准备"科目,贷记"资产减值损失"科目。

⑤ 持有至到期投资出售和重分类的核算

出售持有至到期投资,应按实际收到的金额,借记"银行存款"、"存放中央银行款项"、"结算备付金"等科目,按已计提的减值准备,借记"持有至到期投资减值准备"账户;按其账面余额,贷记"持有至到期投资"账户(成本、利息调整、应计利息),差额列入"投资收益"账户。

【例8-11】续前例,8月28日,A公司出售持有B公司3年期债券300张,每张面值1 000元,按998元出售,按交易金额1‰支付佣金,收到出售净收入,款存入银行,作会计分录如下:

借:银行存款　　　　　　　　　　　　　　　　　　　299 400.00
借:持有至到期投资减值准备——B公司债券　　　　　　6 490.65
借:投资收益　　　　　　　　　　　　　　　　　　　　300.00

贷：持有至到期投资——成本——B公司债券　　　　　300 408.65
　　贷：持有至到期投资——利息调整——B公司债券　　　 5 782.00
　　企业因持有意图和能力发生改变，使某项投资不再适合划分为持有至到期投资的，应当将其重新分类为可供出售金融资产，应在重分类日按其公允价值后续计量，借记"可供出售金融资产"科目，按其账面余额，贷记"持有至到期投资"科目（成本、利息调整、应计利息），按其差额，贷记或借记"资本公积——其他资本公积"科目。已计提减值准备的，还应同时结转减值准备。

　　【例8-12】 4月1日，A公司持有B公司3年期债券200 000元，年利率8%，到期一次还本付息，已按持有至到期投资入账。现决定将重新分类为可供出售金融资产，该债券的账面价值成本为200 210元，应计利息为16 800元，现公允价值为219 800元，予以转账，作会计分录如下：

　　借：可供出售金融资产——成本——B公司债券　　　　219 800.00
　　　贷：持有至到期投资——成本——B公司债券　　　　　200 210.00
　　　贷：持有至到期投资——应计利息——B公司债券　　　16 800.00
　　　贷：其他综合收益　　　　　　　　　　　　　　　　　 2 790.00

　　"其他综合收益"账户属所有者权益类账户，用以核算根据其他会计准则规定未在当期损益中确认的各项利得和损失，企业发生未在当期损益中确认的各项利得，以及确认未在前期确认的各项损失时，记入贷方；企业发生未在当期损益中确认的各项损失，以及确认未在前期确认的各项利得时，记入借方；期末余额通常在贷方，表示企业尚未确认的各项利得，若期末余额在借方，则表示企业尚未确认的各项损失。

8.1.4　可供出售金融资产的核算

（1）可供出售金融资产的含义

通常是指企业初始确认时即被指定为可供出售的非衍生金融资产，以及没有划分为以公允价值计量且其变动计入当期损益的金融资产、持有至到期投资、贷款和应收款项的金融资产。比如，企业购入的在活跃市场上有报价的股票、债券和基金等，没有划分为以公允价值计量且其变动计入当期损益的金融资产或持有至到期投资等金融资产的，可归为此类。存在活跃市场并有报价的金融资产到底应该划分为哪类金融资产，是完全由管理者的意图和金融资产的分类条件决定的。

可供出售金融资产是企业持有的可供出售金融资产的价值，包括划分为可供出售的股票投资、债券投资等金融资产。

（2）可供出售金融资产的取得的核算

可供出售金融资产，初始确认时，都应按公允价值计量，但对于可供出售金融资产，相关交易费用应计入初始入账金额；资产负债表日，都应按公允价值计量，但对于可供出售金融资产，公允价值变动不是计入当期损益，而通常应计入其他综合收益。

"可供出售金融资产"账户属资产类账户，用于核算按可供出售金融资产公允价值计量。取得可供出售的金融资产，应按其公允价值与交易费用之和，借记"可供出售金融资产"科目（成本），贷记"银行存款""存放中央银行款项""结算备付金"等科目。

　　【例8-13】 3月1日，A公司购进B公司股票10 000股，每股6.80元，交易金额3‰支付佣金，1‰缴纳印花税，全部款项用转账支票支付，该股票准备日后出售，作会计分录如下：

  借：可供出售金融资产——成本——B公司股票 68 272.00
   贷：银行存款 68 272.00

  企业取得可供出售金融资产按支付的价款中包含的已宣告但尚未领取的债券利息或已宣告但尚未发放的现金股利时，按实际支付的金额借记"应收股利"或"应收利息"账户。

  可供出售金融资产在持有期间取得被投资单位的债券利息或现金股利时，借记"银行存款"账户，贷记"投资收益"账户。

  【例8-14】续前例，3月25日，A公司收到B公司发放的现金股利，每股0.20元，计2 000元，存入银行，作会计分录如下：

  借：银行存款 2 000.00
   贷：投资收益 2 000.00

  (3) 可供出售金融资产期末计量的核算

  可供出售金融资产应按公允价值进行调整，如公允价值高于账面余额的，按其差额，借记"可供出售金融资产——公允价值变动"账户，贷记"资本公积——其他资本公积"账户；如公允价值低于账面余额的，按其差额，借记"资本公积——其他资本公积"账户，贷记"可供出售金融资产——公允价值变动"账户。

  【例8-15】续前例，3月29日，A公司持有B公司10 000股股票，当日公允价值每股6.92元，调整其账面价值，作会计分录如下：

  借：可供出售金融资产——公允价值变动——B公司股票 928.00
   贷：资本公积——其他资本公积 928.00

  如果发现可供出售金融资产的公允价值发生较大幅度的下降，或经过董事会综合考虑，预期将有下降趋势，研究确定该可供出售金融资产发生了减值。

  应当将其可收回金额低于账面价值的差额确认减值损失。按其减值损失，借记"资产减值损失"按所有者权益中转出原计入资本公积的累计损失金额，贷记"资本公积——其他资本公积"账户；将两者之间的差额记入"可供出售金融资产——公允价值变动"账户的贷方。

  【例8-16】5月31日，A公司持有可供出售金融资产的B公司股票10 000股，因该公司股票公允价值发生较大幅度下降，每股市价下跌为6.10元，该股票的交易费用为4‰。原购股票成本为68 500元，公允价值变动为贷方余额2 640元，因公允价值低于账面余额列入"资本公积——其他资本公积"账户借方余额为2 640元，计提减值准备，作会计分录如下：

  可供出售金融资产可收回金额 = 6.10 × 10 000 × (1 − 4‰) = 60 756元
  资产减值损失 = 68 500 − 60 756 = 7 744元

  借：资产减值损失——可供出售金融资产损失 7 744.00
   贷：资本公积——其他资本公积 2 640.00
   贷：可供出售金融资产——公允价值变动
     ——B公司股票 5 104.00

  如已确认损失的可供出售金融资产在随后的会计期间公允价值上升的，应在原已计提的减值准备金额内，按恢复增加的金额，借记"可供出售金融资产——公允价值变动"账户，贷记："资产减值损失"账户，如果可供出售金融资产为股票等权益工具投资的，借记"可供出售金融资产——公允价值变动"账户，贷记"资本公积——其他资本公积"账户。

（4）可供出售金融资产出售的核算

当可供出售金融资产出售时，应按实际收到的金额，借记"银行存款"账户；按可供出售金融资产的账面余额，贷记"可供出售金融资产"账户，其差额列入"投资收益"账户，将原记入"资本公积——其他资本公积"予以转销。

【例 8-17】6 月 10 日，A 公司出售 B 公司股票 10 000 股，每股为 7.20 元，交易金额 3‰支付佣金，1‰缴纳印花税，收到出售净收入，存入银行，该股票成本为 68 272 元，公允价值变动为借方余额 2 214 元，因公允价值高于账面余额列入"资本公积——其他资本公积"账户借方余额为 2 214 元，计提减值准备，作会计分录如下：

1）将出售净收入存入银行，作会计分录如下：

借：银行存款　　　　　　　　　　　　　　　　　　 71 712.00
　　贷：可供出售金融资产——成本——B 公司股票　　　　　68 272.00
　　贷：可供出售金融资产——公允价值变动——B 公司股票　 2 214.00
　　贷：投资收益　　　　　　　　　　　　　　　　　　　　 1 226.00

2）转销列入资本公积的金额，作会计分录如下：

借：资本公积——其他资本公积　　　　　　　　　　　　　2 214.00
　　贷：投资收益　　　　　　　　　　　　　　　　　　　　 2 214.00

8.1.5 长期股权投资的核算

（1）长期股权投资初始投资成本确定

企业与企业合并形成的长期股权投资，应当按照下列规定确定其初始投资成本：

1）同一控制下的企业合并，合并方以支付现金、转让非现金资产或承担债务方式作为合并对价的，应当在合并日按照取得被合并方所有者权益账面价值的份额作为长期股权投资的初始投资成本。长期股权投资初始投资成本与支付的现金、转让的非现金资产以及所承担债务账面价值之间的差额，应当调整资本公积；资本公积不足冲减的，调整其留存收益。

合并方以发行权益性证券作为合并对价的，应当在合并日按照取得被合并方所有者权益账面价值的份额作为长期股权投资的初始投资成本。按照发行股份的面值总额作为股本，长期股权投资初始投资成本与所发行股份面值总额之间的差额，应当调整资本公积；资本公积不足冲减的，调整其留存收益。

同一控制下的企业合并形成长期股权投资具有两项特点：一是不属于交易事项，而是资产和负债的重新组合；二是合并作价往往不公允，因此合并方应当在合并日按取得被合并方所有者权益账面价值的份额作为初始投资成本。合并日是指合并方实际取得对被合并方控制权的日期。

2）非同一控制下的企业合并的长期股权投资，购买方在购买日应当按照《企业会计准则第 20 号——企业合并》确定的合并成本作为长期股权投资的初始投资成本。是购买方实际取得对被购买方控制权的日期。企业合并成本包括购买方付出的资产、发生或承担的债务，发生权益性证券的公允价值，以及为进行企业合并发生的各项直接相关费用之和。

非同一控制下的企业合并的长期股权投资具有两项特点：一是它们是非关联企业的合并；二是合并以市价为基础，交易作价相对公平合理。

3）以支付现金取得的长期股权投资，应当按照实际支付的购买价款作为初始投资成本。初始投资成本包括与取得长期股权投资直接相关的费用、税金及其他必要支出。

4）以发行权益性证券取得的长期股权投资，应当按照发行权益性证券的公允价值作为初始投资成本。

5）投资者投入的长期股权投资，应当按照投资合同或协议约定的价值作为初始投资成本，但合同或协议约定价值不公允的除外。

6）通过非货币性资产交换取得的长期股权投资，其初始投资成本应当按照《企业会计准则第7号——非货币性资产交换》确定。

7）通过债务重组取得的长期股权投资，其初始投资成本应当按照《企业会计准则第12号——债务重组》确定。

（2）长期股权投资初始成本的核算

核算长期股权投资主要用"长期股权投资""应收股利"等账户。

"长期股权投资"是资产类账户，用以核算企业持有的采用成本法和权益法核算的长期股权投资，企业取得长期股权投资，以及长期股权投资增值时，记入借方；企业处置长期股权投资时，记入贷方；期末余额在借方，表示企业持有的长期股权投资的价值。

"应收股利"是资产类账户，用以核算企业应收取的现金股利和应收取其他单位分配的利润。企业发生应收现金股利或利润时，记入借方；企业收到现金股利或利润时，记入贷方；期末余额在借方，表示企业尚未收回的现金股利或利润。

1）同一控制下企业合并形成的长期股权投资，应在合并日按取得被合并方所有者权益账面价值的份额，借记"长期股权投资"科目，按享有被投资单位已宣告但尚未发放的现金股利或利润，借记"应收股利"科目，按支付的合并对价的账面价值，贷记有关资产或借记有关负债科目，按其差额，贷记"资本公积——资本溢价或（股本溢价）"科目；为借方差额的，借记"资本公积——资本溢价（或股本溢价）"科目，资本公积（资本溢价或股本溢价）不足冲减的，借记"盈余公积""利润分配——未分配利润"科目。

【例8-18】A公司"资本公积——资本溢价"账户余额为60 000元，"盈余公积"账户余额为110 000元，现合并集团内另一分公司B公司，取得B公司60%的股权，B公司所有者权益账面价值为3 500 000元，A公司支付合并对价资产的账面价值为2 100 000元，其中固定资产1 200 000元，已提折旧205 000元，其余1 105 000元签发转账支票支付。6月30日为合并日。

① 转销固定资产价值，作会计分录如下：

借：固定资产清理   995 000
借：累计折旧   205 000
 贷：固定资产   1 200 000

② 长期股投投资初始投资成本确认，作会计分录如下：

借：长期股权投资——成本   2 100 000

借：资本公积——资本溢价	60 000
借：盈余公积	60 000
贷：固定资产清理	995 000
贷：银行存款	1 105 000

2) 非同一控制下企业合并形成的长期股权投资，应在购买日按企业合并成本（不含应在被投资单位收取的现金股利或利润），借记"长期股权投资"科目，按享有被投资单位已宣告但尚未发放的现金股利或利润，借记"应收股利"科目，按支付合并对价的账面价值，贷记有关资产或借记有关负债科目，按发生的直接相关费用，贷记"银行存款"等科目，按其差额，贷记"营业外收入"或借记"营业外支出"等科目。

非同一控制下企业合并，购买方作为合并对价付出的资产，应当按照公允价值处置，其中付出资产为固定资产、无形资产的，其公允价值与账面价值的差额，列入"营业外收入"或借记"营业外支出"账户。涉及以库存商品等作为合并对价的，应按库存商品的公允价值作商品销售处理，同时结转其销售成本，发生的增值税销项税额也是企业合并成本的组成部分。

【例 8-19】A 公司用 1 800 000 元合并成本从 B 公司的股东中购入 40% 股权，而对价付出资产的账面价值为 1 650 000 元，其中：固定资产 700 000 元，已计提折旧 150 000 元，其公允价值为 560 000 元，库存商品 610 000 元，其余 409 300 元签发转账支票支付，而库存商品公允价值为 710 000 元，增值税税率为 16%。

① 转销参与合并的固定资产账面价值，作会计分录如下：

借：固定资产清理	550 000
借：累计折旧	150 000
贷：固定资产	700 000

② 长期股投投资初始投资成本确认，作会计分录如下：

借：长期股权投资——成本	1 800 000
贷：固定资产清理	550 000
贷：主营业务收入	710 000
贷：应交税费——应交增值税（销项税额）	113 600
贷：银行存款	409 300
贷：营业外收入	10 000

③ 同时结转库存商品成本，作会计分录如下：

借：主营业务成本	610 000
贷：库存商品	610 000

3) 以支付现金形成的长期股权投资的核算，应在购买日按实际支付的价款及相关税费扣除已宣告但尚未发放的现金股利，借记"长期股权投资"账户；按已宣告但尚未发放的现金股利，借记"应收股利"账户；按实际支付的价款及相关税费，贷记"银行存款"账户。比照非同一控制下企业合并形成的长期股权投资的相关规定进行处理。

【例 8-20】6 月 5 日，A 公司从证券二级市场购买 B 公司股票 200 000 股，准备长期持有，该股票每股 6.20 元，占该公司股份的 8%，另按交易金额的 3‰ 支付佣金，1‰ 缴纳印花税，款项签发银行转账支票支付。该公司已宣告将于 6 月 15 日发放现金股利，每股 0.15 元。作会计分录如下：

　　借：长期股权投资——成本　　　　　　　　　　1 214 960
　　借：应收股利　　　　　　　　　　　　　　　　　　30 000
　　　　贷：银行存款　　　　　　　　　　　　　　　1 244 960

4）以发行权益性证券取得的长期股权投资的核算，应在证券发行日，按证券的公允价值（包括相关税费），借记"长期股权投资"；按发行证券的面值，借记"股本"（股份制企业采用该科目）账户；按公允价值与面值的差额，贷记"资本公积"账户；按支付发行相关税费，贷记"银行存款"账户。

【例 8-21】A 公司以发行股票 500 000 股的方式取得 B 公司 20%的股权，股票每股面值 1 元，发行价为 5 元，另需支付相关税费 28 000 元，签发转账支票支付。作会计分录如下：

　　借：长期股权投资——成本　　　　　　　　　　2 528 000
　　　　贷：股本　　　　　　　　　　　　　　　　　100 000
　　　　贷：资本公积——资本溢价　　　　　　　　2 400 000
　　　　贷：银行存款　　　　　　　　　　　　　　　28 000

(3) 长期股权投资成本法和权益法的核算

　　企业取得长期股权投资按对被投资单位的控制和影响的程度不同，有成本法和权益法两种。

　　如果投资企业能够对被投资单位实施控制的长期股权投资，投资企业对被投资单位不具有共同控制或重大影响，并且在活跃市场中没有报价、公允价值不能可靠计量的长期股权投资，应采用成本法核算；如果投资企业对被投资单位具有共同控制或者重大影响的长期股权投资，应采用权益法核算。

　　控制，是指有权决定一家企业的财务和经营政策，并能据以从该企业的经营活动中获取利益。投资企业能够对被投资单位实施控制的，被投资单位为其子公司，投资企业应当将子公司纳入合并财务报表的合并范围。投资企业对子公司的长期股权投资，应当采用准则规定的成本法核算，编制合并财务报表时按照权益法进行调整。

　　共同控制，是指按照合同约定对某项经济活动所共有的控制，仅在与该项经济活动相关的重要财务和经营决策需要分享控制权的投资方一致同意时存在。投资企业与其他方对被投资单位实施共同控制的，被投资单位为其合营企业。

　　重大影响，是指对一家企业的财务和经营政策有参与决策的权力，但并不能够控制或者与其他方一起共同控制这些政策的制定。投资企业能够对被投资单位施加重大影响的，被投资单位为其联营企业。通常投资企业拥有被投资单位 20%以上但低于 50%的表决权时，表明对被投资单位实施控制或施加重大影响，应当考虑投资企业和其他方持有的被投资单位当期可转换公司债券、当期可执行认股权证等潜在表决权因素。

1）成本法的核算

　　成本法是指长期股权投资按投资成本计价的方法。采用成本法进行核算时，长期股权投资以取得股权时的成本计价，除了投资企业追加投资、收回投资等情形外，长期股权投资的账面价值保持不变。被投资单位宣告分派的现金股利或利润，确认为当期投资收益。

　　投资企业确认投资收益，仅限于被投资单位接受投资后产生的累积净利润的分配额，所获得的利润或现金股利超过数额的部分作为初始投资成本的收回。

【例 8-22】 A 公司 1 月 1 日以 400 万元购入尚未上市的 B 公司 4‰的股份,购买过程中支付手续费 10 万元,其股权不存在活跃的市场价格,且 A 公司未参与投资后的有关生产经营决策。

① 签发支票 4 100 000 元,支付股票和手续费。作会计分录如下:

借:长期股权投资——成本　　　　　　　　　　　　4 100 000
　　贷:银行存款　　　　　　　　　　　　　　　　　　4 100 000

② 3 月 15 日,B 公司分配上一年及以前的所有的利润,A 公司按持股比例应分得 40 万元,作会计分录如下:

借:应收股利——B 公司　　　　　　　　　　　　　400 000
　　贷:投资收益　　　　　　　　　　　　　　　　　　 400 000

③ 收到股利时,作会计分录如下:

借:银行存款　　　　　　　　　　　　　　　　　　400 000
　　贷:应收股利——B 公司　　　　　　　　　　　　　400 000

2) 权益法的核算

投资企业对被投资单位具有共同控制或重大影响的长期股权投资,应当采用权益法核算。主要程序如下:

① 长期股权投资的初始投资成本大于投资时应享有被投资单位可辨认净资产公允价值份额的,不调整已确认的初始投资成本。长期股权投资的初始投资成本小于投资时应享有被投资单位可辨认净资产公允价值份额的,应按其差额,借记"长期股权投资"账户(成本),贷记"营业外收入"账户。

② 根据被投资单位实现的净利润或经调整的净利润计算应享有的份额,借记"长期股权投资"科目(损益调整),贷记"投资收益"账户。被投资单位发生净亏损作相反的会计分录,但以"长期股权投资"账户的账面价值减记至零为限;还需承担的投资损失,应将其他实质上构成对被投资单位净投资的"长期应收款"等的账面价值减记至零为限;除按照以上步骤已确认的损失外,按照投资合同或协议约定将承担的损失,确认为预计负债。发生亏损的被投资单位以后实现净利润的,应按与上述相反的顺序进行处理。

被投资单位以后宣告发放现金股利或利润时,企业计算应分得的部分,借记"应收股利"账户,贷记"长期股权投资"账户(损益调整)。收到被投资单位宣告发放的股票股利,不进行账务处理,但应在备查簿中登记。

③ 在持股比例不变的情况下,被投资单位除净损益以外所有者权益的其他变动,企业按持股比例计算应享有的份额,借记或贷记"长期股权投资"账户(其他权益变动),贷记或借记"资本公积——其他资本公积"账户。

④ 长期股权投资核算方法的转换。将长期股权投资自成本法转按权益法核算的,应按转换时该项长期股权投资的账面价值作为权益法核算的初始投资成本,初始投资成本小于转换时占被投资单位可辨认净资产公允价值份额的差额,借记"长期股权投资"账户(成本),贷记"营业外收入"账户。长期股权投资自权益法转按成本法核算的,除构成企业合并的以外,应按中止采用权益法时长期股权投资的账面价值作为成本法核算的初始投资成本。

⑤ 因追加投资等原因能够对被投资单位实施共同控制或重大影响但不构成控制的,应当改按权益法核算,并以成本法下长期股权投资的账面价值或按照《企业会计准则第22号——金融工具确认和计量》确定的投资账面价值作为按照权益法核算的初始投资成本。

【例8-23】 A公司从B公司的股东中购入该公司42%的股权,取得了对B公司的共同控制权,而对价付出资产的账面价值为2 890 000元,其中:固定资产1 200 000元,已计提折旧240 000元,其余1 930 000元签发转账支票支付。

1) 3月5日,购买日,作会计分录如下:

借:长期股权投资——成本　　　　　　　　　　　　2 890 000
借:累计折旧　　　　　　　　　　　　　　　　　　　240 000
　　贷:固定资产　　　　　　　　　　　　　　　　　1 200 000
　　贷:银行存款　　　　　　　　　　　　　　　　　1 930 000

2) 3月6日,A公司接受B公司投资后,可辨认净资产公允价值为7 000 000元,按A公司享有42%的份额,调整长期股权投资,作会计分录如下:

借:长期股权投资——成本　　　　　　　　　　　　　50 000
　　贷:营业外收入　　　　　　　　　　　　　　　　　50 000

3) 12月31日,A公司利润表上的净利润为690 000元,按照应享有的42%的份额调整"长期股权投资"账户,作会计分录如下:

借:长期股权投资——损益调整　　　　　　　　　　　289 800
　　贷:投资收益　　　　　　　　　　　　　　　　　 289 800

4) 12月31日,A公司资产负债表上所有者权益增加的金额中,有60 000元发生资本溢价,可供出售金融资产公允价值变动等因素而产生的,按照应享有的份额转账,作会计分录如下:

借:长期股权投资——其他权益变动　　　　　　　　　 25 200
　　贷:资本公积——其他资本公积　　　　　　　　　　25 200

5) 第二年3月5日,A公司宣告将于3月15日按净利润的50%分配利润,作会计分录如下:

借:应收股利　　　　　　　　　　　　　　　　　　　144 900
　　贷:长期股权投资——损益调整　　　　　　　　　　144 900

(4) 长期股权投资减值的核算

期末对长期股权投资要进行核对核查,如果有持续低于市价,或被投资单位经营环境有重大变化情况,表明长期股权投资的可收回金额低于账面价值,从而发生减值的,应当计提减值准备。按照准则规定的成本法核算的、在活跃市场中没有报价、公允价值不能可靠计量的长期股权投资,其减值应当按照《企业会计准则第22号——金融工具确认和计量》处理;其他按照准则核算的长期股权投资,其减值应当按照《企业会计准则第8号——资产减值》处理。

"长期股权投资减值准备"账户属资产类账户,它是"长期股权投资"账户的抵减账户,用以核算企业长期股权投资发生减值时计提的减值准备。企业计提长期股权投资减值准备时,记入贷方;企业出售以计提减值准备的长期股权投资时,记入借方;期末余额在贷方,表示企业已计提但尚未转销的长期股权投资减值准备。

资产负债表日,长期股权投资发生减值的,按应减记的金额,借记"资产减值损失"科目,贷记"长期股权投资减值准备"科目。

【例 8-24】9 月 30 日,A 公司持有 B 公司股票 100 000 股,占该公司股份的 6%,因该公司发生严重财务困难,每股市价下跌为 4.90 元,交易费用为 4‰。查该股票账面价值:成本为 509 000 元,损益调整为借方余额 12 000 元,计提其减值准备,作会计分录如下:

长期股权投资可收回金额=4.90×100 000×(1-4‰)=488 040 元

借:资产减值损失——长期股权投资减值损失　　　　　32 960
　　贷:长期股权投资减值准备　　　　　　　　　　　　　32 960

长期股权投资减值损失一经确认,在以后会计期间不得转回。

(5) 长期股权投资处置的核算

企业处置长期股权投资时,应按实际收到的金额,借记"银行存款"账户,原已计提减值准备的,借记"长期股权投资减值准备"账户;按其账面余额,贷记"长期股权投资"账户;按尚未领取的现金股份或利润,贷记"应收股利"账户,将这些账户之间差额列入"投资收益"账户。

【例 8-25】续上例,12 月 1 日,A 公司出售 B 公司股票 100 000 股,每股 5.00 元,交易金额的 3‰支付佣金,1‰支付印花税,收到出售净收入,存入银行。作会计分录如下:

借:银行存款　　　　　　　　　　　　　　　　　　　498 000
借:长期股权投资减值准备　　　　　　　　　　　　　　32 960
　　贷:长期股权投资——成本　　　　　　　　　　　　509 000
　　贷:长期股权投资——损益调整　　　　　　　　　　 12 000
　　贷:投资收益　　　　　　　　　　　　　　　　　　　9 960

如果按权益法核算的长期股权投资处置时,有除净损益以外的所有者权益的其他变动,还应将原已记入"资本公积——其他资本公积"账户的金额转入"投资收益"账户。

处置长期股权投资,其账面价值与实际取得价款的差额,应当计入当期损益。采用权益法核算的长期股权投资,因被投资单位除净损益以外所有者权益的其他变动而计入所有者权益的,处置该项投资时应当将原计入所有者权益的部分按相应比例转入当期损益。

【例 8-26】A 公司持有 B 公司 1 200 000 股,并对该公司有重大影响。6 月 30 日,出售 B 公司股票 1 200 000 股,每股 6.70 元,按交易金额的 3‰支付佣金,1‰支付印花税,收到出售净收入,存入银行。查长期股权投资明细账户的余额,其中:成本为 7 2000 000 元,损益调整为 600 000 元,其他权益变动为 90 000 元,因其他权益变动形成的"资本公积——其他资本公积"账户余额为 90 000 元。

1) 将出售收入入账,作会计分录如下:

借:银行存款　　　　　　　　　　　　　　　　　　 8 007 840
　　贷:长期股权投资——成本　　　　　　　　　　　 7 200 000
　　贷:长期股权投资——损益调整　　　　　　　　　　 600 000
　　贷:长期股权投资——其他权益变动　　　　　　　　　90 000
　　贷:投资收益　　　　　　　　　　　　　　　　　　 117 840

2) 结转因其他权益变动形成的资本公积,作会计分录如下:

借：资本公积——其他资本公积	90 000	
贷：投资收益		90 000

8.2 负债的核算

8.2.1 负债的含义

开办企业必须具备一定的资金。企业的资金来自两个方面：一是投资者投入的资金；二是通过融资形式借入的资金，即形成企业的负债。负债是企业对债权所承担的一种债务，它以货币计量，需要以资产或劳务来偿还，故负债又称为债权人权益。负债分流动负债和非流动负债。

8.2.2 流动负债的核算

(1) 流动负债的含义

流动负债是指将于一年或超过一年的一个营业周期内偿还的债务，包括短期借款、应付票据、应付账款、预收账款、应付职工薪酬、应交税金、应付股利、其他应交款、预提费用等。

(2) 短期借款的核算

1) 短期借款的核算内容

短期借款，是指企业为了满足正常生产经营的需要而向银行或其他金融机构借入的期限在一年以内的各种借款。

短期借款利息属于筹资费用，应计入"财务费用"账户。在实际工作中银行一般于每季度末收取短期借款利息，为此，企业的短期借款利息一般采用分月预提的方式进行核算；如果企业按月支付利息或利息数额较小，也可于实际支付时直接计入"财务费用"账户。

例如，房地产开发企业的短期借款主要有：开发经营借款、临时借款、结算借款等。

2) 短期借款的账务处理

"短期借款"账户属负债类账户，用以核算企业向银行金融机构借入的期限在一年以下的各项借款。企业取得短期借款时，记入贷方；企业归还短期借款时，记入借方；期末余额在贷方，表示企业尚未归还的短期借款数额。该账户一般按短期借款种类或债权人进行明细核算。核算主要步骤如下：

① 企业从银行或其他金融机构取得借款时，借记"银行存款"账户，贷记"短期借款"账户；

② 每月月末预提利息时，借记"财务费用"账户，贷记"应付利息"账户；

③ 每季度末支付利息时，根据已预提利息，借记"应付利息"账户，根据期末计提利息，借记"财务费用"账户，根据应付利息总额，贷记"银行存款"账户；

④ 借款到期偿还本金时，应借记"短期借款"账户，贷记"银行存款"账户。

【例 8-27】A 公司于 2015 年 1 月 1 日向银行借入 800 000 元，期限为 9 个月，年利率 6%。该借款到期后按期如数归还，按季支付利息。

1) 1 月 1 日借款时，作会计分录如下：

借：银行存款	800 000	
贷：短期借款——银行		800 000

2) 1月末，预提当月利息4 000元（800 000×6‰÷12），作会计分录如下：

借：财务费用——利息支出　　　　　　　　　　　　4 000
　　贷：应付利息——银行借款　　　　　　　　　　　　4 000

注意：2月末时，预提当月利息的处理与1月末相同。

3) 3月末，支付本季度应付利息时，作会计分录如下：

借：财务费用——利息支出　　　　　　　　　　　　4 000
借：应付利息——银行借款　　　　　　　　　　　　8 000
　　贷：银行存款　　　　　　　　　　　　　　　　　12 000

注意：第2季度、第3季度利息的账务处理同上。

4) 10月1日偿还借款本金时，作会计分录如下：

借：短期借款　　　　　　　　　　　　　　　　　800 000
　　贷：银行存款　　　　　　　　　　　　　　　　800 000

境外借款取得的外汇，可以按规定在外汇指定银行开立现汇账户，借记"银行存款——外汇存款"科目，贷记"短期借款——短期外汇借款"科目。并按当日外汇牌价折合为人民币记账。

借款本息偿还时，可以按规定手续，用人民币向外汇指定银行购汇偿还。还款时借记"短期借款——短期外汇借款""财务费用——利息支出"账户；贷记"银行存款——外汇存款"账户。如月底或还款时汇率变动应调整汇兑损益。如果向境内外汇指定银行借款，则可按当月汇率向外汇指定银行结汇。

【例8-28】 A公司向中国银行借入100 000美元，期限为3个月，借款利息4%，本息到期一次归还。借款时汇率为8.20元，假设第1月、第2月两个月底汇率均为8.20元，还款时汇率为8.10元。

1) 借入时，作会计分录如下：

借：银行存款——外汇存款——美元　820 000（US＄100 000×8.20）
　　贷：短期借款——中国银行——短期外汇借款　　　820 000

2) 还款时，利息＝100 000×4%×3/12＝1 000美元，作会计分录如下：

借：短期借款——中国银行——期外汇借款
　　　　　　　　　　810 000（US＄100 000×8.10）
借：财务费用——利息支出　8 100　（US＄1000×8.10）
　　贷：银行存款——外汇存款——美元
　　　　　　　　　　818 100（US＄101 000×8.10）

3) 调整汇率变动，作会计分录如下：

借：短期借款——短期外汇借款　　　　　　　　　1 000
　　贷：财务费用——利息支出　　　　　　　　　　1 000

(3) 应付职工薪酬的核算

1) 职工薪酬核算的内容

职工薪酬是企业根据有关规定应付给职工的各种薪酬，按照工资、奖金、津贴、补贴、职工福利、社会保险费、住房公积金、工会经费、职工教育经费、解除职工劳动关系补偿、非货币性福利、其他与为职工提供的服务相关的支出等应付职工薪酬项目进行明细核算。

根据国家统计局布发《关于工资总额组成的规定》，工资总额指企业在一定时期内直接支付给本企业全部职工的劳动报酬的总额，由计时工资、计件工资、奖金、津贴和补贴、加班加点工资、特殊情况下支付的工资六个部分组成。

一般企业根据具体规定，职工工资一般按照工作责任大小、技能高低、时间长短、繁简程度等来确定工资标准，按照此标准支付薪酬。主要包括以下内容：

① 计时工资：是指按计时工资标准（包括地区生活费补贴）和工作时间支付给个人的劳动报酬。计时工资可分为：周工资制、日工资制和小时工资制。主要包括：A. 对已做工作按计时工资标准支付的工资；B. 实行结构工资制的单位支付给职工的基础工资和职务（岗位）工资等；C. 新参加工作职工的见习工资（学徒的生活费）等，是指按照劳动者的工作时间来计算工资的一种方式。

② 计件工资：指对已做工作按计件单价支付的劳动报酬。主要包括：A. 实行超额累进计件、直接无限计件、限额计件、超定额计件等工资制，按劳动部门或主管部门批准的定额和计件单价支付给个人的工资；B. 按工作任务包干方法支付给个人的工资；C. 按营业额提成或利润提成办法支付给个人的工资。

③ 奖金：是指支付给职工的超额劳动报酬和增收节支的劳动报酬。主要包括：A. 生产奖；B. 节约奖；C. 劳动竞赛奖；D. 机关、事业单位的奖励工资；E. 其他奖金。

④ 津贴和补贴：是指为了补偿职工特殊或额外的劳动消耗和因其他特殊原因支付给职工的津贴，以及为了保证职工工资水平不受物价影响支付给职工的物价补贴。

2）应付职工工资的核算

为了核算和监督企业与职工有关工资的结算和分配情况，正确反映应付职工薪酬的形成和支付情况，企业应设置"应付职工薪酬"账户，并应设置"应付职工薪酬明细账"，根据企业的具体情况，按职工类别、工资总额的组成内容进行明细核算。凡是包括在工资总额内的各种工资、奖金、津贴等，不论是否在当月支付，都应通过"应付职工薪酬"账户核算。

"应付职工薪酬"账户属负债类账户，用以核算企业根据规定应付给职工的各项薪酬，企业发生职工薪酬时，记入贷方；企业支付职工薪酬时，记入借方；期末余额在贷方，表示企业尚未支付的职工薪酬。

"其他应付款"账户属负债类账户，用以核算企业除应付票据、应付账款、预收账款、应付职工薪酬、应付利息、应付利润、应交税费等以外的其他各项应付、暂收的款项。企业发生各种其他应付、暂收款项时，记入贷方；企业支付或归还其他应付、暂收款项时，记入借方；期末余额在贷方，表示企业尚未支付的其他应付款项。

企业按照劳动制度的规定，根据考勤、工时记录、产量记录、工资标准、工资等级，编制工资计算表。通过"应付职工薪酬"账户，核算应付职工薪酬的分配、提取、发放等情况。

【例8-29】11月15日，某企业根据工资计算表，如图8-1工资计算表所示。

1）15日按照工资计算表，实发工资金额为181 559.20元，签发现金支票提取现金，备发工资，作会计分录如下：

借：库存现金　　　　　　　　　　　　　　　　　181 559.20
　　贷：银行存款　　　　　　　　　　　　　　　　181 559.20

2) 15 日,根据工资明细表,发放工资。作会计分录如下:

借:应付职工薪酬——职工薪酬　　　　　　　　　　142 520
借:应付职工薪酬——职工薪酬　　　　　　　　　　 50 070
借:应付职工薪酬——管理人员工资　　　　　　　　 29 620
　贷:库存现金　　　　　　　　　　　　　　　　　181 559.20
　贷:其他应付款——住房公积金　　　　　　　　　 15 554.70
　贷:其他应付款——养老保险费　　　　　　　　　 17 776.80
　贷:其他应付款——医疗保险费　　　　　　　　　　4 444.20
　贷:其他应付款——失业保险费　　　　　　　　　　2 222.10
　贷:应交税费——应交个人所得税　　　　　　　　　　　 653

3) 31 日将本月发放职工薪酬进行分配,作会计分录如下:

借:生产成本——职工薪酬　　　　　　　　　　　　142 520
借:制造费用——职工薪酬　　　　　　　　　　　　 50 070
借:管理费用——职工薪酬　　　　　　　　　　　　 29 620
　贷:应付职工薪酬——开发人员工资　　　　　　　142 520
　贷:应付职工薪酬——开发现场人员工资　　　　　 50 070
　贷:应付职工薪酬——管理人员工资　　　　　　　 29 620

应付职工福利费、工会经费、职工教育经费的核算:

职工福利费是企业用于卫生医疗、困难职工补助、集体福利设施和员工等活动的支出。根据《企业会计准则》规定按工资总额 14% 计提职工福利费。工资总额是每月直接支付全部员工的劳动报酬总额,包括工资、奖金、津贴等。

工会会费是企业工会组织的活动经费。根据《公司法》规定按工资总额 2% 计提工会会费,该经费用于职工文体活动、困难职工补贴等。

职工教育经费是指企业按工资总额的 1.5%~2.5% 一定比例提取用于职工教育事业的一项费用,是企业为职工学习先进技术和提高文化水平而支付的费用。企业发生的职工教育经费支出不超过工资薪金总额 2.5%。

计提职工福利费、工会会费、职工教育经费时,按生产人员工资总额计提,列入"生产成本";按车间管理人员工资总额计提,列入"制造费用";按管理人员工资总额计提,列入"管理费用"账户。

【例 8-30】某企业根据 11 月工资计算表,工资总额为 222 210 元,其中,生产人员工资总额为 142 520 元,车间管理人员工资总额为 50 070 元,管理人员工资总额为 29 620 元,分别按工资总额 14%、2%、1.5% 计提职工福利费、工会会费、职工教育经费,如图 8-1 所示。作会计分录如下:

借:生产成本——职工薪酬　　　　　　　　　　　 24 941.00
借:制造费用——职工薪酬　　　　　　　　　　　　 8 762.25
借:管理费用——职工薪酬　　　　　　　　　　　　 5 183.50
　贷:应付职工薪酬——职工福利　　　　　　　　　 24 941.00
　贷:应付职工薪酬——工会会费　　　　　　　　　　8 762.25
　贷:应付职工薪酬——职工教育经费　　　　　　　　5 183.50

工资计算表

2015 年 11 月 15 日

单位：元

| 姓名 | 工资 | 缺勤应扣工资 | | 应发工资 | 奖金 | 津贴和补贴 | | 应发薪酬合计 | 代扣款项 | | | | | 合计 | 实发工资金额 | 签章 |
		病假工资	事假工资			中夜班津贴	副食补贴		住房公积金	养老保险金	医疗保险金	失业保险金	个人所得税			
林××	2 900			2 900	200	80	60	3 240	226.80	259.20	64.80	32.40		583.20	2 656.80	
张××	3 100	260		2 840	290	100	60	3 290	230.30	263.20	65.80	32.90		592.20	2 697.80	
庞××	3 500		100	3 400	320		60	3 780	264.60	302.40	75.60	37.80		680.40	3 099.60	
薛××	4 300	150		4 150	400	180	60	4 610	322.70	368.80	92.20	46.10	20.41	850.21	3 759.79	
张××	5 100	150	360	5 100	600		60	5 760	403.2	460.80	115.20	57.60	33.06	1 069.86	4 690.14	
小计	18 900			18 390	1810		300	20 680	1 447.60	1 654.40	413.60	206.80	53.47	3 775.87	16 904.13	
生产人员工资合计	128 900	320	460	128 120	12 600	140 720	1 800	142 520	9 976.40	11 401.60	2 850.40	1 425.20	357.00	26 010.60	116 509.40	
车间管理人员工资	46 800	220	310	46 270	3 200	49 470	600	50 070	3 504.90	4 005.60	1 001.40	500.70	198.00	9 210.60	40 859.40	
管理人员工资合计	26 700		100	26 600	2 600	29 200	420	29 620	2 073.40	2 369.60	592.40	296.20	98.00	5 429.60	24 190.40	
工资总计	202 400	540	870	200 990	18 400	219 390	2 820	22 2210	15 554.70	17 776.80	4 444.20	2 222.10	653.00	40 650.80	181 559.20	

图 8-1 工资计算表

企业职工福利费开支范围主要有：职工医药费、职工的生活困难补助、职工及其供养直系亲属的死亡待遇、集体福利的补贴、工浴室、理发室、洗衣房维修、退休职工的费用、被辞退职工的补偿金、职工劳动保护费、职工在病假、生育假、探亲假期间领取到补助、伙食补助费等。

支付职工福利费、工会会费、职工教育经费时，借记"应付职工薪酬"账户，贷记"银行存款"或"库存现金"账户。

3)"五险一金"核算

"五险一金"指的是五种社会保险以及住房公积金，"五险"包括养老保险、医疗保险、失业保险、工伤保险和生育保险；"一金"指的是住房公积金。其中养老保险、医疗保险和失业保险，这三种险是由企业和个人共同缴纳的保费；工伤保险和生育保险完全是由企业承担的，个人不需要缴纳。这里要注意的是"五险"是法定的，而"一金"不是法定的。

《中华人民共和国国民经济和社会发展第十三个五年规划纲要》提出，将生育保险和基本医疗保险合并实施。这意味着，未来随着生育保险和基本医疗保险的合并，人们熟悉的"五险一金"或将变为"四险一金"。2016年12月19日，全国人大常委会审议相关决定草案，拟授权国务院在河北省邯郸市等12个生育保险和基本医疗保险合并实施试点城市行政区域暂时调整实施《中华人民共和国社会保险法》有关规定，拟将邯郸、郑州等12地作为试点，实施生育保险基金并入职工基本医疗保险基金征缴和管理。两险合并之后，未来就是"四险一金"了。参加医疗保险的人可以享受到生育保险的待遇。

住房公积金，是指国家机关、国有企业、城镇集体企业、外商投资企业、城镇私营企业及其他城镇企业、事业单位、民办非企业单位、社会团体及其在职职工缴存的长期住房储备金。

"五险一金"缴纳比例见表8-3，各地区计提比例标准略有差异。

"五险一金"缴纳比例表　　　　　　　　　　　　　　　　表8-3

缴纳项目	个人缴费比例	单位缴费比例
养老保险	8%	20%
医疗保险	2%+3	12%
失业保险	1%	2%
工伤保险	—	0.5%~1.2%
生育保险	—	0.8%
住房公积金	7%~12%	7%~12%

企业负担的养老保险、医疗保险、失业保险、工伤保险、生育保险和住房公积金按月计提，根据不同人员分别借记"生产成本""管理费用""制造费用"等账户，贷记"应付职工薪酬"账户。

根据【例8-30】职工负担的养老保险、医疗保险、失业保险和住房公积金在发放职工薪酬时已代扣，并列入"其他应付款"账户。

按规定将养老保险、医疗保险、失业保险、工伤保险、生育保险缴纳社会保险事业基金结算管理中心，将住房公积金缴纳到公积金管理中心时，借记"应付职工薪酬""其他应付款"账户,贷记"银行存款"账户。

【例 8-31】 根据前例的资料对社保费和住房公积金进行计提和核算。

1) 按工资总额 12% 计提医疗保险,作会计分录如下:

  借:应付职工薪酬——职工薪酬   26 665.20
    贷:应付职工薪酬——社会保险费   26 665.20

2) 按工资总额 20%、2%、7% 计提养老保险、失业保险和住房公积金,作会计分录如下:

  借:生产成本——职工薪酬   41 330.80
  借:制造费用——职工薪酬   14 520.30
  借:管理费用——职工薪酬   8 589.80
    贷:应付职工薪酬——社会保险   48 886.20
    贷:应付职工薪酬——住房公积金   15 554.70

3) 将本月企业负担和个人负担合计总数,将养老保险、医疗保险、失业保险和住房公积金分别缴纳到社会保险事业基金结算管理中心和公积金管理中心。作会计分录如下:

  借:应付职工薪酬——社会保险   75 551.40
  借:应付职工薪酬——住房公积金费   15 554.70
  借:其他应付款——住房公积金   15 554.70
  借:其他应付款——养老保险费   17 776.80
  借:其他应付款——医疗保险费   4 444.20
  借:其他应付款——失业保险费   2 222.10
    贷:银行存款   31 109.40
    贷:银行存款   99 994.50

(4) 应交税费的核算

税金是国家根据税法的税率向企业和个人征收的税款,它是国家财政预算收入的重要组成部分。必须按照国家规定履行纳税义务,对其经营所得依法缴纳各种税金。其主要税种有:①增值税;②城市维护建设税及教育费附加;③房产税;④车船使用税;⑤印花税;⑥企业所得税。

各种税种的课税对象、计税依据、税率和计算方法也不尽相同。

1) 增值税的核算

增值税是指对我国境内以商品(含应税劳务)在流转过程中产生的增值额作为计税依据而征收的一种流转税。从计税原理上说,增值税是对商品生产、流通、劳务服务中多个环节的新增价值或商品的附加值征收的一种流转税。实行价外税,也就是由消费者负担,有增值才征税没增值不征税。

增值税是对销售货物或者提供加工、修理修配劳务以及进口货物的单位和个人就其实现的增值额征收的一个税种。增值税已经成为中国最主要的税种之一,增值税的收入占中国全部税收的 60% 以上,是最大的税种。增值税由国家税务局负责征收,税收收入中 75% 为中央财政收入,25% 为地方收入。进口环节的增值税由海关负责征收,税收收入全部为中央财政收入。

由于增值税实行凭增值税专用发票抵扣税款的制度,因此对纳税人的会计核算水平要求较高,要求能够准确核算销项税额、进项税额和应纳税额。但实际情况是有众多的纳税人达不到这一要求,因此《中华人民共和国增值税暂行条例》将纳税人按其经营规模大小以及会计核算是否健全划分为一般纳税人和小规模纳税人。

一般纳税人具备的条件:

① 生产货物或者提供应税劳务的纳税人,以及以生产货物或者提供应税劳务为主(即纳税人的货物生产或者提供应税劳务的年销售额占应税销售额的比重在50%以上)并兼营货物批发或者零售的纳税人,年应税销售额超过500万元的;

② 从事货物批发或者零售经营,年应税销售额超过500万元的;

③ 有健全的财务管理人员和财务制度。

小规模纳税人具备的条件:

① 从事货物生产或者提供应税劳务的纳税人,以及从事货物生产或者提供应税劳务为主(即纳税人的货物生产或者提供劳务的年销售额占年应税销售额的比重在50%以上),并兼营货物批发或者零售的纳税人,年应征增值税销售额(简称应税销售额)在500万元以下(含本数)的。

② 除上述规定以外的纳税人,年应税销售额在500万元以下(含本数)。

③ 没有健全的财务管理人员和财务制度。

根据《财政部税务总局关于调整增值税税率的通知》财税〔2018〕32号文件,自2018年5月1日执行。增值税税率、征收率、扣除率见表8-4。

增值税税率、征收率、扣除率表　　　　　　　　　　表8-4

税率	征收对象	主要行业	备注
16%	(一)销售货物	工业、商业、电力、气体等	除10%、0%税率货物
	(二)劳务	加工、修理修配	
	(三)有形动产租赁服务	汽车租赁、机械设备租赁等	不含融资租赁
	(四)进口货物		
10%	(一)交通运输	物流、铁路、公路、船空等运输	不含物流辅助
	(二)邮政	邮政公司	
	(三)基础电信	移动、电信等	不含增值电信服务
	(四)建筑	建筑、安装、装饰、绿化等	清包工等可简易
	(五)不动产租赁	房屋出租、土地租赁等	除个人住房出租
	(六)销售不动产	房地产开发等	
	(七)转让土地使用权	土地转让	
	(八)粮食等农产品	粮油公司	限农业初级产品
	(九)食用植物油、食用盐	同上	不含工业用
	(十)自来水	自来水公司	可简易计税
	(十一)暖气、冷气等	煤气公司、液化气站等	
	(十二)图书、报纸、杂志等	书店、音像店等	
	(十三)饲料、化肥、农机等	农资生产销售公司等	不含农机配件
	(十四)国务院规定的其他货物		

续表

税率	征收对象	主要行业	备注
6%	（一）销售服务	金属、现代服务、生活服务	除10%税率外
	（二）销售无形资产	转让商标、商誉、特许权等	
0%	（一）出口货物	外贸生产、销售	
	（二）境外销售服务		
	（三）境外销售无形资产		

企业进项税额允许抵扣的范围：

① 纳税人从销售方取得的增值税专用发票上注明的增值税额。主要范围有材料、库存商品、固定资产、现代服务、无形资产或者不动产等都可抵扣。其中准予抵扣的固定资产使用期限须超过12个月。

② 自2009年1月1日起，增值税一般纳税人购进（包括接受捐赠、实物投资）或者自制（包括改扩建、安装）固定资产发生的进项税额，可凭增值税专用发票、海关进口增值税专用缴款书和运输费用结算单据从销项税额中抵扣。纳税人允许抵扣的固定资产进项税额，是指纳税人2009年1月1日以后（含）实际发生，并取得2009年1月1日以后开具的增值税扣税凭证上注明的或者依据增值税扣税凭证计算的增值税额。

③ 自2013年8月1日起，增值税一般纳税人购进小汽车发生的进项税额可凭增值税专用发票、海关进口增值税专用缴款书和运输费用结算单据从销项税额中抵扣。

企业进项税额不允许抵扣的范围：

① 购进货物，用于非增值税应税项目、免征增值税项目、集体福利或者个人消费的固定资产；

② 前款所称固定资产，是指使用期限超过12个月的机器、机械、运输工具以及其他与生产经营有关的设备、工具、器具等；

③ 个人消费；

④ 非增值税应税项目，是指提供非增值税应税劳务、转让无形资产、销售不动产和不动产在建工程；

⑤ 是指不能移动或者移动后会引起性质、形状改变的财产，包括建筑物、构筑物和其他土地附着物。纳税人新建、改建、扩建、修缮、装饰不动产，均属于不动产在建工程；

⑥ 非正常损失，是指因管理不善造成被盗、丢失、霉烂变质的损失；

⑦ 应征消费税的摩托车、汽车、游艇，其进项税额不得从销项税额中抵扣；

⑧ 小规模纳税人。

销项税额即销售额乘以增值税税率。销售额是指纳税人销售货物或者提供应税劳务，从购买方所收取的全部价款，包括收取的一切价外费用，但不包括应收取的增值税额。如果纳税人以外汇结算销售额的，应折合人民币计算。以下是视同销售：

① 委托他人代销货物；

② 销售代销货物；

③ 设有两个以上机构的纳税人，将货物从一个机构移送到其他机构，但机构在同一

县（市）的除外；

④ 将自产货物用于不征增值税的项目或固定资产建设项目；

⑤ 将自产货物用于集体福利或个人消费；

⑥ 将自产货物无偿转让给其他单位或个人或作为投资；

⑦ 因停业、破产、解散等原因，将余存货物抵偿债务，分配给股东投资者。

根据《企业会计准则——应用指南》、财政部关于印发《营业税改征增值税试点有关企业会计处理规定》的通知，可以按表 8-5、表 8-6 应交税费明细科目所示设置增值税相关会计科目。

应交税费明细科目 表 8-5

借方	贷方二级明细科目	三级明细科目
	01 应交增值税	见表 8-6
	02 未交增值税	01 一般计税
		02 简易计税
	03 增值税留抵税额	
	04 待抵扣进项税额	01 未认证或已认证未申报抵扣进项税额
		02 "营改增"待抵减的销项税额
		03 新增不动产购进未满 12 月进项税

应交税费——应交增值税 表 8-6

借方二级明细	借方三级明细	四级明细	贷方一级明细	贷方三级明细
01 进项税额	17%	货物劳务	11 销项税额	17%货物劳务
		有形动产租赁		11%应税服务
	11%	运输		6%应税服务
		建筑安装		
		不动产租赁	12 "营改增"抵减的销项税额	
		购入不动产	13 出口退税	
		其他	14 进项税额转出	用于简易计税转出
	6%	金融		用于集体福利（个人消费、餐饮娱乐、居民日常、贷款服务、旅客运输服务及相关）
		财保		非正常损失
		其他		免抵退税不得免征和抵扣税额
				免税项目
	3%			其他转出
02 出口抵减内销产品应纳税额				
03 进项税额转入			15 转出多交增值税	
04 预交增值税				
05 "营改增"抵减的销项税额				
06 减免税额				
07 转出未交增值税				

增值税计算公式如下:

应纳增值税税额＝销项税额＋出口退税＋进项税额转出＋转出多交增值税－进项税额－已交税金－减免税额－出口抵减内销产品应纳税额－转出未交增值税

"应交税费"账户属负债类账户,用以核算企业按照税法等规定缴纳的各种税费和代扣代缴的个人所得税。企业发生应缴纳的各种税费时,记入贷方;企业缴纳各种税费时,记入借方;若期末余额在贷方,表示企业尚未缴纳的税费,若期末余额在借方,则表示企业多缴或尚未抵扣的税款。

【例8-32】企业纳税期为1个月,该企业为一般纳税人,3月应交增值税账户三级明细账户如下:销项税额68 541元,进项税额45 670元,进项税额转出350元,转出未交增值税7 641元。

A. 3月31日,根据以上资料计算本月应缴纳增值税额如下:

应交增值税额＝68 541＋350－45 670－7 641＝15 580元;根据计算结果,作会计分录如下:

借:应交税费——应交增值税——转出未交增值税　　　15 580
　　贷:应交税费——未交增值税　　　　　　　　　　　15 580

B. 4月10日,填制增值税缴款单,缴纳3月份增值税,作会计分录如下:

借:应交税费——未交增值税　　　　　　　　　　　　15 580
　　贷:银行存款　　　　　　　　　　　　　　　　　　15 580

如当期的销项税额小于进项税额不足抵扣时,其不足部分可结转下期继续抵扣,称为留抵税额。小规模纳税人销售货物或者应税劳务所取得的销售额,按3%的征收率计算应纳税额,不得抵扣进项税额。

小规模纳税人购进商品时,应将购进商品时支付的货款和增值税额作为商品的进价,记入"库存商品"账户;在销售商品时,不得填制增值税专用发票,只能采用普通发票,将销售商品取得的收入全部记入"主营业务收入"账户。"主营业务收入"账户反映是含税收入,月末用公式调整出销售额,分离出增值税额。公式如下:

$$销售额 = \frac{含税收入}{1 + 征收率(\%)}$$

$$应交增值税额 = 销售额 \times 征收率$$

【例8-33】某企业纳税期为1个月,该企业为小规模纳税人,3月"主营业务收入"账户余额为66 580元,增值税增收率3%,将增值税额从含税收入分离,计算结果为:

$$销售额 = \frac{66\ 580}{1 + 3\%} = 64\ 640.78 元$$

$$应交增值税额 = 64\ 640.78 \times 3\% = 1\ 939.22 元$$

A. 根据计算结果,作会计分录如下:

借:主营业务收入　　　　　　　　　　　　　　　　　1 939.22
　　贷:应交税费——应交增值税　　　　　　　　　　　1 939.22

B. 4月10日,填制增值税缴款单,缴纳3月份增值税,作会计分录如下:

借:应交税费——应交增值税　　　　　　　　　　　　1 939.22

贷：银行存款　　　　　　　　　　　　　　　　　　　　1 939.22

　2) 城市维护建设税和教育费附加的核算

　① 城市维护建设税的核算

　城市维护建设税，是国家为了对城市的公用事业和公共设施进行维护建设，而对缴纳增值税、消费税的企业和个人，就其实际缴纳税额为计税依据而征收的一种税。

　城市维护建设税，实行地区差别的三档比例税率，具体如下：

　A. 纳税人所在地为市区的，税率为 7%；

　B. 纳税人所在地为县城、镇的，税率为 5%；

　C. 纳税人所在地不在市区、县城或镇的，税率为 1%。

　企业对城市维护建设税（以下简称城建税）进行账务处理时，应设置"应交税费——应交城市维护建设税"明细账户，反映城建税的计算与缴纳情况。计算每月应纳城建税时，借记"税金及附加"科目，贷记"应交税费——应交城市维护建设税"科目。实际缴纳时，借记"应交税费——应交城市维护建设税"科目，贷记"银行存款"科目。该账户期末贷方余额，表示和反映企业应交未交的城建税。

　"税金及附加"账户属损益类账户，根据财会〔2016〕22号文件，我国实行"营改增"，将原来"营业税金及附加"账户改成"税金及附加"账户，其核算内容由原来"管理费用"核算的房产税、土地使用税、车船使用税、印花税四种税，调整到"税金及附加"账户内核算。所以"税金及附加"是核算企业经营活动发生的消费税、城市维护建设税、资源税、教育费附加、土地使用税、车船使用税、印花税等相关税费。企业按规定计算确定的与经营活动相关的税费，借记本科目，贷记"应交税费"等科目。企业收到返还的消费税等原记入本科目的各种税金，应按实际收到的金额，借记"银行存款"科目，贷记本科目，期末，应将本科目余额转入"本年利润"账户，结转后本科目应无余额。

　② 教育费附加的核算

　教育费附加，是国家为了发展地方教育事业而对缴纳增值税、消费税的企业和个人，就其实际缴纳税额为计税依据而征收的一种税。

　教育费附加的征收对象、计费依据、计算方法和征收管理与城市维护建设税相同，其计征比例统一为 3%，一般与城市维护建设税同时计提和缴纳。

　企业对教育费附加进行账务处理时，通过"应交税费——应交教育费附加"明细科目核算。计算每月应交教育费附加时，借记"税金及附加"科目，贷记"应交税费——应交教育费附加"科目。实际缴纳时，借记"应交税费——应交教育费附加"科目，贷记"银行存款"科目。

　【例8-34】某企业2017年3月实际缴纳的增值税 200 000 元、消费税为 40 000 元。

　① 计算应缴纳的城建税及教育费附加如下：

　　　　应缴纳城建税 =（200 000 + 40 000）× 7% = 16 800 元

　　　　应交教育费附加 =（200 000 + 40 000）× 3% = 7 200 元

　② 根据计算结果，作会计分录如下：

　借：税金及附加　　　　　　　　　　　　　　　　　　24 000

　　贷：应交税费——应交城市维护建设税　　　　　　　　　16 800

　　贷：应交税费——应交教育费附加　　　　　　　　　　　 7 200

③ 次月，缴纳城建税及教育费附加，作会计分录如下：

借：应交税费——应交城市维护建设税　　　　　　　16 800
借：应交税费——应交教育费附加　　　　　　　　　 7 200
　　贷：银行存款　　　　　　　　　　　　　　　　　　24 000

3）房产税、土地使用税、车船使用税和印花税的核算

① 房产税。房产税是指对在城市、县城、建制镇和工矿区的产权所有人征收的一种税。

房产税是从价计征和从租计征两种：企业自用房产从价计征，根据房产原值减除10%～30%后的余值计算缴纳，税率为1.2%。

$$应交房产税额 = 房产余值 \times 1.2\%$$
$$房产余值 = 房产原值 \times [1-(10\% \sim 30\%)]$$

企业房产出租的，根据房产租金收入，按12%的税率缴纳。

$$应交房产税额 = 房产租金收入 \times 12\%$$

② 土地使用税。土地使用税是指对在城市、县城、建制镇和工矿区范围内使用土地的单位和个人征收的一种税。土地使用税以纳税人实际占用的土地面积为计税依据，依照规定税额计算征收。

城镇土地使用税是以城镇土地为征税对象，对拥有土地使用权的单位和个人征收的税额。大城市的标准为1.50～30元/平方米/年；中等城市标准为1.20～24元/平方米/年；小城市的标准为0.90～18元/平方米/年；县城、建制镇、工矿区的标准为0.60～12元/平方米/年，具体按不同地区，地段档次计算征收。

城镇土地使用税根据实际土地的面积，按税法规定计算，其计算公式如下：

$$应交城镇土地使用税额 = 应税土地实际占用面积 \times 适用单位税额$$

③ 车船使用税。车船使用税是指对在我国境内车辆、船舶的所有人或者管理人按照我国税法征收的税款。车船使用税是以车船的计税标准和年适用税率计算缴纳。其中：机动船按净吨位计征；非机动船按载重吨位计征；车辆中除载货汽车按净吨位计征外，其余无论机动车还是非机动车均按辆计征。车船税采用按年申报和缴纳的方法。

【例8-35】某企业房产原值2 600 000元，允许抵扣30%计税，房产税年利率为1.2%，占用土地面积为300m^2，年税额为20元/m^2，有轿车一台，每年税额为450元，根据税务部门规定，5月15日前缴纳。4月末计算税额。

应交房产税额 = [2 600 000 × (1 - 30%) × 1.2%] ÷ 12 = 1 820元
应交城镇土地使用税额 = [300 × 20] ÷ 12 = 500元
应交车船税额 = 450元

根据以上计算结果，作会计分录如下：

借：税金及附加　　　　　　　　　　　　　　　　　2 770
　　贷：应交税费——应交房产税　　　　　　　　　　　1 820
　　贷：应交税费——应交城镇土地使用税　　　　　　　 500
　　贷：应交税费——应交车船税　　　　　　　　　　　 450

以上企业应缴纳的房产税、土地使用税、车船使用税，在"应交税费"账户下设置"应交房产税""应交土地使用税""应交车船使用税"明细账户进行核算。月份终了，企

业计算出当月应缴纳的房产税、土地使用税、车船使用税时，借记"税金及附加"账户，贷记"应交税费——应交房产税、应交土地使用税、应交车船使用税"账户；实际上交时，借记"应交税费——应交房产税、应交土地使用税、应交车船使用税"账户，贷记"银行存款"账户。

④ 印花税。印花税是指对在我国境内书立、领受应纳税凭证的单位和个人征收的一种税。

应纳税凭证包括：A. 购销、加工承揽、建设工程承包、财产租赁、货物运输、仓储保管、借款、财产保险、技术合同或者具有合同性质的凭证；B. 产权转移书据；C. 营业账簿；D. 权利、许可证照；E. 经财政部确定征税的其他凭证。

印花税纳税人根据应纳税凭证的性质，分别按比例税率或者定额税率计算应纳税额。其中：比例税率包括 0.5‰、0.3‰、1‰ 几档；定额税率按件定额贴花，每件 5 元。

营业账簿中记载资金的账簿，根据"实收资本"和"资本公积"两项合计金额的 5‰ 税率缴纳；其他账簿每件缴纳 5 元，许可证照每件缴纳 5 元。

印花税由纳税人自行计算自行购买税票，自行粘贴，并由纳税人在印花税票骑缝处盖戳注销。企业根据业务需要购买印花税票时，借记"税金及附加"账户，贷记"库存现金"账户。

根据《中华人民共和国契税暂行条例实施细则》第四条规定：契税的计税依据（二）：土地或"银行存款"。

有关企业所得税内容，在本教材第 10 章中已叙述，在此不再赘述。

（5）其他应付款的核算

其他应付款是指企业在商品交易业务以外发生的应付和暂收款项。指企业除应付票据、应付账款、应付工资、应付利润等以外的应付、暂收其他单位或个人的款项，是一项流动负债。

核算范围通常情况下，该科目核算企业应付、暂收其他单位或个人的款项，如应付租入固定资产和包装物的租金、存入保证金、应付、暂收所属单位、个人的款项、管辖区内业主和物业管户装修存入保证金；应付职工统筹退休金，以及应收暂付上级单位、所属单位的款项。

而企业经常发生的应付供货单位的货款，则是在"应付账款"和"应付票据"账户中核算。

在我国会计核算中，应设置"其他应付款"账户进行核算。当发生各种应付、暂收款项时，借记"银行存款"等账户，贷记"其他应付款"账户；当实际偿还、支付时，借记"其他应付款"账户，贷记"银行存款"账户。

【例 8-36】A 企业将打印机出租给 B 企业，收取押金 1 500 元，租期 3 个月。

1）收到押金时，作会计分录如下：

借：银行存款　　　　　　　　　　　　　　　　　　　　　　　1 500
　　贷：其他应付款——B 企业　　　　　　　　　　　　　　　　1 500

2）3 个月后，B 企业交回打印机，退还押金时，作会计分录如下：

借：其他应付款——B 企业　　　　　　　　　　　　　　　　　1 500
　　贷：银行存款　　　　　　　　　　　　　　　　　　　　　　1 500

3）假设3个月后，B企业没有保管好打印机，有损坏，按合同规定，扣押金的50%作为罚款，其余退还押金。作会计分录如下：

  借：其他应付款——B企业   1 500
    贷：营业外收入   750
      银行存款   750

8.2.3 非流动负债的核算

（1）非流动负债含义

非流动负债是指偿还期在一年或超过一年的一个会计年度的债务，它是企业向债权人筹集、可供企业长期使用的资金。企业的非流动负债主要包括长期借款、应付债券、长期应付款、专项应付款和预计负债等。

（2）借款费用处理

企业借款费用是借款利息及其他相关成本。包括：借款利息、利息调整的摊销、辅助费用以及因外币借款而发生的汇率差额等。其中辅助费用是借款手续费、发行债券发行费用等。

1）因借款发生的利息，包括向银行和其他金融机构等借入资金发生的利息、发行债券发生的利息，以及承担带息债务应计的利息。

2）因借款发生的折价或溢价的摊销，是指发行债券的溢价和折价。溢价和折价的摊销实质是对每期借款利息的调整，是借款费用一部分。

3）因借款发生的辅助费用，是借款过程中发生的评估费、手续费、印刷费、佣金等费用。

4）因外币借款会发生汇兑差额，汇率每天都不一样，进口、出口发货和收款时间不同，形成的汇兑差额也是借款费用一部分。

借款费用的确认原则为资本化支出和费用化支出，具体如下：

1）借款费用予以资本化的范围是固定资产，只发生在固定资产购置或建造过程中的借款费用，才能有符合条件的情况下予以资本化；发生在其他资产，例如，库存商品、原材料、无形资产上的借款费用不能予以资本化。这里指的固定资产不论企业购入、自行建造或委托其他单位建造的固定资产，一旦达到固定资产预定可使用状态，就不能借款予以资本化了。例如：购买不需安装的固定资产，在未购入时就已达到预定可使用状态，所以不属于资本化的资产范围。

2）应予以费用化的资产范围，按规定应予以资本化的借款范围为专门借款，即为构建固定资产而专门借入的款项。不包括流动资金借款等。

（3）长期借款的核算

1）长期借款的概念

长期借款是指企业向金融机构或其他单位借入的期限在一年以上的各种借款。

为购建固定资产而借入的长期借款，其利息发生在资产达到预定可使用状态前的，计入有关固定资产的购建成本；发生在资产达到预定可使用状态后的，应计入损益类账户。

2）长期借款的账务处理

"长期借款"账户属负债类账户。用以核算企业向银行等金融机构借入的期限为一年以上的长期借款及其应计利息。企业发生长期借款和应计利息时，记入贷方；企业归还长期借款和支付利息时，记入借方；期末余额在贷方，表示企业尚未偿还的长期借款。

"在建工程"账户属资产类账户。指企业固定资产的新建、改建、扩建，或技术改造、设备更新和大修理工程等尚未完工的工程支出。在建工程通常有"自营"和"出包"两种方式。自营在建工程指企业自行购买工程用料、自行施工并进行管理的工程；出包在建工程是指企业通过签订合同，由其他工程队或单位承包建造的工程。在建过程中借记本科目，贷记"银行存款""原材料""工程物资""应付职工薪酬"等科目；工程结束，验收合格投入使用时，归集"在建工程"所发生的一切支出，借记"固定资产"账户，贷记本科目。

为了核算和监督企业长期借款的借入、应计利息和归还本息情况企业应设置"长期借款"账户。其贷方登记企业借入的长期借款和计提的借款利息；借方登记企业归还的长期借款和借款利息。期末贷方余额反映企业尚未偿还的长期借款本息。该账户应按借款单位设置明细账户，按借款种类进行明细核算。

$$\frac{\text{一般借款利息}}{\text{费用资本化金额}} = \frac{\text{累计资本支出超过专门借款}}{\text{部分的资产支出加权平均数}} \times \frac{\text{所占用一般借}}{\text{款的资本化率}}$$

$$\frac{\text{所占用一般借}}{\text{款的资本化率}} = \frac{\text{所占用一般借款当期实际发生的利息之和}}{\text{所占用一般借款本金加权平均数}} \times 100\%$$

$$\frac{\text{所占用一般借款}}{\text{本金加权平均数}} = \Sigma \left(\frac{\text{所占用每笔}}{\text{一般借款本金}} \times \frac{\text{每笔一般借款在当期所占用的天数}}{\text{当期天数}} \right)$$

【例8-37】A企业为建造简易车间向银行借款6 000 000元、借款期限2年，借款年利率为7%，单利计算，到期一次归还本息。

1) 2015年6月30日，企业取得专门借款，款已转入银行时，作会计分录如下：

借：银行存款　　　　　　　　　　　　　　　　　　6 000 000
　　贷：长期借款——专门借款——本金　　　　　　　　6 000 000

2) 2015年6月30日，签发支票支付第一期工程款5 000 000元，作会计分录如下：

借：在建工程——建造工程——简易车间　　　　　　5 000 000
　　贷：银行存款　　　　　　　　　　　　　　　　　　5 000 000

3) 2015年7月31日，计提本月专门借款利息，作会计分录如下：

计提利息额 = [6 000 000 × 7%] ÷ 12 = 35 000元

借：在建工程——建造工程——简易车间　　　　　　35 000
　　贷：长期借款——专门借款——利息　　　　　　　　35 000

工程没结束前，计提利息费用，以后各月都作以上会计分录。

4) 2015年12月31日，收到尚未动用1 000 000元专门借款利息6 250元，作会计分录如下：

借：银行存款　　　　　　　　　　　　　　　　　　6 250
　　贷：在建工程——建造工程——简易车间　　　　　　6 250

5) 2016年5月31日，签发支票支付第二期工程款1 200 000元，作会计分录如下：

借：在建工程——建造工程——简易车间　　　　　　1 200 000
　　贷：银行存款　　　　　　　　　　　　　　　　　　1 200 000

6) 2016年6月30日,简易车间竣工,签发支票支付剩余工程款50 000元,作会计分录如下:

借:在建工程——建造工程——简易车间　　　　　50 000
　　贷:银行存款　　　　　　　　　　　　　　　　　　50 000

7) 2016年6月30日,计提本月份专门借款利息费用和建造简易车间占用一般借款的利息费用,一般借款的利率为6.5%,作会计分录如下:

计提一般借款利息额 = [200 000 × 6.5%] ÷ 12 = 1 083.33 元

借:在建工程——建造工程——简易车间　　　　　36 083.33
　　贷:长期借款——专门借款——利息　　　　　　　35 000.00
　　贷:长期借款——一般借款——利息　　　　　　　 1 083.33

8) 2016年6月30日,建造的简易车间达到预定可使用状态,交付使用,结算全部工程款项如下:全部工程款6 250 000元,加12个月计提专门借款利息420 000元,加占用一般借款的费用资本化金额1 083.33元,减去尚未动用资金收到利息6 250元,结算结果为:6 664 833.33元。作会计分录如下:

借:固定资产——经营用固定资产——简易车间　　　6 664 833.33
　　贷:在建工程——建造工程——简易车间　　　　　 6 664 833.33

9) 2016年7月31日,计提本月专门借款利息35 000元,作会计分录如下:

借:财务费用——利息支出　　　　　　　　　　　　35 000
　　贷:长期借款——专门借款——利息　　　　　　　 35 000

10) 2017年6月30日,签发支票归还专门借款本金6 000 000元,利息为840 000元,作会计分录如下:

借:长期借款——专门借款——本金　　　　　　　6 000 000
借:长期借款——专门借款——利息　　　　　　　 805 000
借:财务费用——利息支出　　　　　　　　　　　　 35 000
　　贷:银行存款　　　　　　　　　　　　　　　　　　6 840 000

8.2.4　应付债券的核算

(1) 债券的含义

债券是一种金融契约,是政府、金融机构、工商企业等直接向社会借债筹措资金时,向投资者发行,同时承诺按一定利率支付利息并按约定条件偿还本金的债权债务凭证。它是企业筹集资金的书面证明,具有法律效力,是一种长期应付票据。

我国只有股份有限公司、国有独资公司和两个以上的国有投资主体设立的有限责任公司才能发行公司债券,企业发行债券的总面额不得大于该企业自有资产净值;债券的票面利率不得高于银行相同期限居民定期存款利率的40%。且必须经中国人民银行批准,委托银行或其他金融机构代理发行债券。债券必须具备的内容有:

1) 债券的面值。又称本金,它是举债企业到期偿还持票人的金额。
2) 票面利率和付息日期。债券分别标明票面利率为年利率;支付利息的日期。
3) 债券的发行日期、编号和还本日期。

(2) 债券的发行价格

债券是指企业按照法定程序发行,约定在未来某一特定日期还本付息的有价证券。它是企业筹集长期资金的一种重要方式。

企业发行债券的价格受同期市场实际利率的影响较大。一般情况下,当企业发行债券的票面利率与实际利率一致时,可按发行债券的票面价值作为债券的发行价格,即按面值发行;当企业发行债券的票面利率高于实际利率时,可按超过债券的票面价值作为债券的发行价格,即溢价发行。溢价表明企业为将来多付利息而事先得到的补偿;当企业发行债券的票面利率低于实际利率时,可按低于债券的票面价值作为债券的发行价格,即折价发行,折价表明企业为将来少付利息而事先付出的代价。

债券的发行价格从资金时间价值的观念来理解,一部分是债券面值偿还时按市场利率折算的现值;另一部分是债券各期所支付利息按市场利率折算的现值,所谓现值是指未来某一时点上的一定量的现金折合为现在的价值。年金是指一定时期内每次等额收付的系列款项。计算公式如下:

债券发行价格＝债券面值偿还时的现值＋各期债券利息之和的现值

债券面值偿还时的现值＝债券面值×复利现值系数

各期债券利息之和的现值＝支付一期的利息额×年金现值系数

公式中的复利现值系数,在复利现值系数表查阅;公式中的年金现值系数也可以通过年金现值系数表查阅。

(3) 应付债券的账务处理

企业发行的长期债券按照债券面值计价,实际发行的价格超过或者低于债券面值的差额,即溢价或折价,在债券到期以前分期摊销利息额。

企业发行债券时支付的债券代理发行手续费,如发行债券是用于购建固定资产的,在资产达到预定可使用状态前,计入购建固定资产的价值;在所购建的资产达到预定可使用状态后,或者不是为购建固定资产而发行的,则应计入当期损益。

"应付债券"账户属于负债类账户,用以核算企业应支付的债券本息。企业发行债券的面值、因溢价而发生的利息调整额,债券应计利息和摊销债券因折价而发生的利息调整额记入贷方;企业发行债券因折价而发生的利息调整额、支付债券的应计利息、摊销债券因溢价而发生的利息调整额和偿还投资者的本金时记入借方;期末余额在贷方,表示企业尚未偿还投资者的债券本金和利息。

"应付利息"账户属于负债类账户,用以核算企业按照合同约定应支付的短期借款、分期付息到期还本的长期借款、长期债券等应支付的利息。企业发生应付利息时,记入贷方;企业支付利息时,记入借方;期末余额在贷方,表示企业尚未支付的利息。

【例 8-38】A 企业发行面值为 1 000 元的债券,票面利率为 8%,期限为 3 年,按年付息,而市场利率为 7%,计算债券发行价格如下:

按 7% 利率查得 3 年期的复利现值系数为 0.816 3;年金现值系数为 2.624 3。

债券发行价格＝1 000×0.816 3＋1 000×8%×2.624 3＝1 026.24 元。

计算结果表明,债券的发行价格为 1 026.24 元,溢价为 26.24 元。

1) 按面值发行债券的核算

企业按面值发行债券,收到发行债券时,借记"银行存款"账户,贷记"应付债券——在债券面值"账户。

债券的利息一般是按年支付,或到期一次支付,为了使企业利息均衡负担,应按约预提债券利息费用，借记"在建工程"账户或"财务费用"账户，如果按年付息的，贷记"应付利息"账户；对于到期一次支付利息的，则贷记"应付债券"账户。

债券到期支付利息时，借记"应付利息"账户或"应付债券"账户，贷记"银行存款"账户。

【例 8-39】某企业建造培训楼，2015 年 1 月 25 日按面值 10 000 000 元发行债券，债券票面利率为 9%，期限为 2 年，于 2017 年 1 月 31 日到期还本付息。

A. 2015 年 1 月 25 日，签发支票 80 000 元支付债券发行费用时，作会计分录如下：

借：在建工程——建筑工程——建造培训楼　　　　　　80 000
　　贷：银行存款　　　　　　　　　　　　　　　　　　　　80 000

B. 2015 年 1 月 31 日，收到发行债券款项 10 000 000 元，存入银行，作会计分录如下：

借：银行存款　　　　　　　　　　　　　　　　　　　1 000 000
　　贷：应付债券——债券面值　　　　　　　　　　　　　1 000 000

C. 2015 年 1 月 31 日，签发支票支付第一期工程款 9 000 000 元，作会计分录如下：

借：在建工程——建筑工程——建造培训楼　　　　　9 000 000
　　贷：银行存款　　　　　　　　　　　　　　　　　　　9 000 000

D. 2015 年 2 月 28 日，按 9% 票面利率计提本月债券利息，作会计分录如下：

计提债券利息额 = [10 000 000 × 9%] ÷ 12 = 75 000 元

借：在建工程——建筑工程——建造培训楼　　　　　　75 000
　　贷：应付债券——应计利息　　　　　　　　　　　　　　75 000

E. 2016 年 1 月 31 日，建造的培训楼已竣工，支付余款 1 000 000 元，作会计分录如下：

借：在建工程——建筑工程——建造培训楼　　　　　1 000 000
　　贷：银行存款　　　　　　　　　　　　　　　　　　　1 000 000

F. 2016 年 1 月 31 日，收到尚未动用的 1 000 000 元发行债券款利息 6 250 元，作会计分录如下：

借：银行存款　　　　　　　　　　　　　　　　　　　　6 250.00
　　贷：在建工程——建筑工程——建造培训楼　　　　　　6 250.00

G. 2016 年 1 月 31 日，建造的培训楼达到预定可使用状态，交付使用，结算全部工程款项如下：全部工程款 10 000 000 元，加 12 个月计提专门借款利息 900 000 元，加上发行债券费用 80 000 元，减去尚未动用资金收到利息 6 250 元，结算结果为：10 973 750 元。作会计分录如下：

借：固定资产——经营用固定资产——培训楼　　　　10 973 750
　　贷：在建工程——建筑工程——建造培训楼　　　　　10 973 750

H. 2017 年 1 月 31 日，债券到期，签发转账支票 11 800 000 元，支付本息。作会计分录如下：

借：应付债券——债券面值　　　　　　　　　　　　10 000 000
借：应付债券——应计利息　　　　　　　　　　　　　1 725 000
借：财务费用——利息支出　　　　　　　　　　　　　　75 000

贷：银行存款　　　　　　　　　　　　　　　　　　　　　　　11 800 000

　2）溢价和折价发行债券的核算

　① 溢价发行债券，是债券发行企业发行债券价格高于债券面值，其高于面值的差称为债券溢价。通过债券溢价的摊销冲减企业的利息费用；企业发行债券的票面利率高于市场实际利率时，意味企业将高于市场实际利率支付利息，届时需要溢价发行，是向投资者多收的款项，这笔款项以补偿以后各期多给投资者的利息。

　　企业溢价发行债券后，按实际取得的款项，借记"银行存款"账户；按债券面值，贷记"应付债券——债券面值"账户；实际发行额与面值的差额，贷记"应付债券——利息调整"账户。

　【例 8-40】A 企业建造培训楼，2015 年 1 月 25 日按面值 8 000 000 元发行债券，债券票面利率为 8.5%，期限为 2 年，每年 1 月 31 日付息日，于 2017 年 1 月 31 日到期还本。市场实际利率为 7%。

　A. 2015 年 1 月 25 日，签发支票 50 000 元支付债券发行费用时，作会计分录如下：

　　借：在建工程——建筑工程——建造培训楼　　　　　　　　　50 000
　　　　贷：银行存款　　　　　　　　　　　　　　　　　　　　　50 000

　B. 2015 年 1 月 31 日，债券面值为 1000 元，按 1026.75 元发行，收到溢价发行债券款 8 214 000 元，存入银行，作会计分录如下：

　　借：银行存款　　　　　　　　　　　　　　　　　　　　　　8 214 000
　　　　贷：应付债券——债券面值　　　　　　　　　　　　　　8 000 000
　　　　贷：应付债券——利息调整　　　　　　　　　　　　　　　214 000

　② 折价发行债券，是债券发行企业发行债券价格低于债券面值的债券，其低于面值的差称为债券折价。通过债券折价的摊销企业的利息费用；企业发行债券的票面利率低于市场实际利率时，意味着企业将低于市场实际利率支付利息，届时需要折价发行，是向投资者少收的款项，这笔款项以补偿以后各期少给投资者的利息。

　　企业折价发行债券后，按实际取得的款项，借记"银行存款"账户；按债券面值，贷记"应付债券——债券面值"账户；实际发行额与面值的差额，借记"应付债券——利息调整"账户。

　【例 8-41】A 企业因流动资金不足，2015 年 1 月 25 日发行面值 1 000 000 元的债券，债券票面利率为 7%，期限为 2 年，每年 1 月 31 日付息日，于 2017 年 1 月 31 日到期还本。市场实际利率为 8%。

　A. 2015 年 1 月 25 日，签发支票 10 000 元支付债券发行费用时，作会计分录如下：

　　借：财务费用　　　　　　　　　　　　　　　　　　　　　　10 000
　　　　贷：银行存款　　　　　　　　　　　　　　　　　　　　　10 000

　B. 2015 年 1 月 31 日，债券面值为 1 000 元，按 980.15 元发行，收到折价发行债券款 980 150 元存入银行，作会计分录如下：

　　借：银行存款　　　　　　　　　　　　　　　　　　　　　　　980 150
　　借：应付债券——利息调整　　　　　　　　　　　　　　　　　 19 850
　　　　贷：应付债券——债券面值　　　　　　　　　　　　　　1 000 000

　3）利息调整额摊销的核算

企业溢价发行和折价发行从而产生利息调整额。每月不仅要计提债券利息，还要摊销利息调整额，经过摊销后，使企业实际负担的利息费用与按市场实际利率计算的结果相一致。债券溢价和折价的摊销方法有直线法和实际利率法两种。

① 直线法摊销利息调整额的核算，直线法是指将利息调整额在债券到期前分期平均摊销的方法。摊销利息调整贷方余额时，借记"应付债券——利息调整"账户，贷记"在建工程"或"财务费用"账户。

【例 8-42】根据【例 8-40】某企业建造培训楼，溢价 214 000 元，发行 2 年期的债券 8 000 000 元。

A. 2015 年 1 月 31 日，签发支票支付第一期工程款 7 000 000 元，作会计分录如下：

借：在建工程——建筑工程——建造培训楼　　　　7 000 000.00
　　贷：银行存款　　　　　　　　　　　　　　　　　　7 000 000.00

B. 2015 年 2 月 28 日，按 8.5% 票面利率计提本月债券利息，作会计分录如下：

　　　　计提债券利息额 =（8 000 000 × 8.5%）÷ 12 = 56 666.67 元

借：在建工程——建筑工程——建造培训楼　　　　56 666.67
　　贷：应付债券——应计利息　　　　　　　　　　　　56 666.67

同时摊销本月份的利息调整额，作会计分录如下：

　　　　利息调整额 = 214 000 ÷ 24 = 8 916.67 元

借：应付债券——利息调整　　　　　　　　　　　　8 916.67
　　贷：在建工程——建筑工程——建造培训楼　　　　8 916.67

每月月末作相同分录。

C. 2016 年 1 月 31 日，将本月债券利息入账，并支付投资者一年期债券利息 680 000 元，作会计分录如下：

借：应付利息　　　　　　　　　　　　　　　　　　623 333.33
借：在建工程——建筑工程——建造培训楼　　　　56 666.67
　　贷：银行存款　　　　　　　　　　　　　　　　　　680 000.00

同时摊销本月份的利息调整额，作会计分录如下：

借：应付债券——利息调整　　　　　　　　　　　　8 916.67
　　贷：在建工程——建筑工程——建造培训楼　　　　8 916.67

D. 2016 年 1 月 31 日，收到尚未动用 1 214 000 元发行债券款利息 7 850 元，作会计分录如下：

借：银行存款　　　　　　　　　　　　　　　　　　7 850
　　贷：在建工程——建筑工程——建造培训楼　　　　7 850

E. 2016 年 1 月 31 日，建造的培训楼已竣工，支付余款 1 220 000 元，作会计分录如下：

借：在建工程——建筑工程——建造培训楼　　　　1 220 000
　　贷：银行存款　　　　　　　　　　　　　　　　　　1 220 000

F. 2016 年 1 月 31 日，建造的培训楼达到预定可使用状态，验收合格交付使用，结算全部工程款项如下：全部工程款 8 220 000 元，加上发行债券费用 50 000 元，加 12 个月计提专门借款利息 680 000 元，减去尚未动用资金收到利息 7 850 元，减利息调整额摊销为 107 000 元，结算结果为：8 835 150 元。作会计分录如下：

  借：固定资产——经营用固定资产——培训楼 8 835 150.00
   贷：在建工程——建筑工程——建造培训楼 8 835 150.00

通过 2 年的摊销，利息调整额全部摊销完毕，债券到期时，还本付息的核算方法与按面值发行债券的方法相同。摊销利息调整借方余额时，借记"在建工程"账户或"财务费用"账户，贷记"应付债券——利息调整"账户。

【例 8-43】 根据【例 8-41】，某企业因流动资金不足，折价 19 850 元债券票面利率为 7%，期限为 2 年。

A. 2015 年 1 月 25 日，按 7% 票面利率计提本月份债券利息，作会计分录如下：

  借：财务费用——利息支出 5 833.33
   贷：应付利息 5 833.33

同时摊销本月份的利息调整额，作会计分录如下：

     利息调整额 = 19 850 ÷ 24 = 827.08 元

  借：财务费用——利息支出 827.08
   贷：应付债券——利息调整 827.08

每月月末作相同分录。

B. 2016 年 1 月 31 日，将本月债券利息入账，并支付投资者一年期债券利息 700 000 元，作会计分录如下：

  借：应付利息 64 166.67
  借：财务费用——利息支出 5 833.33
   贷：银行存款 70 000.00

同时摊销本月份的利息调整额，作会计分录如下：

  借：财务费用 827.08
   贷：应付债券 827.08

② 实际利率法摊销利息调整额的核算，实际利率法是指将按债券面值和票面利率计算的票面利息，与按每付息期初债券现值和实际利率计算的实际利息之间的差额，作为每付息期利息调整额摊销数的方法。采用实际利率法摊销利息调整溢价金额，实际利息将会随着表示负债数额的应付债券现值的逐期减少而减少，而利息调整额却随之逐期增加，其计算方法见表 8-7。

【例 8-44】 根据【例 8-40】某企业建造培训楼，溢价 214 000 元，发行 8 000 000 元面值债券等内容为资料，债券票面利率 8.5%，实际利率为 7%，用实际利率法计算债券各期利息调整摊销额。

利息费用摊销计算表（单位：元） 表 8-7

付息日期	票面利息	实际利息	摊销利息调整额	利息溢价调整	应付债券现值
2015 年 1 月 31 日				214 000	8 214 000
2016 年 1 月 31 日	680 000	574 980	105 020	108 980	8 108 980
2017 年 1 月 31 日	680 000	571 020①	108 980	0	8 000 000

注：① 算上存在尾差，因此 571 020 是近似值。

以上计算是各期的票面利息，实际利息和利息调整摊销额，各月的票面利息、实际利息和利息调整额摊销都是按年计算的，要求出每月还要除以12求得。计算如下：

第一年每月应承担的票面利息为 680 000÷12＝56 666.67 元

第一年每月应承担的实际利息为 574 980÷12＝47 915 元

第一年每月利息调整摊销额为 105 020÷12＝8 751.67 元

2015年2月28日，根据计算结果，计提债券利息。作会计分录如下：

借：在建工程——建筑工程——建造培训楼　　　　　47 915
　　　应付债券——利息调整　　　　　　　　　　　　8 751.67
　　贷：应付利息　　　　　　　　　　　　　　　　　　56 666.67

采用实际利率法摊销利息调整折价金额，实际利息将会随着表示负债数额的应付债券现值的逐期增加而增加，而利息调整额却随之逐期增加。

【例8-45】根据【例8-41】A企业流动资金不足，折价19 850元，发行1 000 000元面值债券等内容为资料，债券票面利率7%，实际利率为8%，用实际利率法计算债券各期利息调整摊销额，见表8-8。

利息费用摊销计算表（单位：元）　　　　　　　　　　　表 8-8

付息日期	票面利息	实际利息	摊销利息调整额	利息折价调整	应付债券现值
2015年1月31日				19 850	980 150
2016年1月31日	70 000	78 412	8 412	11 438	988 562
2017年1月31日	70 000	79 084.96①	11 438	0	1 000 000

注：① 计算上存在尾差，因此79 084.96是近似值。

该题按实际利率摊销利息调整折价金额的核算方法与直线法相同，不再重述。

以上结果表明直线法摊销和实际利率法摊销优缺点如下：

优点：直线法计算比较简单，就是在应付债券的存续期内平均分摊。实际利率法是使得分配额更加接近于实际，更为客观、可靠。

缺点：直线法计算结果不够精确。实际利率法要计算出实际利率，再来计算摊销额。计算复杂，运用较为繁琐。

8.2.5　长期应付款的核算

（1）长期应付款的含义

长期应付款是指企业除长期借款、应付债券以外的其他各种长期应付款，一般企业包括融资租入固定资产的租赁费、以分期付款方式购入固定资产发生的应付款项等。

应付融资租入固定资产的租赁费等。包括设备的买价、运输费、保险费、利息费用、手续费等。企业采用融资租赁方式租入的固定资产，在租赁期内，由于租赁资产的风险和报酬已转移给了承租企业。因此，企业应将融资租入固定资产按照自有固定资产进行核算。

融资租赁的特点主要体现在：

1）租期较长（一般达到租赁资产使用年限）；

2）租约一般不能取消；

3）支付的租金包括了设备的价款、租赁费和借款利息等；

4) 租赁期满，承租人有优先选择廉价购买租赁资产的权利。

从上述分析可以看出，企业采用融资租赁方式租入固定资产，尽管从法律形式上资产的所有权在租赁期间仍然属于出租方，但由于资产租赁期基本上包括了资产有效使用年限，承租企业实质上获得了租赁资产所提供的主要经济利益，同时承担与资产有关的风险。因此企业应将融资租入资产作为一项固定资产计价入账，同时确认相应的负债，并计提固定资产的折旧。

为了区别融资租入固定资产和企业其他自有固定资产，企业应对融资租入固定资产单独设立"融资租入固定资产"明细科目核算，新《企业会计准则第21号——租赁》中规定：在租赁开始日，承租人应当将租赁开始日租赁资产公允价值与最低租赁付款额现值两者较低者作为租入资产的入账价值，将最低租赁付款额作为"长期应付款"的入账价值，其差额作为"未确认融资费用"。承租人在租赁谈判和签订租赁合同过程中发生的，可归属于租赁项目的手续费、律师费、印花税等初始直接费用，应当计入租入资产价值，而不是确认为当期费用。

（2）长期应付款的核算

承租企业在计算最低租赁付款额的现值时，可以采用租赁合同规定的利率作为折现率，当采用每期期末支付租金时，最低租赁付款额的现值计算公式如下：

最低租赁付款额的现值＝每期租金×年金现值系数＋担保余值×复利现值系数

承租人将租赁开始日租赁资产公允价值与最低租赁付款额现值两者较低者作为租入资产的入账价值。借记"固定资产"账户，按最低租赁付款额，贷记"长期应付款——应付融资租赁款"账户，按其差额，借记"未确认融资费用"账户。未确认融资费用在租赁期间各个期间可以采用直线法、实际利率法等方法进行摊销，借记"财务费用"账户，贷记"未确认融资费用"账户。按期支付融资租赁费时，借记"长期应付款——应付融资租赁款"账户，贷记"银行存款"等账户。租赁期满，如合同规定将设备所有权转归承租企业，应当进行转账，将固定资产从"融资租入固定资产"明细科目转入有关明细科目。

"长期应付款"账户属负债类账户，用以核算企业除长期借款和应付债券以外的各种其他长期应付款。企业发生长期应付款，记入贷方；企业偿还长期应付款时，记入借方；期末余额在贷方，表示企业尚未偿还的各种其他长期应付款。

"未确认融资费用"账户属负债类账户，它是"长期应付款"的抵减账户，用以核算企业应当分期计入利息费用的未确认融资费用。企业融资租入固定资产发生未确认融资费用时，记入借方；企业摊销融资费用时，记入贷方；期末余额在借方；表示企业未确认融资费用的摊余数额。

【例8-46】A企业年初融资租赁方式租入水泥罐车一辆，租赁期限为五年，租金为400 000元，公允价值为392 000元，租赁合同中规定折现率为9%，租金每年年末支付100 000元，租赁到期再支付2 000元，取得水泥罐车所有权，届时水泥罐车公允价值为36 000元。

1) 计算水泥罐车最低租赁付款额现值＝100 000×3.8897＋2 000×0.6499＝390 269.80元。

2) 用转账支票支付租赁过程中发生的咨询费、手续费、印花税等共计2 300元，作会计分录如下：

借：固定资产——融资租入固定资产　　　　　　　　　　　　　　2 300
　　　　贷：银行存款　　　　　　　　　　　　　　　　　　　　　　2 300
3）水泥罐车验收合格，达到预定使用状态。由于最低付款额现值低于公允价值，作会计分录如下：
　　借：固定资产——融资租入固定资产　　　　　　　　　　　　　390 269
　　　　未确认融资费用　　　　　　　　　　　　　　　　　　　　11 730
　　　　贷：长期应付款——应付融资租赁款　　　　　　　　　　　402 000
4）按月用直线法摊销未确认融资费用（11 730.20÷60＝195.50）时，作会计分录如下：
　　借：财务费用——利息支出　　　　　　　　　　　　　　　　　195.50
　　　　贷：未确认融资费用　　　　　　　　　　　　　　　　　　195.50
以后每月作以上相同的分录。
5）年末用转账支票支付水泥罐车本年度租金。作会计分录如下：
　　借：长期应付款——应付融资租赁款　　　　　　　　　　　　　80 000
　　　　贷：银行存款　　　　　　　　　　　　　　　　　　　　　80 000
6）5年后，租赁到期，按合同约定，用转账支票2 000元支付水泥罐车购买价款，作会计分录如下：
　　借：长期应付款——应付融资租赁款　　　　　　　　　　　　　2 000
　　　　贷：银行存款　　　　　　　　　　　　　　　　　　　　　2 000
同时取得水泥罐车的所有权，作会计分录如下：
　　借：固定资产——生产经营用固定资产　　　　　　　　　　　　392 569
　　　　贷：固定资产——融资租入固定资产　　　　　　　　　　　392 569

8.3　筹资的核算

　　企业必须拥有一定数量的资产，才能进行开发。企业取得资产的途径只有两个：一是由投资者投入；二是债权人提供，投资人和债权人对企业资金运营的经济利益享有要求权，属于投资部分的权益称为所有者权益；属于债权人部分权益称为债权人权益。

8.3.1　所有者权益的分类

所有者权益按其形成的来源不同，可分为投入资本和留存收益两类。
（1）投入资本
投入资本是投资者投入资本和投入资本本身的增值。他是所有者权益的主体。原始投入的所有者权益主要有国家、法人单位、个人以及外商投资的资本金。按投入资本形成的渠道不同，又分为实收资本和资本公积。
（2）留存收益
留存收益是企业历年实现的净利润留存于企业的积累。主要包括累计计提的盈余公积和未分配利润，指定用途的叫盈余公积，未指定用途的叫未分配利润。企业提取的盈余公积可用于弥补亏损、转增资本（或股本），在符合规定情况下也可用于发放现金股利或利润。

未分配利润通常用于留待以后年度向投资者进行分配。由于未分配利润属于未确定用途的留存收益,所以,企业在使用未分配利润上有较大的自主权,受国家法律法规的限制比较少。未分配利润是指企业留待以后年度分配的利润或未指定用途的利润。

8.3.2 实收资本的核算

企业对投资人的资本金,在"实收资本"账户(股份制房地产开发企业在"股本"账户)进行核算。"实收资本"账户属所有者权益账户,用以核算企业接受投资者投入的资本。企业收到投资者投入的资本时,记入贷方;企业按照法定程序报批经批准推出资本时,记入借方;期末余额在贷方,表示企业实收资本的总额。实收资本应按投资者进行明细分类核算。

1)投资者以货币资金投资,应按投资者实际投入的货币资金,借记"银行存款""库存现金"账户,贷记"实收资本"账户;以人民币以外的某种外币作为记账本位币的企业,收到投资者投入的外币时,按规定的汇率折合为人民币,借记"银行存款"等账户,贷记"实收资本"账户,由于汇率不同产生的折算差额计入"资本公积"账户。

【例 8-47】A 企业收到国家投入资金 100 万元,B 公司投资 200 万元,均存入银行。作会计分录如下:

  借:银行存款   1 000 000
    银行存款   2 000 000
   贷:实收资本——国家资本金   1 000 000
     实收资本——B 公司   2 000 000

2)投资者以非货币性资产投资,收到投资者投入的固定资产、材料物资、库存商品和无形资产时,按投资各方确认的价值借记"固定资产"、"原材料"、"库存商品"、"无形资产"等账户,贷记"实收资本"账户。经营期间,企业需增资扩股时,如有新的投资者介入,其实际出资额超过投资者在企业注册资本中所占的份额部分,作为资本溢价,计入"资本公积"账户。

【例 8-48】A 企业收到 B 公司投入木材一批,双方协议作价 100 万元,木材已验收入库。作会计分录如下:

  借:原材料——木材   1 000 000
   贷:实收资本——B 公司   1 000 000

【例 8-49】A 企业根据联营协议收到 B 公司投入挖掘机一台,其原值 55 万元,已提折旧 18 万元,投资双方确认价 39 万元;同时又收到 B 公司专利权一项,双方协议 28 万元。作会计分录如下:

  借:固定资产——挖掘机   390 000
    无形资产——专利权   280 000
   贷:实收资本——B 公司   670 000

8.3.3 资本公积的核算

(1)资本公积的概念

资本公积是指企业收到投资者出资额超过其在注册资本或股本中所占的份额以及直接计入所有者权益的利得和损失。它是由资本溢价和其他资本公积两部分组成。

资本公积与实收资本虽然都属于投入资本范畴,但两者又有区别。实收资本一般是投资者投入的，为谋求价值增值的原始投资，而且属于法定资本。资本公积有特定来源，其主要来源是资本溢价，是投资者投入的超额资本。

（2）资本溢价的核算

资本溢价是指企业收到投资者出资额超出其在注册资本中所占份额部分的金额。

"资本公积"账户属所有者权益类账户，用以核算企业收到投资者出资额超过其在注册资本或股本中所占份额的部分以及直接计入所有者权益的利得和损失。当企业发生资本溢价和直接计入所有者权益利得及转销直接计入所有者权益损失时，记入贷方；当企业将资本公积转增资本和发生直接计入所有者权益损失以及转销直接计入所有者权益利得时，计入借方；期末余额在贷方。表示企业资本公积的结存数额。"资本公积"二级明细有，"资本公积——资本溢价""资本公积——其他资本公积。"

该明细账户反映企业实际收到的资本金额大于注册资本的差额。企业收到投资者投入资本时，按实际收到的资金价值，借记"银行存款""原材料""固定资产"等账户，按注册资本数额贷记"实收资本"账户，两者的差额贷记"资本公积"账户。

【例 8-50】A 企业接受 B 公司投入仓库一座，按投资合同约定的价值 580 000 元计量，投入的资金占企业注册资本 3 000 000 元的 18％，仓库已达到预定可使用状态，验收使用，作会计分录如下：

借：固定资产——仓库　　　　　　　　　　　　　　　580 000
　　贷：实收资本——B 公司　　　　　　　　　　　　　540 000
　　　　资本公积——资本溢价　　　　　　　　　　　　 40 000

8.3.4　留存收益的核算

企业在生产经营中实现的净利润，属于所有者权益。可用于集体福利设施的资金来源，或留待以后年度予以分配。这部分净利润，在会计上就称为留存收益。留存收益按是否指定用途，分为盈余公积和未分配利润两大类。

（1）盈余公积的核算

1）盈余公积的内容

盈余公积是指企业从税后利润中提取形成的、存留于企业内部、具有特定用途的收益积累。盈余公积包括法定盈余公积根据用途不同为：一是法定盈余公积。法定盈余公积按照税后利润的 10％提取，法定盈余公积累计额已达注册资本的 50％时可以不再提取。二是任意盈余公积。是企业按照股东大会的决议提取。但必须在公司发放了优先股股利后才能提取。法定盈余公积和任意盈余公积的区别就在于其各自计提的依据不同。前者以国家的法律或行政规章为依据提取；后者则由企业自行决定提取资本的 50％时可以不再提取。在计算法定盈余公积的基数时，不应包括企业年初未分配利润。企业提取的盈余公积可用于弥补亏损、扩大生产经营、转增资本（或股本）或派送新股等。

盈余公积主要用于以下用途：

① 用于弥补企业亏损。弥补亏损的渠道主要有三条：一是用以后年度税前利润弥补。按照现行制度规定，企业发生亏损时，可以用以后五年内实现的税前利润弥补，即税前利润弥补亏损的期间为五年。二是用以后年度税后利润弥补。企业发生的亏损经过五年期间未弥补足额的，尚未弥补的亏损应用所得税后的利润弥补。三是以盈余公积弥补亏损。企

业以提取的盈余公积弥补亏损时,应当由公司董事会提议,并经股东大会批准。

② 用于企业转增资本。根据股东大会决议,企业可以将盈余公积转增资本。但转增资本时要注意以下几个问题:A. 先要办理增资手续;B. 要按原有资本或股份比例进行结转;C. 转增资本后留存的盈余公积不得少于注册资本的25%。

③ 用于发放现金股利或利润。当企业累积的法定盈余公积和任意盈余公积较多,而未分配利润较少时,为维护公司的形象给投资者以合理的回报,也可以用这两项盈余公积分派现金股利或利润。

2)盈余公积的核算

盈余公积账户属所有者权益类账户,用以核算企业按规定从净利润中提取的盈余公积,其二级明细为"盈余公积——法定盈余公积""盈余公积——任意盈余公积"。企业提取盈余公积时,记入贷方;企业以盈余公积弥补亏损、转增资本、计提股东股利时,记入借方;期末余额在贷方,表示企业盈余公积的结存数。

【例 8-50】某公司实现净利润为 3 000 000 元,按 10% 的比例提取法定盈余公积、按 5% 提取任意盈余公积,作会计分录如下:

借:利润分配——提取法定盈余公积	300 000
利润分配——提取任意盈余公积	150 000
贷:盈余公积——法定盈余公积	300 000
盈余公积——任意盈余公积	150 000

【例 8-51】某公司亏损 380 00 元,经批准以法定盈余公积弥补亏损。作会计分录如下:

借:盈余公积——法定盈余公积	380 000
贷:利润分配——盈余公积补亏	380 000

【例 8-52】某公司经股东大会批准以任意盈余公积 200 000 元转增资本。作会计分录如下:

借:盈余公积——任意盈余公积	200 000
贷:实收资本	200 000

企业经股东大会或类似机构决议,用盈余公积分配现金股利或利润时,应借记"盈余公积"账户,贷记"应付股利"账户。

【例 8-53】某公司经股东大会批准用任意盈余公积分派股东股利 300 000 元。作会计分录如下:

借:盈余公积——任意盈余公积	300 000
贷:应付股利——计提股东股利	300 000

(2)未分配利润的核算

1)未分配利润的含义

未分配利润是指企业留待以后年度进行分配的结存利润,它是企业所有者权益的组成部分。相对于所有者权益的其他部分来讲,企业对于未分配利润的使用分配有较大的自主权。从数量上来讲,未分配利润是期初未分配利润,加上本期实现的净利润,减去提取的各种盈余公积和分出利润后的余额。未分配利润有两层含义:一是留待以后年度分配的利润;二是未指定用途的利润。

2) 未分配利润的会计处理

在会计核算上，未分配利润是通过"利润分配——未分配利润"账户进行核算的。企业在生产经营过程中取得的收入和发生的成本费用，最终通过"本年利润"账户进行归集，计算出当年的净利润，然后转入"利润分配——未分配利润"账户进行分配。年度终了，再将"利润分配"账户下的各明细账户（其他转入、提取法定盈余公积、提取任意盈余公积、应付普通股股利等）余额，转入"未分配利润"明细账户。结转后，"未分配利润"明细账户的贷方余额，就是年末未分配利润的数额。如出现借方余额，则表示年末未弥补亏损的数额。其具体核算方法将在第9章财务成果岗位的业务处理中阐述，在此不再赘述。

本 章 习 题

综合题：

1. 交易性金融资产的核算。

资料：A公司发生下列有关经济业务：

1) 2月1日，购进B公司股票20 000股，每股7.60元，另以交易金额的3‰支付佣金，1‰缴纳印花税，款项一并签发转账支票支付。该股票为交易目的而持有。

2) 3月5日购进C公司股票10 000股，每股8.00元，另以交易金额的3‰支付佣金，1‰缴纳印花税，款项一并签发转账支票支付。C公司已于3月1日宣告分派现金股利，每股0.12元，定于3月11日起，按3月10日的股东名册支付。该股票为交易目的地而持有。

3) 4月15日，收到本公司持有3月5日购进的C公司10 000股股票的现金股利1 200元存入银行。

4) 5月8日，收到本公司持有2月1日购进的B公司股票20 000股的现金股利3 200元存入银行。

5) 5月20日，以1 070元购进D公司去年按面值发行的债券100张，每张面值100元以交易金额1‰支付佣金，款项一并签发转账支票支付。该债权年利率为8‰，每年5月20日支付利息。该债权为交易目的而持有。

6) 6月28日，收到D公司来付债券利息10 000元存入银行。

7) 6月28日，B公司股票每股公允价值为7.65元，C公司股票每股公允价值8.10元，D公司1 000元面值债券的公允值为1 001元，予以转账。

8) 6月28日，将公允价值变动损益结转"本年利润"账户。

9) 7月15日，出售持有的B公司股票10 0000股，每股7.80元，另按交易金额3‰支付佣金，1‰缴纳印花税，收到出售净收入，存入银行。

10) 7月25日，出售持有的B公司股票10 000股每股8.40元，按交易金额的3‰支付佣金，1‰缴纳印花税，收到出售净收入，存入银行。

11) 7月30日，出售持有的B公司债券公司10张，每张面值1 000元，现在按1 005元成交，另按交易金额1‰支付佣金。收到出售净收入，存入银行。

要求：根据以上资料，编制会计分录。

2. 持有至到期投资的核算。

资料：A公司发生下列有关经济业务：

1）5月31日，购进新发行的B公司2年债券80张，每张面值1 000元，按面值购进，并按交易金额1‰支付佣金，当即签发转账支票，支付全部款项。债券的票面年利率为8‰到期一次还本付息。该债券准备持有至到期。

2）5月31日，购进新发行的C公司5年期债券100张，每张面值1 000元，购进价格为1 020元，并按交易金额1‰支付佣金，当即签发转账支票支付全部款项。债券的票面年利率为9％，而实际年利率为8％，每年5月31日支付利息。该债券准备持有至到期。

3）5月31日，购进新发行的D公司2年期债券100张，每张面值1 000元，购进价格为989元，并按交易金额的1‰支付佣金，债券的票面年利率为7％，实际年利率为8％，每年12月31日支付利息。该债券准备持有至到期。

4）6月30日，分别计提三种债券本月份的应收利息入账。

5）6月30日，今决定将持有的B公司债券分类为可供出售金融资产，该1 000元面值债券的公允值为1 013元，予以转账。

下一年接着又发生下列有关经济业务：

1）7月31日，B公司付来去年发行的债券利息，存入银行。

2）7月31日，收到C公司付来去年发行的债券利息，存入银行。

3）7月25日，出售D公司发行的2年期债券90张，每张面值1 000元，现按999元出售，另按交易金额的1‰支付佣金，收到出售净收入，存入银行。

4）7月30日，B公司因发生严重的财务困难，将1 000元面值的债券仅以980元价值计提其减值准备。

5）8月15日，出售C公司发行的5年期债券100张，每张面值1 000元，出售价格为998元，另按交易金额的1‰支付佣金，收到出售净收入，存入银行。

要求：

1）编制会计分录（用直线法摊销利息调整额）。

2）用实际利率法计算利息调整各年的摊销。

3. 可供出售金融资产的核算。

资料：A公司发生下列有关的经济业务。

1）5月5日，购进B公司股票20 000股，每股7元，另以交易金额3‰支付佣金，1‰缴纳印花税，款项一并签发转账支票付讫，该股票准备日后出售。

2）5月10日，购进C公司股票10 000股，每股9元，另以交易金额3‰支付佣金，1‰缴纳印花税，款项一并签发转账支票付讫，C公司已于5月5日宣告将于5月20日分派现金股利，每股0.36元。该股票准备日后出售。

3）5月30日收到C公司发放的现金股利，每股0.36元，计3 600元，存入银行。

4）5月25日，收到B公司发放的现金股利，每股0.22元，计4 400元，存入银行。

5）5月30日，购进D公司按面值发行的2年期债券100 000，另以交易金额的1‰支付佣金，款项一并签发转账支票支付，该债券年利率为8％，每年4月30日付息。该债券准备日后出售。

6）5月30日，B公司股票每股公允价值7.20元，C公司股票每股8.90元，调整其账面值。

7）5月25日，出售B公司股票20 000，每股7.50元，另按交易金额3‰支付佣金，1‰缴纳印花税，收到出售净收入，存入银行。

8）6月30日，C公司因经营失误发生严重财务困难，其股票的公允值大幅度降低，每股为7.90元，计提其减值损失。

要求：编制会计分录。

4. 短期借款的核算。

某企业2015年1月1日向银行借入1 000 000元，借款利率为7%，借款期限为2年，每年年末偿还借款利息。该企业用该项借款建造厂房，厂房于2017年1月1日完工，支付工程款900 000元（不含借款利息），并办理了竣工结算手续，2017年1月1日贷款到期。

要求：对该项业务逐年进行账务处理。

5. 长期借款的核算。

某公司于2014年1月1日发行5年期、一次还本、分期付息的公司债券，每年12月31日支付利息。该公司债券票面年利率为5%，面值总额为300 000万元，发行价格总额为313 347万元；支付发行费用120万元，发行期间冻结资金利息为150万元。假定该公司每年年末采用实际利率法摊销债券溢折价，实际利率为4%。2015年12月31日该应付债券的账面余额为308 348.56万元。

要求：对该项业务逐年进行账务处理。

6. 实收资本的核算。

资料1：某企业2015年5月发生如下经济业务。

1）5月2日，收到李某股东投入人民币10 000 000元，存入银行。

2）5月4日，收到A公司投入钢材一批，双方协议作价100 000元，材料已验收入库。

3）5月6日，根据联营协议收到B单位投入机器设备1台，设备原值200 000元，已计提折旧50 000元，投资双方确认价150 000元；同时收到一项专利，双方协议作价100 000元。

资料2：C房地产开发企业创立时由甲、乙、丙三人各投资100 000元，总资本共3 000 000元，3年后取得留存收益800 000元，现有丁投资者出资1 500 000元，以银行存款支付出资额，取得甲、乙、丙相同的投资比例。

D房地产股份有限公司委托证券公司代理发行普通股100 000股，每股面值1元，发行价2.50元，代理发行的手续费按发行收入3%从发行收入中扣除。

要求：根据上述资料编制会计分录。

9 财务成果岗位的业务处理

【知识目标】
1. 理解财务成果的含义。
2. 知道营业利润的含义。
3. 知道利润总额的含义。
4. 知道净利润的含义。
5. 熟知计算财务成果步骤。
6. 掌握财务成果核算。

【技能目标】
1. 能根据公式求出营业利润。
2. 能根据公式求出利润总额。
3. 能根据公式求出净利润。
4. 会计算所得税费用。
5. 会编制本年利润会计分录。
6. 会根据会计分录登记有关账户。
7. 会核算和编制利润分配的会计分录。

【案例导入】

小王所在的A企业，本年度"本年利润"账户贷方发生额为72 500元，借方发生额55 750元。按照相关规定，企业进行了如下事项：

1) 企业根据规定按净利润的10%提取法定盈余公积金。

2) 企业按照批准的利润分配方案，向投资者分配现金股利5 000元。

3) 年终决算时，根据"本年利润"账户借贷方的差额16 750（72 500－55 750）元，转入"利润分配"账户所属的"未分配利润"明细分类账户的贷方。

4) 年终决算时，将"利润分配"账户所属的各明细分类账户的借方分配数合计6 675元（其中提取盈余公积金1 675元，应付股利5 000元）结转到"利润分配——未分配利润"明细分类账户的借方。

那么，你能告诉小王，如何完成账务处理吗？

9.1 收入的核算

收入包括主营业务收入和其他业务收入。账务处理已在第6章讲解，不在此赘述。

9.2 期间费用和税金的核算

期间费用是指企业消耗以外发生的，必须从当期收入得到补偿的费用。包括企业行政管理部门为组织管理生产发生的"管理费用"、销售部门为开发产品的销售而发生的各项"销售费用"以及企业为筹集资金发生的"财务费用"。这些费用直接计入当期损益，并在利润表上分项目列示。具体账务处理在 6.2 节销售过程的账务处理已叙述，不在此赘述。

有关增值税、房产税、土地使用税、城市维护建设税、印花税和车船税详见本教材第 8 章投资筹资岗位的业务处理中 8.2 节负债的核算；有关企业所得税详见本章 9.3 节利润的核算，在此都不再赘述。

9.3 利润的核算

企业的利润也称收益或损益，指某一会计主体在一定时期内各种收入扣除各种耗费后的盈余。利润是一个综合性的经济指标，它能反映企业经营活动各方面的效益情况，也是企业最终的财务成果。

9.3.1 利润的构成

（1）计算利润各项指标公式

营业利润＝营业收入－营业成本－税金及附加－销售费用－管理费用－财务费用
　　　　　－资产减值损失＋公允价值变动损益（－公允价值变动损失）＋投资收益
　　　　　（－投资损失）

其中：营业收入＝主营业务收入＋其他业务收入

营业成本＝主营业务成本＋其他业务成本

利润总额＝营业利润＋（营业外收入－营业外支出）

净利润＝利润总额－所得税费用

（2）营业外收入与营业外支出

营业外收入和营业外支出，是指与企业业务无直接关系的各项收入和支出。

1）营业外收入

① 营业外收入的内容。营业外收入是根据企业营业收入相对而言的，指企业发生的与日常活动无直接关系的各项利得。营业外收入不需要企业付出代价，实际上是企业经济利益的净流入。

营业外收入主要包括非流动资产处置利得、盘盈利得、罚没利得、捐赠利得、确实无法支付而按规定程序经批准后转做营业外收入的应付款项等。其中：资产处置利得包括固定资产处置利得和无形资产销售利得；盘盈利得主要指对于现金清查中盘盈的现金等，报经批准后计入营业外收入的金额；罚没利得指企业取得的各项罚款，在弥补由于违反合同或协议而造成的经济损失后的净收益；捐赠利得指企业接受捐赠产生的利得。

② 营业外收入的核算。"营业外收入"账户属损益类科目，核算企业的营业外收入，贷方登记企业发生的各项营业外收入，借方登记期末转入"本年利润"账户的营业外收

入。结转后该账户应无余额。该账户应按照营业外收入的不同项目设置多栏式明细账，进行明细核算。即：营业外收入——非流动资产处置利得；营业外收入——盘盈利得；营业外收入——罚没利得；营业外收入——捐赠利得等。

企业发生各项营业外收入时，按照所发生的营业外收入性质不同，借记"待处理财产损益——待处理流动资产损益"账户、"固定资产清理"账户、"应付账款"账户、"银行存款"账户等。

【例9-1】A企业将固定资产报废清理的净收益8 000元转做营业外收入，作会计分录如下：

借：固定资产清理　　　　　　　　　　　　　　　　　　　　8 000
　　贷：营业外收入——非流动资产处置利得　　　　　　　　　　8 000

2）营业外支出

① 营业外支出的内容。营业外支出是指企业发生的与日常活动无直接关系的各项净损失，主要包括非流动资产处置损失、盘亏损失、罚款支出、公益性捐赠支出、非常损失等。其中非流动资产处置损失包括固定资产处置损失和无形资产处置损失；盘亏损失主要指固定资产清查中盘亏的固定资产按确定的损失计入营业外支出的金额；罚款支出指企业由于违反税法法规、经济合同等而支付的各种滞纳金和罚款；公益性捐赠支出，指企业对外进行公益性捐赠发生的支出；非常损失指企业对于因客观因素（如自然灾害等）造成的损失，在扣除保险公司赔偿后应计入营业外支出的净损失。

② 营业外支出的核算。"营业外支出"账户属损益类科目，核算企业的营业外支出，该账户借方登记发生的各项营业外支出，贷方登记期末转入"本年利润"账户的营业外支出，结转后，本账户应无余额。该账户应按照营业外支出的不同项目设置多栏式明细账，进行明细核算。即：营业外支出——固定资产盘亏；营业外支出——处理固定资产净损失；营业外支出——转让无形资产损失；营业外支出——债务重组损失；营业外支出——非常损失等。

当企业发生各项营业外支出时，根据各支出性质的不同，借记"营业外支出"账户，贷记"待处理财产损益——待处理固定资产损益"账户、"固定资产清理"账户、"待处理财产损益——待处理流动资产损益"账户、"银行存款"账户等。

【例9-2】某企业发生下列经济业务：

A. 将发生的原材料意外灾害损失250 000元转作营业外支出。作会计分录如下：

借：营业外支出——非常损失　　　　　　　　　　　　　　　250 000
　　贷：待处理财产损益——待处理流动资产损益　　　　　　　　250 000

B. 用银行存款支付税款滞纳金3 000元。作会计分录如下：

借：营业外支出——罚没支出　　　　　　　　　　　　　　　3 000
　　贷：银行存款　　　　　　　　　　　　　　　　　　　　　3 000

9.3.2 利润形成的核算

企业利润的计算是通过期末将所有损益类账户转入"本年利润"账户进行的。

（1）反映利润实现的账户设置

"本年利润"账户。属所有者权益类科目，贷方登记由各损益类账户结转来的各种收入和利得数额；借方登记由各损益类账户结转来的各种费用和损失的数额。期末若有贷方余额，反映的是本年内累计实现的利润总额；扣除所得税费用，就是企业的净利润；若发生借方余额，反映的是本年内累计发生的亏损总额。年度终了，应将"本年利润"账户的余额全部转入"利润分配——未分配利润"账户明细账户。年末结转后，本账户应无余额。

（2）本年利润的结转方法

根据会计制度的规定，各损益类科目的本期发生额结转本年利润，可以每月结转，也可以每月不结转。每月结转的方法叫做"账结法"；年底一次性结转的方法叫做"表结法"。

1）账结法

每月月末均需编制转账凭证，将在账上结计出的各损益类账户的余额转入"本年利润"账户，各损益类账户结转后无余额。结转后"本年利润"账户的本月合计数反映当月实现的利润或发生的亏损，"本年利润"账户的本年累计数反映本年累计实现的利润或发生的亏损。

账结法在各月均可通过"本年利润"账户提供当月及本年累计的利润（或亏损）额，但由于每个月月末都要对损益类账户进行结转，增加了转账环节和工作量。

2）表结法

各损益类账户每月月末只需结计出本月发生额和月末累计余额，不结转到"本年利润"账户，只有在年末时才将全年累计余额转入"本年利润"账户。但每月月末要将损益类账户的本月发生额合计数填入利润表的本月数栏，同时将本月末累计余额填入利润表的本年累计数栏，通过利润表反映各期的利润（或亏损）。

表结法下，年中损益类账户无需结转入"本年利润"账户，平时有期末余额，从而减少了转账环节和工作量，同时并不影响利润表的编制及有关损益指标的利用。

一般情况下，利润采用哪种结转方法与所得税结转方法有关，所得税若采用分月结转的方式，则利润结转账结表结均可，但若所得税费用采用年末一次性结转，则一般采用表结法。

（3）本年利润核算举例

【例9-3】A企业一月末有关损益类账户的发生额如下（单位：元）：

主营业务收入	180 000（贷方）
其他业务收入	19 000（贷方）
营业外收入	7 000（贷方）
主营业务成本	100 000（借方）
销售费用	4 000（借方）
税金及附加	9 000（借方）
其他业务成本	15 000（借方）
管理费用	16 000（借方）
财务费用	4 000（借方）
营业外支出	3 500（借方）
资产减值损失	3 000（借方）

期末将以上损益类账户进行结转，作如下会计分录：

1) 结转损益类账户中收入、收益类账户的发生额：

借：主营业务收入　　　　　　　　　　　　　　　　　180 000
　　其他业务收入　　　　　　　　　　　　　　　　　 19 000
　　营业外收入　　　　　　　　　　　　　　　　　　　7 000
　　贷：本年利润　　　　　　　　　　　　　　　　　206 000

2) 结转损益类账户中费用、损失类账户的发生额：

借：本年利润　　　　　　　　　　　　　　　　　　　154 500
　　贷：主营业务成本　　　　　　　　　　　　　　　100 000
　　　　其他业务成本　　　　　　　　　　　　　　　 15 000
　　　　税金及附加　　　　　　　　　　　　　　　　　9 000
　　　　销售费用　　　　　　　　　　　　　　　　　　4 000
　　　　管理费用　　　　　　　　　　　　　　　　　 16 000
　　　　财务费用　　　　　　　　　　　　　　　　　　4 000
　　　　营业外支出　　　　　　　　　　　　　　　　　3 500
　　　　资产减值损失　　　　　　　　　　　　　　　　3 000

损益类账户结转后，以上损益类账户全部结平。"本年利润"账户有贷方发生额206 000元，借方发生额154 500元，出现了贷方余额51 500元，表示的是1月份实现的利润总额。

9.3.3 企业所得税的核算

（1）应交企业所得税额的确定

1）应纳企业税所得额和应交所得税

按照我国《税法》规定，企业缴纳所得税计税依据是应纳税所得额。用公式计算求得：

$$当期应交所得税额＝当期应纳税所得额×所得税税率$$

《税法》中规定应纳税所得额不同于企业利润总额。利润总额是根据《会计准则》计算出来的税前会计利润，应纳税所得额是按税法的规定确定的。由于《会计准则》和《税法》二者确认当期收入和费用的标准和口径有所不同。所以应纳税所得额与税前会计利润二者存在着一定的差异。

应纳税所得额是企业税前会计利润（即利润总额）的基础上调整确定的。计算公式如下：

$$应纳税所得额＝税前会计利润＋纳税调整增加额－纳税调整减少额$$

纳税调整增加额主要包括：

① 超过《税法》规定标准的工资支出、折旧费、招待费等；

② 企业对存货、固定资产、无形资产、对外投资等计提的减值准备；

③ 税收滞纳金、罚款、罚金等。

纳税调整减少额主要包括：

① 按《税法》规定允许弥补的亏损和准予免税的项目，如前五年内的未弥补亏损、国债利息收入和无形资产开发阶段的资本性支出等。

② 纳税调整包括了对永久性差异的调整和暂时性差异的调整。永久性差异以后不能转回，所以企业对永久性差异的调整造成的应交所得税的增减额，全部计入当期所得税

费用。

③ 而对于暂时性差异的调整造成的当期多交或少交的所得税，因为以后还能转回，所以不能增减当期所得税费用，而是作为递延所得税资产或递延所得税负债进行处理。

2) 应交企业所得税额计算举例

【例 9-4】 A 公司 2016 年度利润表中利润总额 1 200 万元，假定该公司适用所得税税率为 25%。

A. 2016 年发生有关交易和事项中，会计处理与税收处理存在的差别有：

a. 2016 年 1 月 1 日开始计提折旧一项固定资产，原值为 600 万元，使用年限为 10 年，净残值为零，会计处理按双倍余额递减法计提折旧（第一年折旧 120 万元），税收处理按直线法计提折旧（年折旧 60 万元）。

b. 向关联企业提供现金捐赠 200 万元（税法规定不予抵扣）。

c. 当年度发生研究开发支出 500 万元，其中 300 万元作为资本化支出已计入了无形资产成本。《税法》规定其 500 万元都应计入当期费用。

d. 应付违反环保法规定罚款 100 万元（税法规定不予抵扣）。

e. 期末对持有的房地产开发产品计提了 30 万元存货跌价准备（税法规定不予抵扣）。

f. 企业当年取得国库券利息收入 20 万元，《税法》规定国库券利息收入不缴纳所得税。

B. 根据上述资料，计算 2016 年度应交所得税：

应纳税所得额＝1 200 万元＋60 万元＋200 万元－300 万元＋100 万元＋30 万元－20 万元＝1 270 万元

应交所得税＝1 270 万元×25%＝317.5 万元

（2）所得税费用的计算

按 2006 年颁布的《企业会计准则》，企业应采用资产负债表债务法核算所得税费用。

按资产负债表债务法，所得税费用是在应交所得税的基础上经调整计算出来的。其计算公式如下：

所得税费用＝应交所得税－递延所得税资产增加额＋递延所得税资产减少额
　　　　　＋递延所得税负债增加额－递延所得税负债减少额

1) 可抵扣暂时性差异与递延所得税资产

暂时性差异是指一项资产或负债的账面价值与其计税基础之间的差额。

可抵扣暂时性差异是指因企业资产的账面价值小于计税基础或负债的账面价值大于计税基础而形成的差异。这种差异的存在会导致未来应纳税所得额的减少，从而会造成将来减少缴纳所得税。对于将来会减少应缴纳的所得税额，现在要确认为递延所得税资产。

可抵扣暂时性差异×所得税税率＝递延所得税资产

① 资产的账面价值小于资产的计税基础。资产的计税基础是指一项资产在未来期间可以在所得税前扣除的总金额。资产的账面价值小于计税基础可能由多种情况形成。

例如，企业购入一项新的固定资产，原值 1 000 万元，预计使用 10 年，预计净残值为零。企业按双倍余额递减法计提折旧，第一年折旧额 200 万元，而《税法》规定按直线法计提折旧，第一年应计提折旧 100 万元。

由此应纳税所得额比企业会计利润增加 100 万元。

因而比按会计利润计算第一年应多交 25 万元的所得税（假定所得税率为 25%）。

但第一年末，企业该项资产的账面价值有 800 万元（1 000 万元－200 万元），而计税基础则为 900 万元（1 000 万元－100 万元），因此产生了可抵扣暂时性差异 100 万元。由于存在这 100 万元的可抵扣暂时性差异，因而将来会减少企业应纳税所得额 100 万元，减少应交所得税 25 万元。所以应将这 25 万元确认为递延所得税资产，可抵扣暂时性差异 100 万元。

递延所得税资产＝100 万元×25%＝25 万元

企业应将递延所得税资产的增加额冲减当期的所得税费用。

企业资产的账面价值小于计税基础的原因还有很多，比如企业按《会计准则》规定，在一定条件下，对长期资产可以计提减值准备，而《税法》规定企业计提减值准备造成的损失是不能在税前进行扣除的，由此企业资产的账面价值减少，而计税基础未减少等。

② 负债的账面价值大于负债的计税基础。负债的计税基础是指负债的账面价值减去未来期间计算应纳税所得额时按《税法》规定可予抵扣的金额。

一般情况下，负债的确认与偿还不会影响企业的损益，也不会影响企业应纳税所得额，未来期间计算应纳税所得额时按《税法》规定对负债可予抵扣的金额为零，负债的计税基础与账面价值是相等的。

但某些特殊情况下，负债的确认可能会影响损益，进而会影响不同期间的应纳税所得额，使得其计税基础与账面价值之间产生差异，如按会计规定确认的某些预计负债。

假定企业销售了一批房产 1 000 万元，企业提取了 20 万元的返修费用，并且计入了预计负债。而《税法》规定该项费用不允许预提，但可在将来实际发生时计入有关费用。

这样在计算应纳税所得额时在会计利润的基础上加上了 20 万元，所以企业负债的账面价值大于计税基础 20 万元。

负债的账面价值 20 万元；由于将来返修费用发生时，按《税法》规定可以扣除 20 万元，所以：

负债的计税基础＝20 万元－20 万元＝0

由此，负债的账面价值大于计税基础 20 万元。此 20 万元即为可抵扣暂时性差异。

由于存在这 20 万元的可抵扣暂时性差异，因此造成当期多交所得税 5 万元（20 万元×25%）。但假设将来企业实际会发生返修费 20 万元，企业会计核算中将实际发生返修费用 20 万元直接冲减了预计负债，而按《税法》规定，在实际发生时可计入费用，在计算应纳税所得额时可在会计利润的基础上扣除 20 万元。

所以企业当期虽然多交了 5 万元所得税，但将来会造成少交 5 万元所得税，即将来会减少现金流出 5 万元。也可看作是将来会增加现金流入 5 万元。所以企业应在销售房地产的当期确认为递延所得税资产 5 万元。

可抵扣暂时性差异 20 万元；

递延所得税资产＝20 万元×25%＝5 万元；

企业应将当期增加的递延所得税资产冲减当期的所得税费用。

2）应纳税暂时性差异和递延所得税负债

应纳税暂时性差异是指因企业资产的账面价值大于计税基础，或负债的账面价值小于计税基础而形成的差异。这种差异会导致将来期间应纳税所得额的增加，从而需要增加将来缴纳的所得税。

$$递延所得税负债 = 应纳税暂时性差异 \times 所得税税率$$

① 资产的账面价值大于计税基础

例如，企业购入一项新的固定资产，原值1 000万元，预计使用10年，预计净残值为零。企业按直线法计提折旧，第一年折旧额100万元，而《税法》规定按双倍余额递减法计提折旧，第一年应计提折旧200万元。

这样，第一年年末，企业该项资产的账面价值有900万元（1 000万元－100万元），而计税基础只剩800万元（1 000万元－200万元），这种资产的账面价值大于计税基础100万元的差异称为应纳税暂时性差异。

由于有这100万元应纳税暂时性差异的存在，按《税法》规定将来在计算应纳税所得额时就会少扣除100万元，所以将来需要多缴纳25万元所得税。

应纳税暂时性差异100万元；

递延所得税负债＝100万元×25％＝25万元；

企业应将递延所得税负债增加额计入当期的所得税费用。

② 负债的账面价值小于计税基础

这种情况在会计实务中极为少见。如果按《税法》规定企业可以计提预计负债，而企业未计提预计负债，就会出现负债的账面价值小于计税基础，因而会产生应纳税暂时性差异和递延所得税负债。

当期递延所得税资产和递延所得税负债的确认。确认了当期应交所得税和当期的递延所得税资产及递延所得税负债，我们就可以按照下述公式来确认当期的所得税费用：

$$所得税费用 = 应交所得税 - 递延所得税资产增加额 + 递延所得税资产减少额$$
$$+ 递延所得税负债增加额 - 递延所得税负债减少额$$

3）资产负债表债务法下，所得税会计核算的一般程序

采用资产负债表债务法核算所得税的情况下，企业应于每一资产负债表日（通常为年末）进行所得税的核算。企业进行所得税核算一般程序如下：

① 按照相关《会计准则》的规定，确定资产负债表中除递延所得税资产和递延所得税负债以外的其他资产和负债项目的账面价值。

② 按照《会计准则》中对于资产和负债计税基础的确定方法，以适用的税收法规为基础，确定资产负债表中有关资产和负债的计税基础。

③ 比较资产、负债的账面价值与计税基础，确定资产负债表日应纳税暂时性差异与可抵扣暂时性差异，进而确定当期的递延所得税资产和递延所得税负债的期末应有金额。

④ 将当期递延所得税资产和递延所得税负债的期末应有金额与期初余额进行比较。从而确定递延所得税资产的增加额或减少额，确定递延所得税负债的增加额或减少额。

⑤ 按《税法》规定计算确定当期应交所得税额。并在应交所得税基础上，按照所得税费用的确定公式，确认当期所得税费用。并确认应予转销的递延所得税资产和递延所得税负债。

根据上述程序对所得税费用进行核算时，要设置"所得税费用"账户，该账户为损益类，借方登记计提的所得税费用，贷方登记期末结转给"本年利润"的数额，结转后所得税费用账户无余额。

【例 9-5】根据【例 9-4】资料，A 公司 2016 年度利润表中利润总额 1 200 万元，假定该公司适用所得税税率为 25%。

① 2016 年发生有关交易和事项中，会计处理与税收处理存在的差别有：

A. 2016 年 1 月 1 日开始计提折旧一项固定资产，原值为 600 万元，使用年限为 10 年，净残值为零，会计处理按双倍余额递减法计提折旧（第一年折旧 120 万元），税收处理按直线法计提折旧（年折旧 60 万元）。

B. 向关联企业提供现金捐赠 200 万元（税法规定不予抵扣）。

C. 当年度发生研究开发支出 500 万元，其中 300 万元作为资本化支出已计入无形资产成本。《税法》规定其 500 万元都应计入当期费用。

D. 应付违反《环保法》规定罚款 100 万元（税法规定不予抵扣）。

E. 期末对持有的房地产开发产品计提了 30 万元存货跌价准备（税法规定不予抵扣）。

F. 企业当年取得国库券利息收入 20 万元，税法规定国库券利息收入不缴纳所得税。

② 根据上述资料，计算 2016 年度应交所得税：

应纳税所得额＝1 200 万元＋60 万元＋200 万元－300 万元＋100 万元＋30 万元－20 万元＝1 270 万元

应交所得税＝1 270 万元×25%＝317.5 万元

③ 计算 2016 年度递延所得税，并确认所得税费用：

该公司 2016 年末资产、负债账面价值与计税基础见表 9-1。

资产、负债账面价值与计税基础差异计算表　　　　　　表 9-1

项目	账面价值	计税基础	差异	
			应纳税暂时性差异	可抵扣暂时性差异
存货	800	830		30
固定资产原值	600	600		
累计折旧	120	60		
固定资产账面价值	480	540		60
无形资产	300	0	300	
其他应付款	100	100		
合计			300	90

根据上述资料，编制如下会计分录（假定 2016 年年末以前企业递延所得税资产和递延所得税负债的余额均为零）：

A. 计算出应交所得税时，作会计分录如下：

借：所得税费用　　　　　　　　　　　　　　　　　　　　　3 175 000
　　贷：应交税费——应交所得税　　　　　　　　　　　　　　3 175 000

B. 确认递延所得税资产时，作会计分录如下：

递延所得税资产＝90 万元×25%＝22.5 万元

借：递延所得税资产　　　　　　　　　　　　　　　　　　　225 000
　　贷：所得税费用　　　　　　　　　　　　　　　　　　　　225 000

C. 确认递延所得税负债，作会计分录如下：

递延所得税负债＝300万元×25％＝75万元

借：所得税费用　　　　　　　　　　　　　　　　　　　　　750 000
　　贷：递延所得税负债　　　　　　　　　　　　　　　　　　　750 000

D. 对上述分录，如果综合在一起，作会计分录如下：

借：所得税费用　　　　　　　　　　　　　　　　　　　　　3 700 000
借：递延所得税资产　　　　　　　　　　　　　　　　　　　　225 000
　　贷：应交税费——应交所得税　　　　　　　　　　　　　　3 175 000
　　贷：递延所得税负债　　　　　　　　　　　　　　　　　　　750 000

E. 所得税费用的期末结转

年末计算确认了所得税费用，应将其结转到本年利润账户，结转后，该账户应无余额。

按上例，2016年计算确认的所得税费用为370万元，作会计分录如下：

借：本年利润　　　　　　　　　　　　　　　　　　　　　　3 700 000
　　贷：所得税费用　　　　　　　　　　　　　　　　　　　　3 700 000

④ 计算2017年度递延所得税资产和递延所得税负债，并确定所得税费用。

沿用上例，假定A公司2017年当期应交所得税为420万元，资产负债表中有关资产、负债的账面价值与计税基础差异计算见表9-2，除所列项目外，其他资产、负债项目不存在会计和税收的差异。

资产、负债账面价值与计税基础差异计算表　　　　　　　　　　表9-2

项目	账面价值	计税基础	差异	
			应纳税暂时性差异	可抵扣暂时性差异
存货	1 600	1 680		80
固定资产原值	600	600		
累计折旧	216	120		
固定资产账面价值	384	480		96
无形资产	270	0	270	
预计负债	100	0		100
合计			270	276

根据上述资料，编制如下会计分录：

① 计算出应交所得税时，作会计分录如下：

借：所得税费用　　　　　　　　　　　　　　　　　　　　　4 200 000
　　贷：应交税费——应交所得税　　　　　　　　　　　　　　4 200 000

② 计算当期递延所得税资产增加额，作会计分录如下：

期初递延所得税资产：22.5万元

期末递延所得税资产：276万元×25％＝69万元

递延所得税资产增加额：69万元－22.5万＝46.5万元

借：递延所得税资产　　　　　　　　　　　　　　　　　　　　465 000
　　贷：所得税费用　　　　　　　　　　　　　　　　　　　　　465 000

③ 计算当期递延所得税负债增加额，作会计分录如下：

期初递延所得税负债：75 万元
期末递延所得税负债：270 万元×25％＝67.5 万元
递延所得税负债增加额：67.5 万元－75 万元＝ －7.5 万元
得负数表示递延所得税负债的减少，递延所得税负债的减少应冲减所得税费用。
  借：递延所得税负债   75 000
    贷：所得税费用   75 000
④ 对于上述分录，如果综合在一起，作会计分录如下：
  借：所得税费用   3 660 000
  借：递延所得税资产   465 000
  借：递延所得税负债   75 000
    贷：应交税费——应交所得税   4 200 000
⑤ 所得税费用的期末结转，作会计分录如下：
期末计算所得税费用，应将其结转到本年利润账户，结转后，该账户应无余额。
⑥ 按上例，2017 年计算确认的所得税费用为 366 万元，作会计分录如下：
  借：本年利润   3 660 000
    贷：所得税费用   3 660 000

9.4 利润分配的核算

企业实现的利润总额，扣除所得税费用后，形成企业的税后利润，也称净利润。对于净利润，企业应按照国家的有关规定进行分配。

(1) 弥补以前年度亏损

企业无论是用税前利润或税后利润弥补以前年度亏损，都不需要单独编制弥补亏损的会计分录，即不需要单独进行会计处理。年末进行利润结转时，将本年实现的利润从"本年利润"账户结转到"利润分配"账户及其所属明细账户"未分配利润"账户的贷方，这样就自然进行了弥补。

但要注意的是：在年末计算"应纳税所得额"时，如果用税前利润弥补亏损，需要将弥补亏损的数额从应纳税所得额中扣除。而用税后利润弥补亏损，则不能进行扣除。

(2) 提取盈余公积的会计处理

企业从净利润中提取盈余公积金：
  借：利润分配——提取盈余公积
    贷：盈余公积——法定盈余公积
    贷：盈余公积——任意盈余公积

(3) 向投资者分配利润的核算

企业计算出应向投资者分配的利润：
  借：利润分配——应付利润
    贷：应付利润

(4) 企业利润的年终结转

为了按年度考核企业利润的实现及分配情况，每个会计年度结束，应对利润和利润分配进行年终结转。利润的年终结转包括了两个方面：一是将"本年利润"结转到"利润分配"账户及所属的"未分配利润"明细账户。二是将利润分配账户所属的其他明细账户的余额全部转入"未分配利润"明细账户。

1）年度终了，将本年实现的利润总额（或亏损总额）结转到"利润分配"账户及所属的"未分配利润"明细账户。

如果企业当年盈利，作会计分录如下：

借：本年利润
　　贷：利润分配——未分配利润

如果企业当年发生亏损，作会计分录如下：

借：利润分配——未分配利润
　　贷：本年利润

无论是盈利还是亏损，年终结转后，"本年利润"账户不留余额。

2）将"利润分配"账户所属的其他明细账户，全部转入"未分配利润"明细账户。如果企业当年盈利，并进行了利润分配，那么，结转分录一般如下：作会计分录如下：

借：利润分配——未分配利润
　　贷：利润分配——提取盈余公积
　　贷：利润分配——应付利润

如果企业亏损，并没有进行弥补，也不进行利润分配。在这种情况下，将亏损额从"本年利润"账户转入"利润分配——未分配利润"账户的借方后，不需要进行其他的账务处理。

如果亏损后，用企业的盈余公积金弥补了亏损，作会计分录如下：

用盈余公积金弥补亏损时，作会计分录如下：

借：盈余公积——法定盈余公积
　　贷：利润分配——盈余公积补亏

结转利润分配明细账时，作会计分录如下：

借：利润分配——盈余公积补亏
　　贷：利润分配——未分配利润

【例9-6】A企业2016年全年税后利润为240万元，年终按10%的比例提取法定盈余公积金，按税后利润扣除法定盈余公积后余额的80%向投资者分配利润。

1）提取盈余公积金，作会计分录如下：

应提取的法定盈余公积金＝2 400 000×10%＝240 000

借：利润分配——提取盈余公积　　　　　　　　　　　240 000
　　贷：盈余公积——法定盈余公积　　　　　　　　　　　240 000

2）向投资者分配利润，作会计分录如下：

应向投资者分配的利润为：(2 400 000－240 000)×80%＝1 728 000

借：利润分配——应付利润　　　　　　　　　　　　1 728 000
　　贷：应付股利　　　　　　　　　　　　　　　　　1 728 000

3）年终进行利润结转，作会计分录如下：

结转本年利润：

借：本年利润 2 400 000
　　贷：利润分配——未分配利润 2 400 000

4）结转利润分配各明细账户，作会计分录如下：
借：利润分配——未分配利润 1 968 000
　　贷：利润分配——提取盈余公积 240 000
　　　　利润分配——应付利润 1 728 000

假设在当年利润结转前，"利润分配——未分配利润"账户没有余额。在进行当年利润分配和利润结转以后，"利润分配——未分配利润"账户应有贷方余额＝2 400 000－1 968 000＝432 000。年终利润分配后，该企业尚有432 000元的未分配利润，可留待下年度进行分配。

【引例分析】

1）企业根据规定按净利润的10％提取法定盈余公积金。
借：利润分配——提取法定盈余公积 1 675
　　贷：盈余公积 1 675

2）企业按照批准的利润分配方案，向投资者分配现金股利5 000元。
借：利润分配——应付现金股利或利润 5 000
　　贷：应付股利 5 000

3）年终决算时，根据"本年利润"账户借贷方的差额16 750元，转入"利润分配"账户所属的"未分配利润"明细分类账户的贷方。
借：本年利润 16 750
　　贷：利润分配——未分配利润 16 750

4）年终决算时，将"利润分配"账户所属的各明细分类账户的借方分配数合计6 675元结转到"利润分配——未分配利润"明细分类账户的借方。
借：利润分配——未分配利润 6 675
　　贷：利润分配——提取法定盈余公积 1 675
　　　　　　——应付现金股利或利润 5 000

本 章 习 题

综合题：

1. 练习财务成果的核算。

A工厂2016年12月份发生下列经济业务：

1）用银行存款支付业务招待费1 050元。
2）支付银行手续费600元。
3）没收逾期包装物的押金1 000元。
4）用银行存款10 000元，支援职工子弟学校。
5）一笔应付账款已无法支付，金额为3 600元，批准为营业外收入。
6）A工厂12月末结账前有关账户余额如下：主营业务收入200 000元，其他业务收入20 000元，投资收益3 400元（贷方），营业外收入6 500元，主营业务成本90 000元，产品销售费用19 000元，营业税金及附加2 650元，其他业务成本8 000元，管理费用

11 000元，财务费用 1 600 元，营业外支出 5 000 元，结转损益。

7）计算 12 月应缴所得税，按 25% 的所得税税率，计算应缴企业所得税。

8）将本年实现的净利润转入"利润分配"账户。

9）按本年税后净利润的 10% 提取盈余公积金。

10）股东大会决议，确定分配股利方案为向投资者分配 50 000 元股利。

11）年末将"利润分配"账户下的有关明细账户余额转入"未分配利润"明细账户。

要求：

1）根据上述经济业务编制会计分录。

2）开设并登记"本年利润"、"利润分配"总分类账户以及"利润分配"明细分类账户。

2. 练习财务成果的核算。

A 工厂 2016 年 11 月 30 日总分类账户的损益类科目余额如下：

账户名称	借方余额	借方余额	备注
主营业务收入		1 680 000	
主营业务成本	1 009 800		
销售费用	42 100		
其他业务收入		68 000	
其他业务成本	36 200		
管理费用	36 500		
财务费用	1 560		
营业外收入		1 800	
营业外支出	980		

"利润分配——未分配利润"账户贷方余额 50 000 元。

12 月份发生下列经济业务：

1）出售甲产品，销售额 140 000 元，按 17% 税率计算增值税。货款已收到，存入银行。

2）按出售甲产品的实际成本 86 000 元转账。

3）以银行存款支付包装费、运杂费 680 元。

4）用银行存款支付行政部门办公经费 1 200 元。

5）支付违约罚金 1 000 元。用库存现金支付。

6）没收某公司逾期未还包装物的押金 200 元。

计算、结转和分配利润：

1）计算全年利润总额。

2）按全年利润总额的 25% 计算应缴纳的所得税。

3）按全年净利润的 10% 计算提取的盈余公积金。

4）按全年净利润的 20% 计算付给投资者的利润。

5）将各损益类账户全年累计余额、结转"本年利润"账户。

6）将全年实现的净利润自"本年利润"账户转入"利润分配"账户。

要求：

1）根据上述资料编制会计分录。

2）登记"本年利润"和"利润分配"总分类账户。

10 财务会计报表岗位的编报处理

【技能目标】
1. 理解财务会计报表的含义。
2. 熟知财务会计报表的编制要求。
3. 熟知财务会计报表分类。
4. 掌握财务会计报表的编制方法。
5. 会分析财务会计报表指标。

【能力目标】
1. 会编制资产负债表。
2. 会编制利润表。
3. 了解现金流量表的结构。
4. 知道财务会计报表的平衡关系。

【案例导入】
每当我们拿到财务会计报表，每项目的数据，你有没有想过这些数据从何而来？它们需要经过哪些加工、处理与分析呢？

10.1 财务报表编制的说明

10.1.1 财务报告的构成

财务报告是由财务报表和报表附注两部分构成，附注是财务报表的有机组成部分，而财务报表主要包括资产负债表、利润表、现金流量表等报表。

(1) 资产负债表

资产负债表是反映企业在某一特定日期的财务状况的会计报表。企业编制资产负债表的目的是通过如实反映企业的资产、负债和所有者权益金额及其结构情况，从而有助于使用者评价企业资产的质量以及短期偿债能力、长期偿债能力、利润分配能力等。

(2) 利润表

利润表是反映企业在一定会计期间内经营成果的会计报表。企业编制利润表的目的是通过如实反映企业实现的收入、发生的费用以及应当计入当期利润的利得和损失等金额及其结构情况，从而有助于使用者分析评价企业的盈利能力及其构成与质量。

(3) 现金流量表

现金流量表是反映企业在一定会计期间的现金和现金等价物流入及流出的会计报表。企业编制现金流量表的目的是通过如实反映企业各项活动的现金流入和现金流出，从而有助于使用者评价企业生产经营过程特别是经营活动中所形成的现金流量和资金周转情况。

10.1.2 财务报告的编制要求

为了保证财务报表所提供的信息能够及时、准确、完整地反映企业的财务状况和经营成果，满足信息使用者的需要，企业在编制财务报表时，必须符合编制财务报表的一般要求。

（1）真实可靠

财务报表各项目的数据必须建立在真实可靠的基础之上，使企业财务报表能够如实地反映企业的财务状况、经营成果和现金流量情况。因此，财务报表必须根据审核无误的账簿及其他相关的资料编制，做到数字真实。

（2）相关可比

企业财务报表所提供的财务会计信息必须与报表使用者的决策需要相关，满足报表使用者的需要，并且财务报表项目的数据应当口径一致、相互可比，便于报表使用者在不同企业之间及同一企业前后各期之间进行比较。

（3）全面完整

企业财务报表应当全面地披露企业的财务状况、经营成果和现金流量情况，完整地反映企业财务活动的过程和结果，以满足各有关方面对财务会计信息资料的需要。

（4）编报及时

企业财务报表所提供的信息资料，具有很强的时效性。只有及时编制和报送财务报表才能为使用者提供决策所需的信息资料。

（5）便于理解

可理解性是指财务报表提供的信息可以为使用者所理解。企业对外提供的财务报表是为广大财务报表使用者提供企业过去、现在和未来的有关资料，为企业目前或潜在的投资者和债权人提供决策所需要的财务信息，因此，编制的财务报表应当清晰明了，便于理解和利用。

10.2 资产负债表的编制

10.2.1 资产负债表的概念和意义

资产负债表属于静态报表，反映企业某一特定日期的财务状况的会计报表。它是根据"资产＝负债＋所有者权益"这一会计等式，将企业在一定日期的全部资产、负债和所有者权益项目进行适当分类、汇总、排列后编制而成的。

通过编制资产负债表，可以反映企业资产的构成及状况，分析企业在某一日期所拥有的经济资源及分布情况；可以反映企业某一日期的负债总额及其结构，分析企业目前与未来需要支付的债务数额，了解企业现有的投资者在企业资产总额中所占的份额。通过资产负债表，可以帮助报表使用者全面了解企业的财务状况，分析企业的偿还能力，从而为将来的经济决策提供参考信息。

10.2.2 资产负债表的内容与结构

（1）资产负债表的内容主要反映以下三个方面：

1）资产

资产应当按照流动资产和非流动资产两大类别在资产负债表中列示，在流动资产和非流动资产类别下进一步按性质分项列示。

流动资产是指预计在一个正常营业周期中变现、出售或耗用，或者主要为交易目的而持有，或者预计在资产负债表日起一年内（含一年）变现的资产，或者自资产负债表日起一年内交换其他资产或清偿负债的能力不受限制的现金或现金等价物。资产负债表中列示的流动资产项目通常包括货币资金、交易性金融资产、应收票据、应收账款、预付款项、应收利息、应收股利、其他应收款、存货和一年内到期的非流动资产等。

非流动资产是指流动资产以外的资产。资产负债表中列示的非流动资产项目通常包括长期股权投资、固定资产、在建工程、工程物资、固定资产清理、无形资产、开发支出、长期待摊费用以及其他非流动资产等。

2) 负债

负债应当按照流动负债和非流动负债在资产负债表中列示，在流动负债和非流动负债类别下再进一步按性质分项列示。

流动负债是指预计在一个正常营业周期中清偿，或者主要为交易目的而持有，或者自资产负债表日起一年内（含一年）到期应予以清偿，或者企业无权自主地将清偿推迟至资产负债表日后一年以上的负债。资产负债表中列示的流动负债项目通常包括短期借款、应付票据、应付账款、预收款项、应付职工薪酬、应交税费、应付利息、应付股利、其他应付款、一年内到期的非流动负债等。

非流动负债是指流动负债以外的负债。资产负债表中列示的非流动负债项目通常包括长期借款、应付债券和其他非流动负债等。

3) 所有者权益

所有者权益是指企业资产扣除负债后的剩余权益，反映企业在某一特定日期股东（投资者）拥有的净资产的总额，按照实收资本、资本公积、盈余公积和未分配利润分项列示。

(2) 资产负债表的结构

资产负债表分表首、正表两部分。其中，表首主要包括资产负债表的名称、编制单位、编制日期和金额单位；正表包括资产、负债和所有者权益各项金额。目前，国际上流行的资产负债表的格式主要有账户式和报告式两种。

1) 账户式资产负债表

账户式资产负债表分左右两方，左方为资产项目，按资产的流动性大小排列；右方为负债及所有者权益项目，一般按求偿权先后顺序排列。账户式资产负债表中资产各项目的合计等于负债和所有者权益各项目的合计，报表的两方分别排列"项目"（"资产"、"负债"和"股东权益"）、"期末余额"、"年初余额"三栏，资产负债表的格式见表10-1。

2) 报告式资产负债表

报告式资产负债表是上下结构，上半部列示资产，下半部列示负债和所有者权益。具体排列形式又有两种：一是按"资产＝负债＋所有者权益"的原理排列；二是按"资产－负债＝所有者权益"的原理排列。

资产负债表

表 10-1

编制单位： 　　　　　　　　　　　年　月　日　　　　　　　　　　　单位：元

资产	行次	期初余额	期末余额	负债及所有者权益	行次	期初余额	期末余额
流动资产：				流动负债：			
货币资金				短期借款			
交易性金融资产				交易性金融负债			
应收票据				应付票据			
应收账款				应付账款			
预付账款				预收账款			
应收股利				应付职工薪酬			
应收利息				应交税费			
其他应收款				应付利息			
存货				应付股利			
其中：开发产品				其他应付款			
开发成本				预计负债			
一年内到期的非流动资产				一年内到期的非流动负债			
其他流动资产				其他流动负债			
流动资产合计				流动负债合计			
非流动资产：				非流动负债：			
可供出售金融资产				长期借款			
持有至到期投资				应付债券			
投资性房地产				长期应付款			
长期股权投资				专项应付款			
长期应收款				递延所得税负债			
固定资产				非流动负债合计			
在建工程				负债合计			
工程物资				所有者权益			
固定资产清理							
无形资产				实收资本			
开发支出				资本公积			
商誉				盈余公积			
长期待摊费用				未分配利润			
递延所得税资产				减：库存股			
其他非流动资产				所有者权益合计			
非流动资产合计							
资产合计				负债及所有者权益合计			

10.2.3 资产负债表的编制方法

企业在正式编制资产负债表之前,应先根据总分类账的期末余额编制账户余额试算平衡表,对日常账簿纪录的正确性进行复核、检查,在试算平衡以后,再根据"账户余额试算平衡表"和有关明细分类账正式编制资产负债表。资产负债表项目的填列方法如下:

1) 资产项目的填列说明

①"货币资金"项目反映企业库存现金、银行结算户存款、外埠存款、银行汇票存款、银行本票存款、信用卡存款、信用证保证金存款等的合计数。本项目应根据"库存现金"、"银行存款"、"其他货币资金"科目期末余额的合计数填列。

②"交易性金融资产"项目反映企业持有的以公允价值计量且其变动计入当期损益的为交易目的所持有的债券投资、股票投资、基金投资权证投资等金融资产。本项目应当根据"交易性金融资产"科目的期末余额填列。

③"应收票据"项目反映企业因销售商品、提供劳务等而收到的商业汇票,包括银行承兑汇票和商业承兑汇票。本项目应根据"应收票据"科目的期末余额减去坏账准备科目中有关应收票据计提的坏账准备期末余额后的金额填列。

④"应收账款"项目反映企业因销售商品、提供劳务等经营活动应收取的款项。本项目应根据"应收账款"和"预收账款"科目所属各明细科目的期末借方余额合计减去"坏账准备"科目中有关应收账款计提的坏账准备期末余额后的金额填列。如应收账款科目所属明细科目期末有贷方余额的应在本表"预收款项"项目内填列。

⑤"预付款项"项目反映企业按照购货合同规定预付给供应单位的款项等。本项目应根据"预付账款"和"应付账款"科目所属各明细科目的期末借方余额合计数减去"坏账准备"科目中有关预付款项计提的坏账准备期末余额后的金额填列。如"预付账款"科目所属各明细科目期末有贷方余额的应在资产负债表"应付账款"项目内填列。

⑥"应收利息"项目反映企业应收取债券投资等的利息。本项目应根据"应收利息"科目的期末余额减去"坏账准备"科目中有关应收利息计提的坏账准备期末余额后的金额填列。

⑦"应收股利"项目反映企业应收取的现金股利和应收取其他单位分配的利润。本项目应根据"应收股利"科目的期末余额减去"坏账准备"科目中有关应收股利计提的坏账准备期末余额后的金额填列。

⑧"其他应收款"项目反映企业除应收票据、应收账款、预付账款、应收股利、应收利息等经营活动以外的其他各种应收暂付的款项。本项目应根据"其他应收款"科目的期末余额减去"坏账准备"科目中有关其他应收款计提的坏账准备期末余额后的金额填列。

⑨"存货"项目反映企业期末在库、在途和在加工中的各种存货的可变现净值。本项目应根据"材料采购"、"原材料"、"低值易耗品"、"库存商品"、"周转材料"、"委托加工物资"、"委托代销商品"、"生产成本"等科目的期末余额合计减去"受托代销商品款"、"存货跌价准备"科目期末余额后的金额填列。材料采用计划成本核算以及库存商品采用计划成本核算或售价核算的企业还应按加或减"材料成本差异"、"商品进销差价"后的金额填列。

⑩"一年内到期的非流动资产"项目反映企业将于一年内到期的非流动资产项目金额。本项目应根据有关科目的期末余额填列。

⑪"长期股权投资"项目反映企业持有的对子公司联营企业和合营企业的长期股权投资。本项目应根据"长期股权投资"科目的期末余额减去"长期股权投资减值准备"科目的期末余额后的金额填列。

⑫"固定资产"项目反映企业各种固定资产原价减去累计折旧和累计减值准备后的净额。本项目应根据"固定资产"科目的期末余额减去"累计折旧"和"固定资产减值准备"科目期末余额后的金额填列。

⑬"在建工程"项目反映企业期末各项未完工程的实际支出。包括交付安装的设备价值、未完建筑安装工程已经耗用的材料、预付出包工程的价款等的可收回金额。本项目应根据"在建工程"科目的期末余额减去"在建工程减值准备"科目期末余额后的金额填列。

⑭"工程物资"项目反映企业尚未使用的各项工程物资的实际成本。本项目应根据"工程物资"科目的期末余额填列。

⑮"固定资产清理"项目反映企业因出售、毁损、报废等原因转入清理但尚未清理完毕的固定资产的净值以及固定资产清理过程中所发生的清理费用和变价收入等各项金额的差额。本项目应根据"固定资产清理"科目的期末借方余额填列。如"固定资产清理"科目期末为贷方余额以"—"号填列。

⑯"无形资产"项目反映企业持有的无形资产,包括专利权、非专利技术、商标权、著作权、土地使用权等。本项目应根据"无形资产"的期末余额减去"累计摊销"和"无形资产减值准备"科目期末余额后的金额填列。

⑰"开发支出"项目反映企业开发无形资产过程中能够资本化形成无形资产成本的支出部分。本项目应当根据"研发支出"科目中所属的资本化支出明细科目期末余额填列。

⑱"长期待摊费用"项目反映企业已经发生但应由本期和以后各期负担的分摊期限在一年以上的各项费用。长期待摊费用中在一年内(含一年)摊销的部分,在资产负债表"一年内到期的非流动资产"项目填列。本项目应根据"长期待摊费用"科目的期末余额减去将于一年内(含一年)摊销的数额后的金额填列。

⑲"其他非流动资产"项目反映企业除长期股权投资、固定资产、在建工程、工程物资、无形资产等以外的其他非流动资产。本项目应根据有关科目的期末余额填列。

2) 负债项目的填列说明

①"短期借款"项目反映企业向银行或其他金融机构等借入的期限在一年以下(含一年)的各种借款。本项目应根据"短期借款"科目的期末余额填列。

②"应付票据"项目反映企业购买材料、商品和接受劳务供应等而开出承兑的商业汇票,包括银行承兑汇票和商业承兑汇票。本项目应根据"应付票据"科目的期末余额填列。

③"应付账款"项目反映企业因购买材料、商品和接受劳务供应等经营活动应支付的款项。本项目应根据"应付账款"和"预付账款"科目所属各明细科目的期末贷方余额合计数填列。如"应付账款"科目所属明细科目期末有借方余额的应在资产负债表"预付款项"项目内填列。

④"预收款项"项目反映企业按照购货合同规定预付给供应单位的款项。本项目应

根据"预收账款"和"应收账款"科目所属各明细科目的期末贷方余额合计数填列。如"预收账款"科目所属各明细科目期末有借方余额应在资产负债表"应收账款"项目内填列。

⑤"应付职工薪酬"项目反映企业根据有关规定应付给职工的工资、职工福利、社会保险费、住房公积金、工会经费、职工教育经费、非货币性福利、辞退福利等各种薪酬。外商投资企业按规定从净利润中提取的职工奖励及福利基金也在本项目列示。

⑥"应交税费"项目反映企业按照税法规定计算应缴纳的各种税费。包括增值税、消费税、所得税、资源税、土地增值税、城市维护建设税、房产税、土地使用税、车船使用税、教育费附加、矿产资源补偿费等,企业代扣代交的个人所得税也通过本项目列示,企业所缴纳的税金不需要预计应交数的,如印花税、耕地占用税等不在本项目列示。本项目应根据应交税费科目的期末贷方余额填列。如"应交税费"科目期末为借方余额应以"—"号填列。

⑦"应付利息"项目反映企业按照规定应当支付的利息,包括分期付息、到期还本的长期借款应支付的利息,企业发行的企业债券应支付的利息等。本项目应当根据"应付利息"科目的期末余额填列。

⑧"应付股利"项目反映企业分配的现金股利或利润,企业分配的股票股利不通过本项目列示。本项目应根据"应付股利"科目的期末余额填列。

⑨"其他应付款"项目反映企业除应付票据、应付账款、预收款项、应付职工薪酬、应付股利、应付利息、应交税费等经营活动以外的其他各项应付暂收的款项。本项目应根据"其他应付款"科目的期末余额填列。

⑩"一年内到期的非流动负债"项目反映企业非流动负债中将于资产负债表日后一年内到期部分的金额,如将于一年内偿还的长期借款。本项目应根据有关科目的期末余额填列。

⑪"长期借款"项目反映企业向银行或其他金融机构借入的期限在一年以上(不含一年)的各项借款。本项目应根据"长期借款"科目的期末余额填列。

⑫"应付债券"项目反映企业为筹集长期资金而发行的债券本金和利息。本项目应根据应付债券科目的期末余额填列。

⑬"其他非流动负债"项目反映企业除长期借款、应付债券等项目以外的其他非流动负债。本项目应根据有关科目的期末余额填列。其他非流动负债项目应根据有关科目期末余额减去将于一年内(含一年)到期偿还数后的余额填列,非流动负债各项目中将于一年内(含一年)到期的非流动负债应在"一年内到期的非流动负债"项目内单独反映。

3)所有者权益项目的填列说明

①"实收资本(或股本)"项目根据"实收资本(或股本)"科目的期末余额填列。

②"资本公积"项目根据"资本公积"科目的期末余额填列。

③"盈余公积"项目根据"盈余公积"科目的期末余额填列。

④"未分配利润"项目根据"本年利润"科目和"利润分配"科目的余额计算填列。未弥补的亏损在本项目内以"—"号填列。

10.2.4 房地产开发企业资产负债表的编制举例

【例 10-1】某公司 2016 年 12 月 31 日全部总账和有关明细账余额见表 10-2。

总账和有关明细账余额表　　　　　　　　　　　　　　　　　　表 10-2

总账	明细账户	借方余额	贷方余额	总账	明细账户	借方余额	贷方余额
库存现金		20 000		短期借款			1 200 00
银行存款		300 000		应付账款			200 000
交易性金融资产		280 000			F 企业		140 000
应收账款		460 000			H 企业	100 000	
	A 企业	200 000			W 企业		160 000
	B 企业		40 000	预收账款			20 000
	C 企业	300 000			U 企业		80 000
预付账款		94 000			V 企业		60 000
	D 企业	100 000		其他应付款			180 000
	E 企业		6 000	应付职工薪酬			694 000
其他应收款		160 000		应交税金			1 200 000
原材料		540 00		应付利润			400 000
生产成本		160 000		其他流动负债			60 000
库存商品		400 000		长期借款			1 280 000
其他流动资产		40 000		实收资本			5 600 000
长期股权投资		4 540 000		盈余公积			1 480 585
固定资产		14000 000		利润分配	未分配利润		9 190 145
累计折旧			1 200 000				
无形资产		1 630 730					
长期待摊费用		80 000					

根据上述资料,编制该公司 2016 年 12 月 31 日的资产负债表,见表 10-3。

资产负债表　　　　　　　　　　　　　　　　　　表 10-3

编制单位:××开发有限责任公司　　2016 年 12 月 31 日　　　　　　单位:元 会企 01 表

资产	期末余额	年初余额	负债及所有者权益	期末余额	年初余额
流动资产:			流动负债:		
货币资金	320 000	120 000	短期借款	1 200 000	200 000
交易性金融资产	280 000		交易性金融负债		
应收票据			应付票据		
应收账款	560 000	400 000	应付账款	306 000	106 000
预付账款	200 000	180 000	预收账款	120 000	400 000
其他应收款	160 000	100 000	其他应付款	180 000	80 000

续表

资产	期末余额	年初余额	负债及所有者权益	期末余额	年初余额
存货	1 100 000	600 000	应付职工薪酬	694 000	610 000
其他流动资产	40 000		应交税金	1 200 000	500 000
流动资产合计	2 660 000	1 400 000	应付股利	400 000	
非流动资产:			其他应付款		
可供出售金融资产			其他流动负债	60 000	
持有至到期投资			流动负债合计	4 160 000	1 896 000
长期应收款			非流动负债:		
长期股权投资	4 540 000	7 431 000	长期借款	1 280 000	800 000
投资性房地产			应付债券		
固定资产	12 800 000	5 000 000	长期应付款		
在建工程			非流动负债合计	1 280 000	800 000
工程物资			负债合计	5 440 000	2 696 000
固定资产清理			所有者权益:		
生产性生物资产			实收资本	5 600 000	5 600 000
油气资产			资本公积		
无形资产	1 630 730	365 000	盈余公积	1 480 585	1 200 000
长期待摊费用	80 000	100 000	未分配利润	9 190 145	4 800 000
其他长期资产			所有者权益合计	16 270 730	11 600 000
资产总计	21 710 730	14 296 000	负债及所有者权益合计	21 710 730	14 296 000

10.3 利润表的编制

10.3.1 利润表的概念和意义

利润表属于动态报表，是反映企业在一定会计期间的经营成果的会计报表。利润表是根据"收入－费用＝利润"的会计等式，依照一定的顺序，将一定期间的收入、费用和利润项目予以适当排列编制而成的。

利润表反映企业一定会计期间的收入实现情况和费用耗费情况；反映企业一定会计期间生产经营活动的成果，分析企业获利能力及盈利增长趋势，从而为其作出经济决策提供依据。

10.3.2 利润表的内容与结构

利润表由表首、表体两部分组成。其中表首说明报表名称、编制单位、编制日期、报表编号、货币名称等；表体是利润表的主要部分，反映形成经营成果的各个项目和计算过程。

由于不同的国家和地区对会计报表的信息要求不完全相同，利润表的结构也不完全相同。表体部分有两种形式：单步式利润表和多步式利润表。

（1）单步式利润表

单步式利润表是将所有的收入和收益相加然后减去所有的费用和损失，一步便可计算出本期净利润。利润表分收入和收益、费用和损失、净利润三部分。

单步式利润表的主要优点，首先是结构简单，便于理解；其次是对收入和费用一视同仁，不分彼此先后，清楚表明各项收入和费用的同等重要性，但单步式利润表不能提供较为详细的分类利润信息，不利于前后期相应项目的比较和利润各组成部分的结构分析。

（2）多步式利润表

多步式利润表示将利润表中的内容作多项分类，通过多个步骤完成利润的计算过程，以提供有关形成最终净利润的中间性信息，如营业利润、利润总额。

多步式利润表可以提供比较详细的中间利润指标，便于对企业生产经营情况进行分析，有利于不同企业之间进行比较，以正确评价企业的经营业绩和盈利能力，有利于预测企业今后的经营趋势和盈利能力。由于多步式利润表比单步式利润表能提供更为有用的信息，其结构更为科学，因此，各个国家或地区中使用较为普遍的是多步式利润表。我国一般采用多步式利润表。利润表格式见表10-4。

利 润 表　　　　　　　　　　表 10-4

会企 02 表

编制单位：　　　　　　　　　___年___月　　　　　　　　　单位：元

项　目	本期金额	上期金额
一、营业收入		
减：营业成本		
税金及附加		
销售费用		
管理费用		
财务费用		
资产减值损失		
加：公允价值变动收益（损失以"—"号填列）		
投资收益（损失以"—"号填列）		
其中：对联营企业和合营企业的投资收益		
二、营业利润（亏损以"—"号填列）		
加：营业外收入		
减：营业外支出		
其中：非流动资产处置损失		
三、利润总额（亏损总额以"—"号填列）		
减：所得税费用		
四、净利润（净亏损以"—"号填列）		
五、每股收益：		
（一）基本每股收益		
（二）稀释每股收益		

10.3.3 利润表的编制方法

(1) 利润表的编制步骤

企业的利润表分以下三个步骤编制:

第一步,以营业收入为基础,减去营业成本、营业税金及附加、销售费用、管理费用、财务费用、资产减值损失加上公允价值变动收益(减去公允价值变动损失)和投资收益(减去投资损失)计算出营业利润。

第二步,以营业利润为基础,加上营业外收入,减去营业外支出,计算出利润总额。

第三步,以利润总额为基础,减去所得税费用,计算出净利润(或净亏损)。

普通股或潜在普通股已公开交易的企业,以及正处于公开发行普通股或潜在普通股过程中的企业,还应当在利润表中列示每股收益信息。

(2) 利润表项目的填列方法

利润表各项目均需填列"本期金额"和"上期金额"两栏。

1)"上期金额"栏,根据上年该期利润表的"本期金额"栏内所列数字填列。如果上年度利润表与本年度利润表的项目名称和内容不相一致,应对上年度利润表项目的名称和数字按本年度的规定进行调整,填入本栏。

2)"本期金额"栏,除"基本每股收益"和"稀释每股收益"项目外,其他项目应当按照相关科目的发生额分析填列,不能根据这些科目的期末余额填写,因为一般情况下,这些损益类科目在期末经结转后,余额均为零。

(3) 利润表项目的填列说明

1)"营业收入"项目,反映企业经营主要业务和其他业务所确认的收入总额。本项目应根据"主营业务收入"和"其他业务收入"科目的发生额分析填列。

2)"营业成本"项目,反映企业经营主要业务和其他业务所发生的成本总额。本项目应根据"主营业务成本"和"其他业务成本"科目的发生额分析填列。

3)"税金及附加"项目反映企业经营业务应负担的消费税、城市建设维护税、资源税、土地增值税和教育费附加等。本项目应根据"税金及附加"科目的发生额分析填列。

4)"销售费用"项目反映企业在销售商品过程中发生的包装费、广告费等费用和为销售本企业商品而专设的销售机构的职工薪酬、业务费等经营费用。本项目应根据"销售费用"科目的发生额分析填列。

5)"管理费用"项目反映企业为组织和管理生产经营发生的管理费用。本项目应根据"管理费用"的发生额分析填列。

6)"财务费用"项目反映企业筹集生产经营所需资金等而发生的筹资费用。本项目应根据"财务费用"科目的发生额分析填列。

7)"资产减值损失"项目反映企业各项资产发生的减值损失。本项目应根据"资产减值损失"科目的发生额分析填列。

8)"公允价值变动收益"项目反映企业应当计入当期损益的资产或负债公允价值变动收益。应根据"公允价值变动损益"科目发生额分析填列,如净损失,本项目以"—"号填列。

9)"投资收益"项目反映企业以各种方式对外投资所取得的收益。本项目应根据"投资收益"科目的发生额分析填列,如为投资损失,本项目以"—"号填列。

10)"营业利润"项目反映企业实现的营业利润,如为亏损,本项目以"—"号填列。

11)"营业外收入"项目反映企业发生的与经营业务无直接关系的各项收入。本项目应根据"营业外收入"科目的发生额分析填列。

12)"营业外支出"项目反映企业发生的与经营业务无直接关系的各项支出。本项目应根据"营业外支出"科目的发生额分析填列。

13)"利润总额"项目反映企业实现的利润,如为亏损,本项目以"—"号填列。

14)"所得税费用"项目反映企业应从当期利润总额中扣除的所得税费用,本项目应根据"所得税费用"科目的发生额分析填列。

15)"净利润"项目反映企业实现的净利润。如为亏损,本项目以"—"号填列。

16)每股收益,是反映企业普通股股东持有每一股份所能享有企业利润或承担企业亏损的业绩评价指标。该指标有助于投资者、债权人等信息使用者评价企业或企业之间的盈利能力、预测企业成长潜力、进而作出经济决策。

基本每股收益是指企业应当按照属于普通股股东的当期净利润,除以发行在外普通股的加权平均数从而计算出的每股收益。如果企业有合并财务报表,企业应当以合并财务报表为基础计算和列报每股收益。

$$基本每股收益 = \frac{归属于普通股股东的当期净利润}{发行在外普通股的加权平均数}$$

分子:归属于普通股股东的当期净利润=净利润-优先股股利

分母:发行在外普通股的加权平均数=期初发行在外普通股股数+当期新发行普通股股数×已发行时间÷报告期时间-当期回购普通股股数×已回购时间÷报告期时间

编制合并财务报表的企业,应当以合并财务报表为基础计算和列报每股收益。计算基本每股收益时,分子应当是归属于母公司普通股股东的合并净利润,分母为母公司发行在外的普通股的加权平均数。

10.3.4 利润表编制举例

【例10-2】某公司2016年有关损益类账户的发生额见表10-5。

有限责任公司损益类发生额明细表(单位:元)   表10-5

账户名称	借方发生额	贷方发生额
主营业务收入	450 000	4 230 800
其他业务收入	0	2 345 800
投资收益	300 000	2 450 878
营业外收入	0	500 940
主营业务成本	3 670 700	345 800
税金及附加	1 222 454	0
其他业务成本	754 600	0
销售费用	333 655	0
管理费用	326 000	45 000
财务费用	229 767	76 348
资产减值损失	100 000	0
公允价值变动损益	0	800 000
营业外支出	547 657	0
所得税费用	809 774	0
以前年度损益调整	0	0

根据表中数据，编制公司该企业 2016 年的利润表，见表 10-6。

利 润 表

表 10-6

会企 02 表

编制单位：××房地产开发有限责任公司　2016 年

单位：元

项　　　目	本期金额	上期金额
一、营业收入	6 126 600	
减：营业成本	4 079 500	
税金及附加	1 222 454	
销售费用	333 655	
管理费用	281 000	
财务费用	153 419	
资产减值损失	100 000	
加：公允价值变动收益（损失以"—"号填列）	800 000	
投资收益（损失以"—"号填列）	2 150 878	
其中：对联营企业和合营企业的投资收益		
二、营业利润（亏损以"—"号填列）	2 907 450	
加：营业外收入	500 940	
减：营业外支出	547 657	
其中：非流动资产处置损失		
三、利润总额（亏损总额以"—"号填列）	2 860 733	
减：所得税费用	809 774	
四、净利润（净亏损以"—"号填列）	2 050 959	
五、每股收益：		
（一）基本每股收益		
（二）稀释每股收益		

本 章 习 题

问答题：

1. 什么是财务会计报告？财务会计报告由哪些组成内容？
2. 财务报表的编制要求有哪些？
3. 我国的利润表的结构和内容是如何规定的？
4. 如何填制利润表？
5. 资产负债表的作用是什么？其结构和内容如何？
6. 资产负债表项目的填列方法有哪几种？举例说明。

综合题：

1. 练习资产负债表"应收账款"、"应付账款"、"预收账款"、"预付账款"等项目的计算填列。

A 公司预收、预付货款情况较少，没有设立"预收账款"和"预付账款"总账账户；

坏账损失采用直接核销法。10月末有关账户余额如下：

"应收账款"总账账户借方余额为150 000元，其明细账户余额为：B公司借方余额80 000元；C公司贷方余额50 000元；D公司借方余额100 000元；E公司贷方余额30 000元；F公司借方余额35 000元；G公司借方余额15 000元。

要求：计算填列月末资产负债表"应收账款"、"预付账款"、"应付账款"和"预收账款"项目的金额。

2. 练习资产负债表中"存货"和"未分配利润"项目的填列。

A房地产开发公司2016年12月末有关总账账户余额如下：

1) "原材料"账户借方余额210 000元；
2) "库存商品"账户借方余额185 000元；
3) "生产成本"账户借方余额38 000元；
4) "在途物资"账户借方余额15 000元；
5) "材料成本差异"账户贷方余额56 000元；
6) "产品成本差异"账户贷方余额8 500元；
7) "利润分配"账户借方余额510 000元；
8) "本年利润"账户贷方余额850 000元。

要求：计算填列月末资产负债表"存货"和"未分配利润"项目的金额。

3. 练习资产负债表的编制。

A企业2016年12月31日有关科目余额及方向如下：

账户名称	余额方向（借方）	账户名称	余额方向（贷方）
库存现金	1 000	短期借款	20 000
银行存款	30 740	应付账款	64 800
应收账款	53 400	应交税金	16 000
原材料	56 000	长期借款	233 400
产成品	60 000	实收资本	374 200
长期待摊费用	12 460	利润分配	18 000
生产成本	13 000	累计折旧	150 000
固定资产	650 000	坏账准备	200

要求：根据上述资料编制该公司2016年度资产负债表。

4. 目的：练习利润表的编制。

A公司2016年的有关收入、费用类科目的发生额资料如下：

主营业务收入	2 400 000元
主营业务成本	1 360 000元
税金及附加	80 000元
管理费用	192 000元
财务费用	48 000元
营业费用	120 000元
投资收益	160 000元
营业外收入	30 000元

营业外支出　　　　　　　　　　　　　　19 000 元
其他业务利润　　　　　　　　　　　　　80 000 元
所得税费用　　　　　　　　　　　　　 280 830 元

要求：根据上述资料编制该公司 2016 年度利润表。

参 考 文 献

[1] 中华人民共和国会计法，1999.
[2] 中华人民共和国财政部制定．企业会计准则[M]．北京：经济科学出版社，2006.
[3] 中华人民共和国财政部制定．企业会计准则—应用指南[M]．北京：经济科学出版社，2006.
[4] 中华人民共和国财政部．会计基础工作规范．1996.
[5] 陈雪飞．房地产开发企业会计[M]．北京：中国建筑工业出版社，2013.
[6] 徐秋生．房地产开发企业会计[M]．北京：化学工业出版社，2011.
[7] 冯浩．房地产开发企业会计[M]．上海：复旦大学出版社，2010.
[8] 财政部会计资格评价中心．中级会计实务[M]．经济科学出版社，2014.
[9] 财税 2016[36 号]财政部文件，营业税改征增值税试点实施办法、营业税改征增值税试点有关事项的规定．2016.
[10] 徐文丽．房地产开发企业会计[M]．上海：立信会计出版社，2009.